Sandra Konrad

Das beherrschte Geschlecht

PIPER

Zu diesem Buch

Weibliche Sexualität wurde jahrhundertelang kontrolliert, diktiert und organisiert – erst von Männern, dann von Müttern und schließlich von den Frauen selbst. Lust war ein männliches Privileg, Frauen sollten von Natur aus passiv und zurückhaltend sein. Die Auswirkungen der Unterdrückung zeigen sich bis heute bei vielen Frauen in einem entfremdeten Körpergefühl, Ess-, Libido- und Orgasmus-Störungen und einer »typisch weiblichen«, vorauseilenden Anpassungsfähigkeit.
Die passive Frau ist zwar längst passé – entlarvt als Mythos, der das weibliche Geschlecht einschränkte und es in ein Rollenkorsett zwängte, aus dem es sich nur mühsam befreit hat. Aber sind es nicht nach wie vor männliche Normen, die »normale« Sexualität prägen und denen sich das weibliche Geschlecht – oft völlig unbewusst – unterwirft?
Um diese Frage zu beantworten, schaut Sandra Konrad weit zurück, denn die Antwort hat eine lange Geschichte und ihre Auswirkungen gelten bis heute. In ihrem Buch kombiniert sie einen psychohistorischen Erklärungsansatz mit der Auswertung aktueller sexualwissenschaftlicher Forschung und Interviews mit jungen Frauen, um den derzeitigen Stand weiblicher sexueller Selbstbestimmung zu hinterfragen.

»Must-read«
Jolie

Dr. Sandra Konrad ist Diplom-Psychologin und arbeitet seit 2001 als systemische Einzel-, Paar- und Familientherapeutin in eigener Praxis in Hamburg. In ihrer wissenschaftlichen und therapeutischen Arbeit untersucht sie transgenerationale Übertragungen – also den starken Einfluss der Vergangenheit auf die Gegenwart. Im Piper Verlag erschienen von ihr *Das bleibt in der Familie, Liebe machen, Das beherrschte Geschlecht* und zuletzt der SPIEGEL-Bestseller *Nicht ohne meine Eltern.*
www.paar-und-familientherapie.de

Sandra Konrad

DAS BEHERRSCHTE GESCHLECHT

Warum Sie will, was er will

PIPER

Mehr über unsere Autorinnen, Autoren und Bücher:

www.piper.de

Von Sandra Konrad liegen im Piper Verlag vor :
Fühlen, was ist
Nicht ohne meine Eltern
Das beherrschte Geschlecht
Liebe machen
Das bleibt in der Familie

FSC MIX Papier | Fördert gute Waldnutzung FSC® C021394

PRODUZIERT MIT VERANTWORTUNG

Ungekürzte Taschenbuchausgabe
ISBN 978-3-492-23619-5
1. Auflage März 2019
5. Auflage April 2025

www.piper.de
Für einen direkten Kontakt und Fragen zum Produkt wenden Sie sich bitte an:
info@piper.de
Umschlaggestaltung und -abbildung : FAVORITBUERO, München
Satz : Kösel Media GmbH, Krugzell
Gesetzt aus der Whitman
Gedruckt von ScandBook in Litauen
Printed in the EU

»Alles in der Welt dreht sich um Sex.
Außer Sex.
Bei Sex geht es um Macht.«

Alter Witz unter amerikanischen
Psychoanalytiker*innen

Inhalt

Spoilerwarnung: Dieses Buch kann Widerstand auslösen

»Let's talk about sex, baby
Let's talk about you and me
Let's talk about all the good things
And the bad things that may be.«
Salt-N-Pepa, »Let's talk about Sex«

»Weibliche Sexualität – wie spannend!«, war eine typische Reaktion auf dieses Buchprojekt. In der Tat stieß ich sowohl bei meinen Interviews mit jungen Frauen als auch bei meiner historischen Recherche auf interessante Anekdoten und haarsträubende Fakten. Wussten Sie zum Beispiel, dass man lange Zeit davon ausging, dass die Gebärmutter bei sexuell wenig aktiven Frauen im Körper umherwandert und dabei gesundheitliche Probleme verursacht? Dass Frauen jahrhundertelang ganz offiziell von Ärzten zum Orgasmus massiert wurden? Dass man vor nicht allzu langer Zeit allen Ernstes zwischen einem reifen und einem unreifen weiblichen Orgasmus unterschied oder dass Ärzte Frauen während ihrer Menstruation für nicht zurechnungsfähig hielten?

Weibliche Sexualität ist ein Partythema, aber sie kann einem auch die Stimmung verderben. Denn die schönste Sache der Welt hat auch dunkle Seiten und tiefe Abgründe.

Lust kann in Frust, Begierde in Hass, Dominanz in Gewalt umschlagen. Der weibliche Körper kann liebkost, aber auch benutzt oder verletzt werden. Die Frau kann idealisiert oder erniedrigt werden, wo Heilige sind, sind Huren nicht weit entfernt. Bei aller Liebe gab es gesellschaftlich gesehen stets eine Hierarchie zwischen Männern und Frauen – es waren Männer, die über die Sexualität der Frau bestimmten.

»Ich bestimme nicht über meine Frau. Wenn sie Nein sagt, dann haben wir keinen Sex. Bestimmt sie da nicht eher über mich?«, witzelte ein Bekannter.

»In intimen Beziehungen können sowohl Männer als auch Frauen die Hosen anhaben, das stimmt«, räumte ich ein. »Aber gesellschaftlich gesehen hatten Männer seit jeher mehr Macht als Frauen. Männer hatten jahrhundertelang mehr Rechte und mehr Freiheiten, auch in sexueller Hinsicht. Und ich versuche herauszufinden, wie es heute ist. Wie frei Mädchen und Frauen im 21. Jahrhundert sind.«

»Total frei!«, vermuteten viele. Und dann geschah etwas Seltsames: Während ich aktuelle und historische Beispiele aus der rund 2000-jährigen Geschichte der Beherrschung der Frau aufzählte, kam es immer wieder zu Protest. Es gab Frauen, die jegliche Ungerechtigkeit und Unfreiheit zunächst heftig abstritten. Bis ich sie fragte, warum es uns allen so wichtig ist, möglichst schlank zu sein? Warum Falten und graue Haare bei Frauen eine Katastrophe sind, während wir ähnliche Alterungsmerkmale bei Männern attraktiv finden? Ob der Übergang vom Paar zu Eltern in ihren Beziehungen so reibungslos und gleichberechtigt verlaufen war, wie sie es sich vorgestellt hatten, ob also ihre Partner den gleichen Anteil am Haushalt und der Kindererziehung übernahmen. Ob sie schon einmal einen Orgasmus vorgetäuscht hatten und warum. Ob sie schon einmal eine sexuelle Grenzverletzung erlebt und sich nicht lautstark gewehrt hatten. Ob sie schon einmal eine abwertende, sexistische Zuschreibung erfahren hatten. Ob sie ihre Söhne und Töchter in jeder Hinsicht gleich behandelten. Und ob sie sich außerhalb einer verbindlichen, geborgenen Liebesbeziehung sexuell wirklich so frei fühlten, wie es das Bild in den Medien vermittelt. Der Protest ebbte ab. Das Nachdenken setzte ein. Aus Widerstand wurde widerwillige Zustimmung: »Das gefällt mir zwar nicht, aber da ist was dran.«

Die Realität im 21. Jahrhundert ist ernüchternd: Das jugendliche, schöne Aussehen einer Frau, der Rückfall in alte Rollenmuster nach der Geburt eines Kindes, latenter bis offensichtlicher Alltagssexismus, die häufige Erfahrung von sexuellen Übergriffen, die damit verbundene Ohnmacht und Scham sowie der Anspruch, grundsätzlich nicht zu unbequem zu werden – all das ist für viele Frauen heute immer noch »ganz normal«.

Männer jedoch waren oftmals nicht ganz so einfach davon zu überzeugen, dass bis heute ein gesellschaftliches Ungleichgewicht zwischen Männern und Frauen besteht. Je mehr Fakten ich lieferte, um die Geschlechterdiskrepanz zu verdeutlichen, desto mehr Nachdruck, Wut oder auch Überheblichkeit wurde in die Gegenargumente gelegt. Dass Frauen in ihrer Sexualität und vielen anderen Rechten beschnitten wurden, dass ihnen Bildung und außerhäusliche Erwerbstätigkeit bis ins 20. Jahrhundert verweigert wurden, dass es noch heute verachtende weibliche Zuschreibungen und starre Rollenvorgaben gibt, unter denen *beide* Geschlechter leiden – all das verpuffte oft ungehört. Stattdessen erfuhr ich von meinen männlichen Gesprächspartnern, dass es neben dem Patriarchat auch Matriarchate gegeben habe und am Amazonas immer noch gäbe. Dass Frauen in Russland und sogar in der Türkei innerhalb der Familie schon immer mehr zu sagen hatten als Männer. Überhaupt: Dass Männer in der Geschichte mehr Macht als Frauen hatten, sei eine Legende, ich solle bitte Kleopatra, Maggie Thatcher, Königin Elizabeth und natürlich Frau Merkel nicht vergessen. Und was die Rechte von Frauen anginge, da bestünde heute ja wohl eher eine Ungerechtigkeit den Männern gegenüber. »Wo?«, fragte ich nach. »Na, beispielsweise bei rein weiblichen Saunatagen, an denen Männern verboten wird, die Sauna zu betreten, oder bei Ladies Nights in Clubs, bei denen Frauen keinen Eintritt zahlen müssen, Männer aber schon. Bei Frauenparkplätzen. Oder bei der Frauenquote, durch die Frauen bevorzugt werden.«

Es wurde aufgerechnet. Es wurde verleugnet. Aus Paaren und Freunden wurden plötzlich gegnerische Geschlechter, aus kerzenbeleuchteten Wohnzimmern wurden Arenen, in denen Männer gegen Frauen kämpften. Es gab Abende, an denen ich mich innerlich aus der Diskussion zurückzog und staunte, welche Dynamik entstehen konnte, wenn es um (weibliche) Sexualität und die damit verbundenen Macht- und Ohnmachtsgefühle ging. Das, was ich psychologisch und historisch untersuchen wollte, entfaltete sich im Hier und Jetzt mit voller Wucht – trotz aller Fortschritte ging es in Sekundenschnelle nur noch darum, wer recht hatte, wer das Sagen hatte, kurzum, wer die Deutungshoheit, also die Macht besaß.

Ich verstand anfangs nicht, warum, aber ich spürte, dass sich einige Männer schon bei der bloßen Aufzählung von

Fakten persönlich angegriffen fühlten. Was hatten sie mit den hexenjagenden Schergen des Mittelalters, mit vergewaltigenden Kriegshorden, mit frauenfeindlichen Internetstalkern oder prügelnden Unterdrückern zu tun? Nichts. Anstatt die Geschichte der weiblichen Sexualität interessiert, entsetzt oder meinetwegen auch gleichgültig zur Kenntnis zu nehmen, unterstellten sie mir eine Verdrehung, zumindest aber eine Hervorhebung bestimmter historischer und aktueller Fakten.

War die stoische Leugnung unbequemer Tatsachen ein Resultat der unbewussten Identifikation mit den männlichen Vorfahren? Auch ich spürte sie ja, eine Verbindung zu meinen Geschlechtsgenossinnen der letzten Jahrhunderte: Ich fühlte mit ihnen, ich empörte mich für sie, ich ärgerte mich über sie und trauerte um das, was ihnen zugefügt worden war. Aber ich denke nicht grundsätzlich in männlichen und weiblichen Kategorien, und so mag ich nicht grundsätzlich von weiblichen Opfern und männlichen Tätern sprechen, auch wenn diese Dichotomie in der Geschichte oft zu finden ist. Frauen sind keine besseren Menschen als Männer. Macht kann von jedem Geschlecht missbraucht werden. Wer allerdings die Macht hat, ohne sie an sich gerissen zu haben, möchte nicht dafür kritisiert werden. So erklärt sich, warum auch Männer, die sich selbst nicht für frauenfeindlich halten, empfindlich oder genervt reagieren auf die Kritik am Status quo. Wir alle übersehen es leicht: Man braucht sich nicht privilegiert zu fühlen, um privilegiert zu sein.

»Was kann ich tun, damit du ruhig bleibst und mir zuhörst?«, fragte ich einmal einen langjährigen Freund von mir, der seit einer halben Stunde versuchte, mich vom Gegenteil der Faktenlage zu überzeugen. Er überlegte eine Weile und schlug dann vor: »Du könntest einige Punkte sanfter verpacken.« Ein Mann verlangt von einer Frau, Ungerechtigkeiten, die zu Lasten der Frau gehen, sanfter zu verpacken – ich wurde so wütend, dass ich keine Lust mehr hatte, das Gespräch mit ihm fortzusetzen. Am nächsten Tag aber, als ich mich wieder beruhigt hatte, konnte ich meinen Freund wider Willen verstehen. Er zeigte die gleiche Reaktion, die wir haben, wenn wir eine Dokumentation über Massentierhaltung sehen, umschalten und denken: »So schlimm geht es den Tieren nicht überall, das ist ein schrecklicher Ausnahmebetrieb«, damit es uns möglich ist, am nächsten Morgen wieder Milch in unseren Kaffee zu gießen und Käse zu essen. Es ist die gleiche Reaktion, wie wenn wir günstige Klamotten kaufen und verdrängen, dass es irgendwo auf der Welt Menschen gibt, die sie unter unsäglichen Bedingungen hergestellt haben.

Es kann sehr unangenehm sein, mit den hässlichen Auswüchsen der Realität konfrontiert zu werden. Wir möchten uns schützen. Wir möchten uns abwenden. Wir möchten nichts damit zu tun haben. Aber je mehr wir uns abwenden, desto leichter setzt sich das fort, was uns zu schaffen machte, sähen wir hin. Der Wunsch, keine Schuld zu tragen, erfüllt sich nur, wenn wir Verantwortung übernehmen und ihr nicht ausweichen.

Ich bin der tiefen Überzeugung, dass starre, unbewusste Rollen uns einengen, beide Geschlechter, Männer wie Frauen. Ein Beweis dafür sind die Abende mit meinen Freunden, wo ein paar Sätze genügten, um die Geschlechter gegeneinander aufzubringen und jeden Einzelnen mit seiner Ohnmacht ringen zu lassen. Was ich in diesen aufgeheizten Diskussionen erlebte, war eine Spaltung, die im

Inneren des Einzelnen begann und sich dann in der Polarisierung Mann gegen Frau fortsetzte. Spaltung bedeutet, einen Teil von etwas nicht mehr zu sehen und nicht mehr zu fühlen. Wir spalten etwas ab, wenn es bedrohlich ist, wenn wir es nicht ertragen können, wenn es uns in unseren Grundfesten erschüttern könnte. Für niemanden ist es leicht, vielleicht ist es sogar unmöglich, das ganze Bild in allen Farben zu sehen. Weil wir immer eine vorgeprägte Sichtweise mitbringen: durch unsere Familie, die Gesellschaft, die Zeit, in der wir leben, und auch aufgrund unseres Geschlechts.

Es gab viele, die nach einer Weile bereit waren, mir zuzuhören, und die ich berühren konnte mit den Geschichten, die ich gehört oder gelesen hatte. Die verstanden, dass es mir nicht um eine Hassschrift gegen Männer, sondern um eine geschichtliche und gesellschaftspsychologische Aufarbeitung von Ungerechtigkeiten geht, die Männer per se zu Mittätern macht, ob sie wollen oder nicht. Dass ich in diesem Buch historische und aktuelle Missstände – unter denen beide Geschlechter noch immer leiden – und ihre Verbindung zueinander aufzeige, damit wir uns bewusst davon verabschieden können.

Einleitung

»Ich handle, und ich werde behandelt.
Ich erfahre, und ich werde erfahren.«
Catherine Angel

Im 21. Jahrhundert haben Frauen in der westlichen Welt Freiheiten, von denen ihre Vorfahrinnen nur träumen konnten. Sie können verhüten und somit Sex ohne Angst vor einer Schwangerschaft genießen. Sie können ihre Partner*innen frei wählen. Sie müssen nicht heiraten. Sie können über Sex sprechen, Sex haben oder Sex ausschlagen, wenn sie keine Lust haben. Sie sind, wie man so schön sagt, »sexuell befreit«. Aber was bedeutet das genau? Haben Frauen sich selbst befreit, oder wurden sie befreit, und ist die Befreiung überhaupt schon abgeschlossen? Kamen mit der Freiheit nur Vorteile oder auch Nachteile? Und wie frei sind Frauen heute wirklich – neigen sie nicht nach wie vor dazu, sich unterzuordnen und männliche Werte zu akzeptieren, ohne diese zu hinterfragen?

»Ich finde nicht, dass ich mich irgendwo unterordne«, sagt die 33-jährige Sonja. »Ich mache doch genau das, worauf ich Lust habe!« Die attraktive Lehrerin hat eine Affäre nach der anderen. Sie reist viel, hat einen großen Freundeskreis und geht mindestens dreimal die Woche zum Sport, nicht, weil es ihr Spaß macht, sondern weil sie fit, schlank und straff bleiben will. »Noch ist der Richtige ja nicht gefunden«, scherzt sie. Sie hat mit über 50 Männern geschlafen, was außer mir nur ihre beste Freundin weiß, weil Sonja die Erfahrung gemacht hat: »Man wird da sehr schnell abgestempelt.« Trotzdem will sie sich ihre sexuelle Freiheit nicht nehmen lassen, und das heißt im Klartext: »Mich sexuell auszutoben und mich wie ein Mann zu verhalten, also nicht zu emotional zu werden.«

Obwohl Sonja mit ihrer Definition von sexueller Freiheit (promisk ohne Bindungswünsche) gerade voll im Trend liegt, ist sie sich des Abgrunds aus Scham und Beschämung bewusst, in den Frauen noch immer leicht abrutschen können, denn über weibliche Sexualität wird nach wie vor hart geurteilt. Selbst wenn man sich als Frau theoretisch sexuell befreit fühlt, lauern doch oft unbewusste und deshalb umso tiefer verankerte gesellschaftliche Werturteile über weibliche Sexualität in den meisten von uns: Schlampig, prüde, nuttig, verklemmt – es gibt viele Adjektive, die Frauen in ihrer Sexualität diskriminieren, hemmen oder ausbeuten und sie unmissverständlich in ihre Schranken weisen.

Bis zur sexuellen Revolution in den 1960er- und 70er-Jahren war klar, was von einer Frau erwartet wurde: Sie sollte passiv und empfangend sein, ihrem Mann treu ergeben und darüber hinaus eine brave Hausfrau und Mutter. Weibliche Sexualität war ein Tabu, die Geschlechtsorgane einzig zur Fortpflanzung gedacht. Heute ist alles anders, heute dürfen, nein, *sollen* Frauen sexuelle Wesen sein. Enttabuisierung lautet das Zauberwort; »Alles kann, nichts muss« das Motto der neuen Konsensmoral, die ehemalige Perversionen normalisiert und entdramatisiert, denn erlaubt ist, was beiden gefällt.

So weit, so gut. Jedenfalls, wenn die Frau wirklich wüsste, was ihr gefällt. Wenn sie wirklich frei wäre in ihren Wünschen und ihren Äußerungen. Wenn nicht die Angst, kritisiert und beschämt zu werden, viele Frauen einschränken würde. Auch heute noch. Sexuelle Freiheit, so stellte ich fest, hat viele Schattierungen, gegensätzliche Strömungen und wird – obwohl sie eigentlich etwas sehr Privates ist – nach wie vor stark von gesellschaftlichen Normen geprägt.

»Am Wochenende habe ich das erste Mal mit meinem neuen Freund geschlafen, und er hat mir, als er gekommen ist, ins Gesicht ge–« – sie stockt – »na ja, du weißt schon, was ich meine.«

Die 21-jährige Lara wird rot und senkt den Blick. Ich lasse ihr Zeit, um sich zu sammeln und den Anflug von Scham vergehen zu lassen. Scham ist ein unlogisches Gefühl. Manchmal schämen wir uns für etwas, das uns widerfahren ist, das wir nicht kontrollieren konnten, dessen Opfer wir wurden. Besonders in der Sexualität, die heute laut und offen daherkommt und in der alles erlaubt scheint, sitzt immer noch viel Scham. Weibliche Scham.

»Macht man das so? Ist das normal?«, fragt Lara mich nach einer Weile.

»Normal«, antworte ich langsam, »ehrlich gesagt, habe ich keine Ahnung, was *normal* ist. Ich weiß auch nicht genau, wer bestimmt, ob etwas normal ist. Und ob normal gut oder schlecht ist. Deshalb finde ich es eigentlich viel wichtiger, wie *du* etwas findest, als wie *andere* etwas finden.«

Sie überlegt eine Weile. »Ich war total geschockt. Ich fand es eklig. Aber ich hab mich nicht getraut, ihm das zu sagen.« Sie schlägt die Hände vors Gesicht. »So hatte ich mir das nicht vorgestellt.«

Der unrühmliche Coitus interruptus ihres Freundes wird Lara wahrscheinlich für immer im Gedächtnis bleiben, aber sie wird viele andere Erfahrungen machen, die diese unangenehme Erinnerung verblassen lassen. Ihr Freund wird verstehen, dass er Szenen, die er in Pornofilmen gesehen hat, nicht ohne das Einverständnis seiner Partnerin in die Realität übertragen kann. Lara wird immer mehr herausfinden, was sie will, und sich idealerweise immer freier machen von dem, was gerade als normal gilt. Denn Normalität ist ein dehnbarer Begriff. Gerade im Bezug auf menschliche, vor allem aber auf *weibliche* Sexualität.

Was ist heute normal? Und inwieweit bestimmen Frauen diese Normalität mit, wenn sie sich ihre Brüste operieren lassen, ihren Intimbereich wie den einer Pornodarstellerin enthaaren, sich in Frauenzeitschriften über die »schärfsten Stellungen und die besten Blowjob-Techniken« informieren, Pole-Dance und Striptease in Fitnessstudios üben und sich auf unverbindliche, oftmals unbefriedigende Sexualkontakte einlassen?

Sonja und Lara sind zwei der über 70 Frauen (im Alter zwischen 18 und 45), die ich im Laufe der letzten Jahre über ihre Sexualität befragt habe, um der Kernfrage dieses Buches nachzugehen: Wie frei und selbstbestimmt sind Frauen heute wirklich?

Wie ist es, in einer Zeit zu leben, in der Pornografie der Aufklärung dient, man sich (über Dating-Apps) zum unverbindlichen Sex verabredet, in der der Körper das Maß aller Dinge ist und in der Sexualität zwar eine hohe, aber oftmals keine emotionale Bedeutung mehr beigemessen wird?

Wie ist es, in einer Kultur aufzuwachsen, in der Frauen zwar alles dürfen, aber auch alles mitmachen sollen, und welchen Einfluss hat es auf uns, wenn Unterwerfung und Sexualisierung als Emanzipation gefeiert werden?

Wie ist es für Frauen, in einer sicheren Umgebung zu leben und trotzdem zu wissen, wie sich Angst anfühlt, einfach nur, weil sie einen weiblichen Körper haben, der gegen ihren Willen entkleidet, begrapscht und penetriert werden kann?

Was macht es mit Frauen, wenn Gleichberechtigung ausgerufen wird, während Sexismus, Frauenfeindlichkeit und sexualisierte Gewalt gegen Frauen nach wie vor an der Tagesordnung sind und Begriffe wie »Emanze« und »Feministin« als Schimpfwort und Beleidigung gelten?

Woran liegt es, dass viele Frauen sich so bereitwillig gängigen Normen unterwerfen, ohne sie zu hinterfragen? Hat weibliche Sexualität sich etwa nicht emanzipiert, sondern lediglich maskulinisiert?

Ohne Zweifel hat die sexuelle Selbstbestimmung der Frau einen weiten Weg zurückgelegt, aber wo genau stehen wir heute?

Auf diese Fragen habe ich versucht Antworten zu finden – in Gesprächen mit jungen Frauen des 21. Jahrhunderts, in der sexualwissenschaftlichen Forschung und mithilfe einer psycho-historischen Analyse der weiblichen Sexualität. Denn um die Frau und ihre Sexualität in der Gegenwart verstehen zu können, müssen wir einen Blick in die Vergangenheit werfen. Sexualität – die vermeintlich natürlichste Sache der Welt – hat sich historisch entwickelt: Sexualität ist nicht nur Biologie, Lust und/oder Liebe, sondern immer auch Ausdruck der jeweiligen Gesellschaft. Schon immer war Sexualität mehr als nur Sex –

es geht um Rollenzuschreibungen, Regeln und Rechte. Es geht um Verschmelzung und Abgrenzung. Es geht um Lust und Liebe und viel zu oft um Gewalt. Es geht um Macht und Ohnmacht: um männliche Herrschaft und weibliche Beherrschung.

Aufgrund des Mann-Frau-Machtgefälles zieht sich eine versteckte bis offensichtliche Doppelmoral wie ein roter Faden durch die Geschichte der Sexualität. Die Frauen, die gegen Ungerechtigkeiten aufbegehren, werden oft bekämpft – von Männern *und* von Frauen. Warum sind Frauen häufig so wenig solidarisch miteinander, warum unterstützen sie Verhältnisse, unter denen sie selbst leiden, oft sogar über Generationen hinweg? Um eine Antwort auf diese Frage zu finden, müssen wir weit zurückschauen, denn der Ursprung dieser Dynamik liegt in weiter Vergangenheit, und wir spüren ihre Auswirkungen bis heute.

Sie werden auf den folgenden Seiten erfahren, was Macht mit Lust und Sex zu tun hat und wie aus männlicher Herrschaft weibliche Selbstbeherrschung wurde; warum sich um das weibliche Geschlecht bis heute Mythen ranken und immenses anatomisches Unwissen herrscht; woher Schönheitsideale und Normen stammen, die Frauen bis heute schwächen; warum Sexismus und sexuelle Gewalt nicht nur von Männern, sondern oft auch von Frauen bagatellisiert wird; wieso die Sexindustrie so erfolgreich damit ist, mittels Pornografie und Prostitution eine Parallelwelt zur Gleichberechtigung zu schaffen; und warum männliche und weibliche Sex-Fantasien in ihrer politischen Inkorrektheit gar nicht so weit voneinander entfernt sind; wie beide Geschlechter mit unterschiedlichen Mitteln versuchen, ihre Ohnmacht abzuwehren, und dass es einen entscheidenden Unterschied zwischen sexueller Freiheit und sexueller Selbstbestimmung gibt.

»Man wird nicht als Frau geboren, man wird es«, schrieb Simone de Beauvoir 1949.[1] Wie die Frau über Jahrtausende hinweg zu der wurde, die sie heute ist, davon handelt dieses Buch: Wie das sogenannte schwache Geschlecht unterdrückt und geformt wurde, aber auch, wie Frauen bis heute dazu beitragen, dass alte Strukturen unangetastet oder sogar begeistert unter dem trügerischen Deckmantel der sexuellen Befreiung übernommen werden. Zweitausend Jahre Ungleichgewicht lassen sich nicht einfach so ausradieren. Aber es lässt sich erzählen, erinnern, herausstellen: wie das weibliche Geschlecht beherrscht wurde und wie es sich heute noch beherrscht.

---

1 In vielen Übersetzungen heißt es: »Man wird nicht als Frau geboren, *man wird dazu gemacht*« – eine passivere Form als die, die Beauvoir eigentlich im französischen Original gewählt hatte.

Eins

»Und dein Verlangen soll nach deinem Mann sein, aber er soll dein Herr sein.«

Altes Testament, Das erste Buch Mose, Genesis,
Der Sündenfall

Weibliche Lust und männliche Normen oder sie will, was er will

»Mein Körper verkrampft, sobald Sex in die Nähe kommt«, sagt Elisa, als ob Sex eine Person wäre, die ihr gefährlich werden könnte. Die 23-Jährige hat noch nie einen Orgasmus gehabt, sie hat sich noch nie ihr Geschlecht angeschaut, sie hat noch nie gewagt, sich und ihre Lust zu erkunden. An Sexualität mit einem Mann ist gar nicht zu denken, obwohl sie schon mehrfach sehr verliebt war. »Ich bin wie ein Alien. Wie soll ich denn jemals eine richtige Beziehung führen, wenn ich so verklemmt bin?«, fragt sie mich verzweifelt.

Helena ist 14, als sie auf einer Party von zwei 20-Jährigen entjungfert wird. »Ich wollte das so«, sagt sie trotzig. Ich spüre, wie ich auf die beiden jungen Männer wütend werde – Helena ist doch noch ein Kind. »Sie wussten doch nicht, wie alt ich bin«, rechtfertigt sie deren Verhalten. Sie dachten, dass dieses zarte Mädchen mit den langen Haaren und der großen Klappe bereits 17 sei. Helena ist bald ein gern gesehener Gast auf Partys. Die Mädchen mögen sie nicht, die Jungen dafür umso mehr. Sie ist in einen Jungen verliebt, mit dem sie ab und zu schläft, aber er wird es nie erfahren, und es wäre auch egal, denn Helena hat gehört, dass sie in seinen Augen eine Schlampe ist – »und das, obwohl ich Sex gar nicht so toll finde«.

Helena und Elisa haben auf den ersten Blick nichts gemeinsam, und doch verbindet sie sehr viel: Sie haben beide keinen Zugang zu ihrer eigenen Lust. Die gesellschaftlichen Normen und Spielregeln zum Thema Sex kennen beide hingegen sehr genau.

»Ich habe Lust auf Sex.« Noch vor 100 Jahren hätte eine Frau sich mit dieser Aussage in eine äußerst prekäre Lage gebracht. Vor allem, wenn sie unverheiratet war. Wenn ihre Lust nicht mit Liebe verknüpft war. Wenn Lust ein Zeichen ihrer Autonomie und nicht ihres Kinderwunsches war. Ganz allgemein gesagt, hatte die Frau ein Problem, wenn sich ihre Lust nicht an den Bedürfnissen des Mannes orientierte.

Ein Blick in die Geschichte zeigt, dass weibliche Sexualität typischerweise gekennzeichnet war von einem Zuviel oder einem Zuwenig an Lust und seit jeher unter der Fuchtel des Mannes stand: Zu lustvolle Frauen wurden als Nymphomaninnen, zu lustlose Frauen als frigide diagnostiziert, selbst der »richtige« weibliche Orgasmus wurde von Männern definiert. Frauen, die sich (in den Augen der Männer) nicht »normal« verhielten, waren krank und behandlungsbedürftig.

Während Männer entschieden, wann, wie und mit wem sie Sex haben wollten, gaben Frauen ihre wenigen Rechte mit dem Geschlechtsverkehr an die Männer ab. Sie wurden Ehefrauen oder Prostituierte, angesehene Mitglieder der Gesellschaft oder Ausgestoßene, jedoch vereint in der Verpflichtung, dem Mann sexuell zu dienen. Die Rollen scheinen bis heute klar verteilt: Männer wollen Sex, Frauen wollen eine Beziehung, Männer sind das triebstarke Geschlecht, denken den ganzen Tag an nichts anderes, während Frauen es nur dem Mann, des Geldes oder der Fortpflanzung zuliebe tun. Aber ist es heute wirklich noch so? War es schon immer so? War es überhaupt jemals so?

Die Krux mit der Lust – Die gebremste Frau

»Frauen sind keine Maschinen,
wo man Freundlichkeits-Münzen einwirft
und Sex herauskommt.«

Sylvia Plath

»Was machen Sie beruflich?«, fragte die ältere Dame, die sich im Café gerade zu mir an den Tisch gesetzt hatte.

»Ich bin Psychologin und schreibe Sachbücher«, antwortete ich.

»Oh, wie spannend. Worüber schreiben Sie gerade?«

»Über weibliche Sexualität.«

»Worüber?«

»Über weibliche Sexualität«, wiederholte ich etwas lauter.

Sie lehnte sich zu mir: »Ich verstehe Sie nicht, könnten Sie es bitte noch einmal wiederholen?«

»Ich schreibe ein Buch über Sexualität.« Ich brüllte nun fast.

»Ach, über Sex«, brüllte sie fröhlich zurück, »den hab ich schon seit 40 Jahren nicht mehr.«

Die Dame, die sich als Hannelore vorstellte, war gerade 83 Jahre alt geworden und erzählte mir bereitwillig ein paar Dinge aus ihrem Leben: dass sie nach dem Tod ihres zweiten Mannes froh gewesen war, nie wieder Sex haben zu müssen. Dass sie immer mal überlegt hatte, ob Sexualität mit einer Frau schöner gewesen wäre, sie es aber nie ausprobiert hätte, weil sie sich nicht in eine Frau verliebt hatte. Dass Männer zu ihren Zeiten keine Ahnung gehabt hätten, was eine Frau braucht und will. Dass sie niemals auch nur *einen einzigen* Orgasmus gehabt hätte. Dass ihre Lust irgendwann einfach eingeschlafen und nicht mehr aufgewacht sei. Dann trank sie ihren letzten Schluck Kaffee, bedankte sich für das angenehme Gespräch und ging.

Ich blieb nachdenklich zurück. Als Frau, die in den 1930er-Jahren geboren war, hatte Hannelore einige gesellschaftliche Umbrüche und die graduelle Befreiung weiblicher Sexualität erlebt, aber ihr ganz persönliches Fazit lautete, dass Sex nichts Lustvolles, Befriedigendes hatte. Mir wurde bewusst, dass offen über Sexualität sprechen zu können noch lange nicht heißt, sie auch genießen zu können – etwas, das ich noch sehr häufig in Gesprächen mit Frauen feststellen würde. Dass Lust einfach einschläft, hatte ich schon oft von Frauen – besonders in langjährigen Beziehungen – gehört. Allerdings wurde das von den meisten weniger mit Erleichterung aufgenommen wie bei Hannelore, als vielmehr mit Bedauern, Melancholie und Sehnsucht nach dem, was da mal war. Statt »Gott sei Dank ist dieses Kapitel meines Lebens vorbei« wurde eher die Frage gestellt: »Wie kann ich meine Lust zurückbekommen?«

Natürlich gibt es für Lust kein Allgemeinrezept, und vielfach hängt sie mit der Beziehungsdynamik eines Paares zusammen, aber es lohnt sich, einmal genauer hinzuschauen: Wie ist das eigentlich mit der Lust der Frau? Wie entsteht sie und wie vergeht sie? Sind es die Hormone, die darüber entscheiden? Liegt es wie bei Hannelore am Partner, der das Begehren entweder weckt oder einschläfert? Ist weibliche Lust kompliziert und leicht zu zerstören, oder ist sie eine Naturgewalt, der man nicht aus dem Weg gehen kann?

Auf diese Fragen gab es lange Zeit keine Antworten.[2] Weibliche Lust war ein Mysterium – vor allem aber ein Politikum. Denn je nach Epoche und Zeitgeist herrschte eine andere Haltung vor: Weibliche Lust musste gebändigt oder geweckt werden, sie wurde gefürchtet oder herbeigesehnt, überhöht oder übersehen. Wurde sie einst unterdrückt, wird sie heute per Pille verschrieben. Lange Zeit ging man davon aus, dass weibliche Lust weniger ausgeprägt sei als männliche. Weil man sich aber nicht ganz sicher war, verdammte man sie oder legte sie vorsichtshalber in Ketten: Man schnallte Frauen Keuschheitsgürtel um, entfernte ihnen die Klitoris und beschimpfte sie als Hure, Nymphomanin oder Schlampe. Man(n) tat eine ganze Menge, um die eigene Angst vor einer im Verborgenen lauernden mächtigen weiblichen Sexualität zu besänftigen und der Frau klarzumachen, wie sie sich zu

---

2 Geht es nach dem renommierten Sexualwissenschaftler Volkmar Sigusch, gehört weibliche Sexualität immer noch zu den großen Unbekannten: »Alle wissen Bescheid, und keiner hat eine Ahnung. Selbst sogenannte Experten kennen oft nicht einmal die überaus eindrucksvolle Anatomie der weiblichen Genitalien, insbesondere der Klitoris. Sehr problematisch ist auch die aktuelle internationale Konstruktion einer Krankheit der Frauen, genannt Hypoactive Sexual Desire Disorder (HSDD). Als sei es nicht ganz normal, dass viele Frauen keinen sexuellen Verkehr mit einem Mann haben möchten, schon gar nicht das, was ich Karnickelsex oder feiner Coitus germanicus simplex nenne.«

verhalten habe: passiv, gehorsam und sexuell desinteressiert.

»Wenn man es so betrachtet, war Hannelore eine gute Frau«, sagte ich zu meiner Freundin Kirsten, der ich von dem Gespräch mit Hannelore erzählt hatte.

»Ich hätte lieber Lust und guten Sex, als das Prädikat ›gute Frau‹ verliehen zu bekommen«, fand Kirsten.

Ich stimmte ihr zu. Aber wir hatten gut reden, denn im 21. Jahrhundert machen gerade die entgegengesetzten Kriterien das erwünschte Frauenbild aus: lustvoll und sexuell aktiv. Das, was für Frauen heute normal scheint – vor- oder außerehelicher Geschlechtsverkehr, verlässliche Verhütung, mit über 30 noch kinderloser Single mit sexuellen Abenteuern zu sein, uneheliche Kinder zu haben, über Sex zu sprechen oder zu schreiben und noch tausend andere Freiheiten, über die wir nie nachdenken, weil sie für uns selbstverständlich sind –, hatte Hannelore nicht erlebt. Sie hielt es wahrscheinlich nicht einmal für möglich, dass es diese Freiheiten geben könnte.

Je weiter wir in die Vergangenheit zurückgehen, desto eingeschränkter war das Leben der Frau – und auch ihre Sexualität. Denn mit den jeweiligen gesellschaftlichen Normen veränderte sich auch die Sicht auf die weibliche Sexualität. Und so kommt es, dass Frauen wie Hannelore – sexuell desinteressierte und anorgasmische Frauen – jahrhundertelang als tugendhaft galten, Mitte des 20. Jahrhunderts als frigide beschimpft und in den 1990er-Jahren als »funktionsgestört« und therapiebedürftig angesehen wurden. Im Umkehrschluss galten sexuell aktive, orgasmische Frauen lange als »nymphomanisch« und krank – während man sie heute als völlig normal und sogar als besonders gesund wahrnimmt.

Aber auch wenn die Gesellschaft weitestgehend vorgibt, wie normale und anormale Sexualität aussehen soll, ist das mit der Lust nicht eine völlig andere Geschichte? Wird Lust nicht unabhängig von zivilisatorischen oder kulturellen Einflüssen empfunden? Ist Lust nicht eine rein persönliche Angelegenheit, in die nichts und niemand reinpfuschen kann? Von wegen: Vor allem weibliche Lust ist extrem kontextabhängig und störanfällig.

Die Matrix der Lust – Wie Lust entsteht und wie sie vergeht

Das wichtigste Geschlechtsorgan ist nicht etwa der Penis oder die Vagina, wie manch einer glauben könnte: Es ist das Gehirn. Bei Männern und Frauen entsteht Lust im Gehirn und wird im vegetativen Nervensystem sozusagen über eine Gas- und Bremsanlage reguliert: Unser sexuelles Gaspedal reagiert auf sexuell relevante Reize wie beispielsweise ein attraktives Gegenüber, das gut riecht und uns angenehm berührt. Wir nehmen Fahrt auf. Wir bekommen Lust. Wir möchten Sex, jetzt sofort. Dann gibt es da aber noch unsere sexuelle Bremse, und die warnt uns vor potenziellen Bedrohungen, etwa, wenn wir kein Kondom finden und auf gar keinen Fall schwanger werden oder eine eklige Geschlechtskrankheit bekommen möchten oder wenn wir nicht ganz sicher sind, ob gleich unser Mitbewohner/Vater/Ehemann/Kind ins Zimmer kommt.

Bevor man das Gehirn als wichtigstes Sexualorgan entdeckt hatte, war man lange davon ausgegangen, dass Hormone hauptverantwortlich für die menschliche Lust seien. Tatsächlich leisten Hormone einen wichtigen Beitrag, sie führen beispielsweise dazu, dass Frauen rund um den Eisprung herum mehr Lust verspüren als in anderen Phasen ihres Zyklus und dass die Lust nach einer Geburt erst einmal weniger wird. Aber jede/r Wissenschaftler/in, jede Frau und der Großteil der Männer hat mittlerweile verstanden, dass Hormone nur *ein* Puzzleteil der Lustmatrix sind und dass die weibliche Libido zu einem nicht geringen Teil auch von psychologischen Faktoren bestimmt wird. Eine Frau, die ständig mit ihrem Aussehen hadert (»Ich fühle mich zu dick«, »Mein Hintern ist zu groß«, »Meine Brüste sind zu klein«), kann in ihrer Erregung stark gedämpft werden. Sie mag sich selbst nicht, und wahrscheinlich schämt sie sich, sich ihrem Partner nackt zu zeigen. Eine Frau, die von ihrem Mann den ganzen Tag nicht angeschaut, geschweige denn angesprochen wird und sich von ihm vernachlässigt fühlt, wird beim Zubettgehen nicht außer sich vor Leidenschaft über ihn herfallen. Natürlich gibt es viele individuelle Unterschiede, was Lust triggert oder bremst: Während Eifersucht für manche Frauen ein Aphrodisiakum ist, wirkt es für andere Frauen wie eine Vollbremsung auf dem Lustpedal. Eine Vielzahl von Auslösern wirken auf die Lustbremse: Stress, die Geburt eines Kindes, Krankheit. Immer wieder erlebe ich Paare, deren Sexleben eingeschlafen ist, weil die Frau einen weit zurückliegenden Schwangerschaftsabbruch oder eine Fehlgeburt nicht verarbeitet hat.

Lust ist also sowohl individuellen als auch paardynamischen Schwankungen unterworfen und – womit sich dieses Buch vor allem beschäftigen wird – den gesellschaftlichen Vorgaben von Richtig und Falsch. Denn die Gesellschaft sitzt wie ein Fahrlehrer auf dem Beifahrersitz unserer Lust und bremst vor allem Frauen oft scharf aus. Auch wenn Männer alles andere als frei von gesellschaftlichen Normen sind – lange Zeit *machten* sie die Normen, denen Frauen sich anzupassen hatten. Während diese Normen früher ziemlich klar waren, sind sie heute ziemlich verwirrend, aber dazu später mehr. Zurück zu Hannelore, die davon sprach, dass ihre Männer nicht wussten, wie man Frauen sexuell glücklich macht. Ein unerfahrener Liebhaber kann die Erregung genauso auf den Nullpunkt sinken lassen wie ein egoistischer, wenig einfühlsamer Sexpartner. Aber wie wäre Hannelores Sexleben wohl verlaufen, wenn sie mit dem Gefühl aufgewachsen wäre, dass eine erfüllte Sexualität für Frauen normal ist? Dass sie ihre Bedürfnisse äußern darf und sogar muss, um verstanden zu werden? Dass ein karges Sexleben nicht das vorbestimmte Schicksal einer Frau ist, sondern dass sie es selbst in die Hand nehmen und verbessern kann? Welche Auswirkungen hätte es auf ihre Lust gehabt, wenn ihr nicht eingebläut worden wäre, dass Frauen sexuell desinteressiert sein sollen?

»Schließ die Augen und denk an England«, sollen viktorianische Mütter ihren Töchtern vor der Hochzeitsnacht zugeflüstert haben. Der deutsche Psychiater Richard von Krafft-Ebing schrieb 1886 in dem damals bahnbrechenden sexualwissenschaftlichen Werk »Psychopathia sexualis«:

»Ohne Zweifel hat der Mann ein lebhafteres geschlechtliches Bedürfnis als das Weib. Folge leistend einem mächtigen Naturtrieb, begehrt er von einem gewissen Alter an ein Weib. Er liebt sinnlich, wird in seiner Wahl bestimmt durch körperliche Vorzüge. (…) Anders das Weib. Ist es geistig normal entwickelt und wohlerzogen, so ist sein sinnliches Verlangen ein geringes. Wäre dem nicht so, so müsste die ganze Welt ein

Bordell und Ehe und Familie undenkbar sein. Jedenfalls sind der Mann, der das Weib flieht, und das Weib, welches dem Geschlechtsgenuss nachgeht, abnorme Erscheinungen.«

Über diese Worte kann man heute schmunzeln, aber die von Männern diktierte weibliche Sexualität war viele Jahrhunderte lang gelebte Realität, und wenn man genau hinschaut, hat sich bis heute nur wenig daran geändert. Und so ist es kein Wunder, dass sich der Mythos, »Männer haben mehr Lust als Frauen«, so hartnäckig hält – auch wenn er nur auf Legenden und traditionellen Rollenvorgaben beruht und sich wissenschaftlich nicht belegen lässt.[3]

Was Männer und Frauen hinsichtlich ihrer Lust tatsächlich unterscheidet, ist eine tendenziell geschlechtsabhängige Einstellung von Gas und Bremse: Männliche Gaspedale können sehr viel leichter gedrückt werden als weibliche, dafür ist die Bremse bei den meisten Frauen empfindlicher. Zusammengefasst heißt das, dass weibliche Lust weitaus kontextabhängiger und somit fragiler ist als männliche.

Ein berühmtes psychologisches Experiment aus den 1970er-Jahren verdeutlicht diesen Unterschied: Als eine Frau auf dem Campus fremde Männer ansprach, ob sie Lust hätten, Sex mit ihr zu haben, willigten viele sofort ein. Als ein Mann fremde Frauen ansprach, wollte sich keine einzige auf das Angebot einlassen. Diese ganz unterschiedlichen Reaktionen haben nichts mit einer grund-

---

3 Ein großer Studienvergleich, in dem die Unterschiede zwischen Männern und Frauen hinsichtlich Sexualität verglichen wurden, kam zu dem Ergebnis, dass es kaum Unterschiede gibt. Allein bei der Masturbation, beim Konsum von pornografischem Material und bei Gelegenheitssex wie One-Night-Stands sind Männer Frauen noch »voraus«.

sätzlich anderen Lust auf Sex zu tun, sondern mit den verschieden eingestellten Gas- und Bremspedalen. Während Männer bei dem sexuellen Abenteuer nur gewinnen konnten, hatten Frauen einiges zu verlieren: beispielsweise ihren Ruf und ihre körperliche Unversehrtheit, weil sie nicht wussten, ob sie bei dem Fremden in Sicherheit wären.

Als man das Experiment vor Kurzem in leicht veränderter Form wiederholte und Frauen fragte, ob sie mit attraktiven Hollywood-Stars ins Bett gehen würden, antworteten die meisten übrigens mit Ja. Liegt es daran, dass Frauen heute eher zu ihrer Lust stehen können, oder daran, dass Brad Pitt einfach zu attraktiv ist? In jedem Fall zeigt es, dass sich in den letzten Jahrzehnten eine Menge getan hat in Sachen weiblicher Sexualität. Entgegen früheren Annahmen wissen wir heute, dass Frauen sexuell weder desinteressierter als Männer sind noch sind sie treuer oder gar biologisch auf Monogamie vorprogrammiert.[4]

Jüngste Forschungsergebnisse legen nahe, dass Frauen in Langzeitbeziehungen sogar schneller als Männer das sexuelle Interesse an ihrem festen Partner verlieren – ihre Lust legt sich im Schnitt nach drei bis vier Jahren. Um sie wieder zu wecken, arbeitet die Pharmaindustrie seit Jahrzehnten an einer Lustpille für die Frau. Seit 2016 ist »Pink Viagra« in den USA zugelassen, allerdings weist die kleine rosa Chemiebombe bei Weitem nicht die erwarteten

4 Einige Forscher gehen heute sogar vom Gegenteil – der ursprünglich polygam veranlagten Frau aus. Die Evolutionsbiologin Hrdy weist auf die Notwendigkeit für Weibchen hin, sich mit möglichst vielen Männchen zu paaren, um das Risiko eines Infantizids zu minimieren, also die Gefahr, dass die fremde Nachkommenschaft von den Männchen getötet wird.

Erfolge auf: Weder stürzen sich die Frauen auf sie noch wirkt sie ähnlich zuverlässig wie beim Mann. Denn die lustlose Frau hat keine Durchblutungsstörungen, sondern keinen Druck auf ihrem Gaspedal, oder sie steht durchgehend auf ihrer Bremse. Was irgendwie kein Wunder ist, wenn man bedenkt, dass Frauen über Jahrhunderte hinweg gezwungen waren, mit angezogener Lust-Handbremse zu leben.

Ist es nicht ein wenig absurd, über die lustlose Frau zu schreiben, während die Medien voll sind von offensiven, verführerischen Sexbomben? Ist heute nicht alles anders als damals? Sind wir heute nicht alle frei und lustvoll und wahnsinnig selbstbewusst? Nur auf den ersten Blick. Das Thema weibliche Lust und Sexualität ist voller Widersprüche. Bei meiner Recherche fühlte ich mich oft wie in einem Spiegelkabinett – wenig war so, wie es schien. Es gab Zweideutigkeiten, doppelte Böden, Zerrbilder. Studien widersprachen sich. Historische Fakten verwirrten mich. Einiges, was ich von meinen Interviewpartnerinnen erfuhr, erschütterte mich.

Bevor wir uns der Moderne zuwenden und dem, was Frauen heute über ihre Lust und ihre Sexualität erzählen, lassen Sie uns zunächst einen genaueren Blick in die Vergangenheit werfen. So unglaublich und absurd uns manches daraus erscheinen mag: Dies ist der Boden, auf dem die weibliche Sexualität gedieh oder verdarb, auf dem die Lust der Frau mal blühte, weitaus öfter jedoch brachlag oder zurückgeschnitten wurde. Dies ist die Geschichte der weiblichen Lust, die dazu führte, dass Frauen heute nicht ganz so frei sind, wie uns allen oft vorgemacht wird und wie wir es uns wünschen würden.

Das Tier in ihr – Die hysterische Frau

»Nur der Uterus macht die Frau zu dem, was sie ist.«
Johann Baptista von Helmont,
flämischer Wissenschaftler und Arzt

»Die ist doch hysterisch« – jeder hat sofort ein Bild vor Augen: von einer Frau, die nervös oder wütend ist, die vielleicht schreit oder mit den Armen fuchtelt, die mit allem, was sie denkt, fühlt und an Verhalten zeigt, übertreibt. Hysterische Frauen gab es schon immer, wenngleich der Erkrankung je nach medizinischem Wissensstand und gesellschaftlichem Gusto immer andere Ursachen und Symptome zugeschrieben wurden. Die Hysterie war ein Sammelsurium von Symptomen, aus dem sich sowohl die Ärzte als auch ihre Patientinnen je nach Belieben bedienen konnten.

Was aber hat die Hysterie in einem Buch über weibliche Sexualität zu suchen? Eine ganze Menge. Denn lange Zeit bestand unter Fachleuten Einigkeit darüber, dass sie eine körperliche und vermeintlich unkontrollierbare Erscheinung (ähnlich der Epilepsie) ist und dass sie in engem Zusammenhang mit der zumeist unbefriedigten Sexualität der Frau steht. So wurde Hysterie in ihrer über 2000 Jahre währenden Geschichte mal als Witwenkrankheit der sexuell unbefriedigten Frau verstanden, mal als böses Bündnis mit dem Teufel oder als Krankheit der »übertriebenen Weiblichkeit«, bis sie Mitte des 20. Jahrhunderts endlich offiziell abgeschafft und aus medizinischen Diagnostikbüchern entfernt wurde.

Dennoch: Der Hysterie-Begriff und die damit verbundenen negativen Zuschreibungen sind immer noch quicklebendig, und am Beispiel dieser Krankheit, die von Männern erfunden und von Frauen übernommen wurde, zeigt sich in einzigartiger Weise das Machtverhältnis zwischen Mann und Frau, die gesellschaftliche Ordnung der Geschlechter, die Beherrschung weiblicher Lust – und die quälende Ohnmacht, die daraus entsteht.

Die Gebärmutter auf Abwegen

Unsere Vorfahrinnen hatten einiges auszuhalten. In ihrem Leib wohnte eine Art Tier, das bei schlechter Versorgung umherwanderte und dabei unangenehme Symptome auslöste wie beispielsweise Lähmungen, Erstickungsanfälle, den Verlust der Sprache, Krämpfe, Menstruationsbeschwerden, Schmerzen, Gefühllosigkeit im Kopf und der Zunge oder Zähneknirschen, um nur ein paar der »600 Übel und unzähligen Leiden« zu nennen, wie der griechische Philosoph Demokrit es beschrieb. Der griechische Arzt Hippokrates (430–370 v. Chr.) fasste die verschiedenen »Frauenkrankheiten« unter dem Begriff Hysterie zusammen, abgeleitet von der auslösenden Übeltäterin: der Gebärmutter (griechisch: *Hystera*).[5]

Hippokrates stellte fest, dass besonders Jungfrauen, Witwen und unfruchtbare Frauen von hysterischen Beschwerden betroffen waren. Dies war laut seinem Zeitgenossen Platon nicht verwunderlich, denn: »Die Gebärmutter ist ein Tier, das glühend nach Kindern verlangt.

---

5 Bereits die alten Ägypter hatten vermutet, dass verschiedene Frauenleiden entstanden, weil die Gebärmutter entweder »hungrig« oder »verrutscht« war.

Bleibt dasselbe nach der Pubertät lange Zeit unfruchtbar, so erzürnt es sich, durchzieht den Körper, verstopft die Luftwege, hemmt die Atmung und drängt auf diese Weise den Körper in die größten Gefahren … und erzeugt allerlei Krankheiten.«

Vor rund 2000 Jahren und für viele Jahrhunderte danach hielt man die Gebärmutter weniger für ein Organ als für ein eigenständiges Geschöpf, das bei sexueller Abstinenz austrocknete und auf der Suche nach Flüssigkeit im Körper der Frau umherschweifte und sein Unwesen trieb: Wenn es sich in die Nähe des Herzens begab, fühlten die Frauen sich ängstlich, eingeengt und erbrachen. Verband es sich mit der Leber, verloren die Frauen ihre Stimme, knirschten mit den Zähnen und bekamen einen grauen Teint. Körperliche Krämpfe, die epileptischen Anfällen ähnelten, wurden ebenso der wandernden Gebärmutter zugeschrieben wie zeitweise Lähmungen. Erstickungsanfälle wurden damit erklärt, dass die Gebärmutter zwischen Kopf und Körper gewandert war, wo sie Atembeschwerden verursachte. Um das Tier wieder an seinen ordnungsgemäßen Platz zu verschieben, wurde der Körper der Betroffenen von Ärzten eifrig massiert, gedrückt und bandagiert.

Eine andere populäre Maßnahme war die Geruchstherapie, bei der die Ärzte die Scheide mit guten Düften beräucherten, um den Uterus »nach unten« zu locken, oder ihre Patientinnen faulige Gerüche einatmen ließen, um diesen »von oben« zu verscheuchen. Solche Räuchermethoden wurden jahrhundertelang angewendet, gemäß der Annahme: »Die Gebärmutter (meidet) aus natürlichem Instinkt und besonderer Eigenart den Gestank und (erfreut) sich an wohlriechenden Dingen.« Doch die auf den ersten Blick sanfte Heilmethode war für die Patientinnen alles andere als eine Wellness-Anwendung. Eine beispielhafte ärztliche Anweisung lautete:

»(…) der Nase der Frau die übelsten Gerüche zum Einatmen geben, Bitumen, Schwefel- und Petrolöle, Federn von Schnepfen, Männer- und Ziegenbockhaare, Nägel, tierisches Horn, Schießpulver, alte Leintücher, alles verkohlt – das ›bringt zum Senken‹ (Abstoßung nach unten). Und umgekehrt, den Gebärmutterhals mithilfe einer Feder aufsperren, um dann mit einem speziell angefertigten Gerät süßliche Ausräucherungen in der Vagina zu veranstalten (Anziehung nach unten). Zusätzlich der Patientin während der Operation recht stark in die Ohren schreien (damit sie nicht den Trick macht, in Ohnmacht zu fallen). Und man muss ihr die Härchen an den Schläfen und im Nacken ausreißen, noch eher jene der Schamteile, nicht nur, damit sie erwacht, sondern darüber hinaus, damit der Dampf, der aufsteigt und die Atemnot verursacht, durch den Schmerz, der unten verursacht wird, durch Revulsion nach unten abgeleitet und zurückgezogen wird.«

Aus heutiger Sicht erinnert die Geruchstherapie an Foltermethoden. Dabei wurde die häufig auftretende Bewusstlosigkeit der Patientinnen nicht als Folge der brutalen Behandlung verstanden, sondern als Weigerung, gesund zu werden.

Man mag es kaum glauben, aber selbst 2000 Jahre später ist der Glaube an die Uterus-Beräucherungstherapie immer noch nicht ganz ausgestorben, und Frauen unterziehen sich ihr heute ganz freiwillig – die Schauspielerin Gwyneth Paltrow hält sie sogar für ein absolutes Muss, wenn man gerade in Los Angeles ist. Dort bieten Spas Vaginal-Dampfbäder an, die mit einer Kombination aus Infrarotstrahlen und Wermutkrautdampf die Gebärmutter reinigen, die weiblichen Hormone ins Gleichgewicht bringen und Energien freisetzen sollen. Das Ganze tut zwar nicht mehr weh, ist aber aus medizinischer Sicht teurer Quatsch, der von Gynäkologen als sinnlos bis gefährlich eingeschätzt wird.

Weil die Geruchstherapie zu keiner Zeit besonders erfolgreich war, haben Ärzte in den letzten Jahrhunderten alles Mögliche versucht, um die hysterischen Symptome von Frauen in den Griff zu bekommen: vom kräftigen Abreiben der Fußsohlen mit Salz und Essig, der Verabreichung von Niesmitteln oder dem Ausreißen der Schamhaare bis hin zu medizinischen Unterleibsmassagen, ausgiebigen Spaziergängen, Tanzen und Reiten. Wirkliche und dauerhafte Gesundheit des Weibes, so meinte man, konnte allerdings nur durch ein Mittel erreicht werden: die Ehe.

»Lass sie heiraten, und die Krankheit wird verschwinden«, prophezeite Hippokrates, denn nur so war gewährleistet, dass die Gebärmutter regelmäßig mit männlichem Samen gefüttert wurde und sie ihrer natürlichen Bestimmung dienen konnte: der Schwangerschaft.

Von den Überbleibseln dieses Denkens kann im 21. Jahrhundert jede kinderlose Frau über 30 ein Lied singen. Fragen wie: »Wann ist es denn so weit?« oder »Wieso hast du noch keine Kinder?«, die ihnen auch von Fremden gestellt werden, zeigen, wie stark Frausein auch heute noch mit Muttersein verknüpft ist. Frauen, die keine Kinder haben, werden oft als unvollständig wahrgenommen, sie werden in der öffentlichen Meinung entweder bemitleidet oder es wird ihnen Oberflächlichkeit und Egoismus vorgeworfen.[6] Während der männliche Single sein Leben genießen darf, bis er »die Richtige« gefunden hat, wirkt die alleinstehende Frau ohne Kinder wie eine Provokation am Gesellschaftsideal, das sich der Fortpflanzung verschrieben hat.

Auch wenn sich das Wissen um Anatomie und die Medizin weiterentwickelten, sollte die Gebärmutter noch lange Zeit das Zentrum von weiblicher Krankheit und Gesundheit bleiben. Dass die Frau generell als defizitär und krankheitsanfällig galt und dass allein der Mann, sein Samen und die Beschäftigung ihres Fortpflanzungsorgans sie vermeintlich zu »heilen« vermochten, änderte sich auch nicht, als etwa 500 Jahre nach Hippokrates eine neue Theorie populär wurde: Nun glaubte man, dass in der Gebärmutter giftige Stoffe produziert wurden, die allein durch regelmäßigen Beischlaf abgesondert werden konnten. Für Anhänger der bis ins 19. Jahrhundert einflussreichen Humoralmedizin (oder Vier-Säfte-Lehre), die sich auf die Ausgewogenheit der Körpersäfte stützte, war klar: Eine sexuell unterversorgte Frau musste krank werden. Was lag also näher, als ihr Geschlechtsverkehr zu verordnen?

Sex als Medizin – das sollte sich bald ändern. Denn während sexuelles Begehren in der Antike noch als ganz natürlich galt und anderen körperlichen Bedürfnissen

6 Männer werden weitaus seltener als Frauen mit der Kinderfrage konfrontiert, und zwar nicht nur, weil sie biologisch gesehen auch noch als 100-Jährige Kinder zeugen könnten, sondern auch, weil *Mann und Vater* nicht wie *Frau und Mutter* automatisch als zusammengehörige Einheit wahrgenommen werden.

wie Hunger oder Durst gleichgestellt war, zogen mit der Verbreitung des Christentums Schuld und Sünde in die Sexualität ein. Sex wurde böse. Er wurde verboten und stigmatisiert. Besonders die Lust der Frau erhielt einen gewaltigen Dämpfer, und um die Fronten zwischen Gut und Böse klarzumachen, stellte man dem christlichen Ideal der keuschen Frau das Bild der Hexe gegenüber – einer wollüstigen, sexuell unersättlichen Frau, die sich mit dem Teufel einließ und anschließend furchtbaren Schaden über ihre Umwelt brachte.

Vor allem ältere, allein lebende Frauen waren der Gefahr ausgesetzt, als Hexe verleumdet zu werden, denn sie standen weder unter der Führung eines Mannes noch unter seinem Schutz. Zudem hieß es, dass alte Frauen einen noch zügelloseren sexuellen Appetit hätten als die jüngeren, besonders, wenn eine männliche Hand fehlte, die sie »vom Weg in die Sünde abhalten könne«. Auch Frauen, die bisher als krank gegolten hatten, machten sich plötzlich verdächtig: die Hysterikerinnen mit ihren unerklärlichen, verrückten Symptomen, ihren Zuckungen und Lähmungen, die als lustvolle Folgeerscheinungen einer Berührung durch den Teufel – als »stigmata diaboli« – aufgefasst wurden.

Weibliche Lust bedeutet(e) weibliche Autonomie und somit auch Macht. Wie wir heute wissen, kann diese Kombi Männern nicht nur Freude, sondern durchaus Angst machen, besonders dann, wenn sie in einer Gesellschaft leben, die sexuellen Bedürfnissen und Frauen kritisch gegenübersteht. Egal, ob im Mittelalter oder heute, ob in den USA oder im Iran, ob im Islam oder im Katholizismus – unterdrückte Begierde kann sich zu einer explosiven Mischung aus Scham, Schuld und Hass zusammenbrauen, die sich oft gegen Frauen und/oder Minderheiten richtet.[7]

Es war viel los im weiblichen Körper, der erst als Herberge für ein Tier und dann für den Teufel diente, bis im 18. Jahrhundert nach dem Ende der Hexenverfolgung die wissenschaftliche Beschäftigung mit der Hysterie und ihre medizinische Behandlung wiederaufgenommen wurde. Die Hysterikerin galt nun nicht mehr als böse und vom Teufel besessen, wohl aber als mitverantwortlich für ihre Erkrankung. Im 17. und 18. Jahrhundert ging man davon aus, dass falsche Lebensführung hysterische Symptome begünstigen würde: Müßiggang wurde für schädlich gehalten, und Töchter und Frauen aus reichem Haus galten als besonders anfällig, während hart arbeitende Frauen angeblich kaum Symptome zeigten. Zu warme, zu kalte, feuchte, staubige oder neblige Luft konnte ebenso wie zu viel Ruhe und fehlende Bewegung laut Meinung der Ärzte eine »Säftestauung« verursachen. Auch ein Übermaß an leiblichen Genüssen, scharf gewürzte Speisen und Wein konnten hysterische Symptome auslösen. Als größte Gefahr galt jedoch die »zu häufige Liebesübung«. Der antiken Vorstellung, dass *zu wenig* Sex die Frau krank machen könne, kam nun eine weitere hinzu, denn *zu viel* Sex sei auch wieder nicht gesund.

---

7 »In einer sexuell repressiven Welt«, schrieb Carolin Emcke 2012 in »Wie wir begehren«, »(...), in der das Entdecken der eigenen Lust unterbunden, die Pubertät abgebrochen oder in ewiger Zeitschleife gehalten wird, verbleiben erwachsene Männer in einem infantilisierten Zustand des Vor-Begehrens, gehüllt in einen Kokon der anerzogenen Scham. So kann sich die verbotene Lust nur mit Schuld gepaart artikulieren, wenn überhaupt, und das erklärt, warum sie sich oftmals in Gewalt entlädt. Die Scham über das eigene Begehren wandelt sich in Verachtung für das Objekt, das die verbotene Lust hervorbringt.«

Während männliche Gelehrte mit immer neuen Behandlungsmethoden und Theorien über weibliche Krankheit und Gesundheit die Bühne der Geschichte betraten, blieb die Hauptfigur immer dieselbe: die Frau, die an ihrer Sexualität litt – entweder, weil sie von ihrer Lust beherrscht wurde oder weil sie ihre Lust unterdrücken musste. Und auch wenn die Herren in Wahrheit keine Ahnung hatten, wie Hysterie entstand oder wie sie geheilt werden konnte, waren sie sich in einem doch einig: Die hysterische Frau war eine widerspenstige Frau, die notfalls mit Gewalt geheilt werden musste.

Der große Auftritt der Hysterie: Charcot lässt die Puppen tanzen

Paris im Jahr 1887: Wie jeden Dienstagvormittag haben sich zahlreiche Gelehrte in einem Saal des Hôpital de la Salpêtrière eingefunden. Die Stimmung ist bedeutungsschwer, denn gleich werden die Herren Zeugen einer besonderen Vorführung werden: wie Frauen sich in hysterische Anfälle hineinsteigern. Dirigent der Veranstaltung ist der Neurologie-Professor Jean-Martin Charcot, der in den berühmten Dienstagsvorlesungen seine eindrucksvollsten Patientinnen vorstellt. »Ich werde Sie diesen Schmerz jetzt sozusagen befühlen lassen; ich werde Sie alle seine Eigenschaften sehen lassen, indem ich Ihnen fünf Kranke vorführe«, begann Charcot und dann betraten die Hysterikerinnen nacheinander die Bühne. Dort versetzte er sie in Trance und übte Druck auf »hysterogene Körperteile«, vorzugsweise die Eierstöcke, aus, bis die Erkrankten das gewünschte hysterische Verhalten zeigten beziehungsweise einstellten. Während der durch Hypnose ausgelösten Krampfanfälle erläuterte Charcot dem Publikum die diversen Stadien, die seine Patientinnen nach einem mehr oder weniger unbewussten Drehbuch durchliefen.

Ich weiß noch genau, was ich dachte, als ich während einer Psychologievorlesung das erste Mal von Charcots hysterischen Frauen hörte: »Was für ein Quatsch!« Frauen, die wild um sich schlagen, unkontrolliert zucken, sexualisierende Posen einnehmen, und das alles in der bestimmten Abfolge eines sogenannten großen Anfalls – ich war mir sicher, dass sie schauspielerten, zu übertrieben schien mir der Habitus dieser Drama-Queens des 19. Jahrhunderts.

Die klassische Hysterie mit ihrer Atemnot, den Schluckbeschwerden und Lähmungen, dem Verlust der Stimme und der Kontrolle oder den aufsehenerregenden Krampfanfällen ist aus heutiger Sicht ein kaum zu verstehendes Phänomen, aber in einer Zeit, in der Frauen nur minimalen Bewegungsspielraum hatten und sich dem Mann gehorsam und sanftmütig unterordnen sollten, waren hysterische Symptome gleichermaßen Symbol und Ventil der Unterdrückung. Ohnehin sollten wir nicht vergessen, dass jede Zeit ihre unterschiedlichen – auch körperlichen – Ausdrucksformen von seelischer Verletzung hat. In 200 Jahren wird man sich vielleicht wundern, wie es im 21. Jahrhundert zu epidemischem »Ritzen« und kollektiven Essstörungen in Schulklassen oder gleich machenden Schönheits-OPs in der Wohlstandsgesellschaft kommen konnte.

Zurück zu Charcot, unter dessen Leitung die Salpêtrière zu einer der größten und bedeutendsten neurologischen Kliniken Europas wurde und die Hysterie zu einer viel beachteten Modekrankheit aufstieg. Die kranken Frauen, die zuvor oftmals als Lügnerinnen und Simulantinnen beschimpft wurden, waren nun wieder ernst zu nehmende Patientinnen. Allerdings nur für kurze Zeit. Denn Charcot, der immer wieder darauf hinwies, dass die Hysterie weder eine sexuelle Störung noch auf das weibliche Geschlecht beschränkt war,[8] gelang es nicht, sie von ihrem Stigma und der engen Verknüpfung mit Weiblichkeit zu befreien. Stattdessen setzte er alles daran, die Gesetzmäßigkeiten der Hysterie aufzuzeigen, weil er hoffte, die rätselhafte Krankheit durch die genaue Dokumentation der einzelnen Phasen eines hysterischen Anfalls entschlüsseln zu können. An den Lebensgeschichten und Gefühlen der Betroffenen war er nicht interessiert, dabei hätten sie das Mysterium der Hysterie lüften können, wie sich unter anderem an den Biografien seiner beiden berühmtesten Patientinnen ablesen lässt.

Blanche (eigentlich Marie Wittman) war als Jugendliche von ihrem Lehrer Nacht für Nacht missbraucht worden und hatte als Folge des Traumas Symptome wie Erstickungsgefühle und temporäre Taubstummheit entwickelt. Nachdem sie einige Monate mit Verrückten und

---

8 Charcot definierte Hysterie als körperliches Leiden, das durch Erbschäden oder eine traumatische Verletzung im zentralen Nervensystem verursacht wurde und epilepsieartige Anfälle zur Folge hatte. Während die männliche Hysterie laut Charcot stets durch ein körperliches Trauma ausgelöst werde, sei das weibliche Geschlecht dagegen mit seiner konstitutionellen Schwäche zu gut 50 Prozent »von Natur aus« hysterisch und produziere die Symptome ohne äußere Provokation. Die Hysterie war auch zuvor schon als Funktionsstörung des Gehirns betrachtet worden, eine Erklärung, die entscheidend zur Entsexualisierung der Hysterie hätte beitragen können – wenn nicht »die Urkrankheit der Frau« eine so wunderbare Projektionsfläche für alles, was Männer an Frauen als krank ansahen, gewesen wäre.

Epileptikerinnen in der Salpêtrière verbracht hatte, wurde aus Marie Blanche – die Vorzeige-Hysterikerin, die die Stadien der Grande Hysterie wie aus dem Lehrbuch »beherrschte«. Blanche Wittman war tatsächlich der Prototyp einer Hysterikerin, aber nicht, weil sie die vier Stadien des hysterischen Anfalls so grandios darstellen konnte, sondern weil sie eine traumatisierte Frau war, deren Leid über ihren Körper sichtbar wurde, und zwar auf eine derart aufsehenerregende Weise, dass Männer sie wahrnehmen *mussten*.

Charcot hatte eine weitere Lieblingspatientin: Augustine, die mit 15 Jahren in seine Klinik eingewiesen worden war. Augustine war in schwierigen familiären Verhältnissen aufgewachsen und vom Liebhaber ihrer Mutter brutal missbraucht worden. Wie viele andere Hysterikerinnen drückte sie ihre traumatischen Erfahrungen über ihren Körper aus: durch Zuckungen und Krämpfe, die sie mitunter ins Delirium fallen ließen.

Auch Augustine entwickelte hysterische Symptome, weil sie wie Blanche und viele andere Opfer grenzüberschreitender, gewalttätiger Männer und rigider Moralvorstellungen geworden war. Die medizinische Behandlung in der Salpêtrière verhalf ihnen allerdings nicht zu Gesundheit, sondern sperrte sie weiterhin gemeinsam mit ihren Symptomen in Charcots Konstrukt der Bilderbuch-Hysterie ein.

Augustine, das meistfotografierte hysterische Modell ihrer Zeit, wurde fünf Jahre lang mit Medikamenten behandelt, mit Zwangsjacken und Isolation traktiert, und ihr Leid wurde für alle Zeiten durch ihre Fotografien öffentlich gemacht. Nach diversen Fluchtversuchen gelang es ihr schließlich, aus ihrem Gefängnis zu entkommen – als Mann verkleidet.

Der Umgang mit Hysterikerinnen war buchstäblich zum Verrücktwerden: Während die Betroffenen ihr Trauma und ihre Unterdrückung über ein spektakuläres Körpertheater inszenierten, versuchten die männlichen Mediziner immer stärker, die Frauen zu kontrollieren, damit sie ihr Verhalten an die gültigen gesellschaftlichen Erwartungen anpassten. Männliche Macht und weibliche Ohnmacht – die Grundzutaten der hysterischen Symptome – bildeten auch bei den Heilungsversuchen eine unheilvolle, alles andere als zielführende Allianz. Während die hysterischen Symptome in der Salpêtrière im Namen der Wissenschaft wieder und wieder per Hypnose künstlich hervorgerufen wurden, wuchs die Kritik an Charcots Vorführungen und der vermeintlichen Reproduzierbarkeit der hysterischen Anfälle. Zu Recht, denn hinter den Kulissen sollen die Patientinnen mithilfe von Hypnose, Eierstockpressungen, Fesselungen, Rauschmitteln, Elektroschocks und sogar mit retraumatisierenden sexuellen Übergriffen auf die Abrufbarkeit der gewünschten Anfälle und hysterischen Haltungen vorbereitet worden sein.

Aber auch außerhalb der Pariser Anstalt zeigten Tausende Frauen Anzeichen von Hysterie – sie zitterten und bebten, schrien und schimpften und sprengten mit aller Kraft den engen Rahmen, der Frauen damals vorgegeben war.[9] Die hysterische Frau des 19. Jahrhunderts war eine unterdrückte Frau, die ihre Sexualität, ihre traumatischen Erfahrungen und ihre Autonomiebedürfnisse verleugnen musste und darüber krank wurde, während die Gesell-

9 In Deutschland wurden hysterische Frauen von ihren Ehemännern in Irrenanstalten untergebracht, bis sie wieder bereit waren, ihrem Gatten zu gehorchen, »liederliche« Gedanken aufzugeben und den Haushalt ordentlich zu führen.

schaft nicht in der Lage war, die hysterischen Symptome als Ausdruck tiefster Not zu dechiffrieren. Denn das, was die hysterischen Frauen oftmals über ihre Körper ausdrückten, war realer Schmerz, in groteske Posen gegossen. Die Krankheit der übertriebenen Weiblichkeit oder die »Krankheit des Gegenwillens«, wie Freud sie nannte, verhalf den Frauen auf eine bizarre Art und Weise zu etwas mehr Freiraum: Solange sie nur die Wahl hatten zwischen Gehorsam oder Krankheit, waren hysterische Symptome für manche die einzige Möglichkeit, zu rebellieren und aus den engen Grenzen auszubrechen. Gleichzeitig wurde die Krankheit zum Korsett, da sie neue Normen des Verhaltens schuf. Die Hysterikerin wurde zum Inbegriff der kranken Frau, der verführerischen, aber bedauernswerten Femme fatale, enthemmt, aber unnahbar, erotisch und abstoßend zugleich. Bei aller Gegenwehr blieb die Hysterikerin eine ohnmächtige Frau, die ihre innere Leere und Verzweiflung zur Schau stellte.

Einsamkeit musste entstehen, sowohl in den Frauen als auch in den Männern, die allesamt in einem Schauspiel gefangen waren, das es aufgrund der vielen Zuschreibungen, Verrenkungen und Verschleierungen unmöglich machte, sich wirklich nahezukommen. Aus dieser tiefen Einsamkeit heraus entstand auch auf männlicher Seite der Wunsch, die Frau besser zu verstehen. Die Zeit war gekommen für Sigmund Freud, den jungen, wissbegierigen Arzt aus Wien, der von Charcots Theorien und Darstellungen fasziniert war und der gleichzeitig ahnte, dass hinter dem Schauspiel noch tiefere Schichten verborgen waren, die es zu entdecken galt, wollte man die Frau heilen – und selbst einmal in einem Atemzug mit dem großen Charcot genannt werden.

Trauma und Tabu – Vom verführten Kind zur hysterischen Lügnerin

Emma Eckstein war 27 Jahre alt, als sie 1894 den Wiener Arzt Sigmund Freud wegen Magenschmerzen und Menstruationsbeschwerden aufsuchte. Freud hatte ein paar Monate in Paris bei Charcot studiert und dessen Schriften ins Deutsche übersetzt, und so fiel es ihm leicht, Emma als Hysterikerin zu diagnostizieren. Im Gegensatz zu seinem französischen Meister widmete Freud sich eher den subtileren, auf den ersten Blick weniger dramatischen Symptomen der *petite hystérie* wie Husten, Hinken, Kopfschmerzen oder dem Verlust der Stimme.

Im Einklang mit der damaligen Lehrmeinung glaubte Freud, dass Emmas sogenannte »neurasthenische«[10] Symptome durch Masturbation verursacht worden waren, und um die analytische »Redekur« zu optimieren, empfahl er seiner Patientin, sich einer Operation bei seinem besten Freund und Kollegen, dem Berliner Arzt Wilhelm Fließ, zu unterziehen. Fließ war überzeugt davon, dass Sexualorgane und Nase in engem Zusammenhang stünden, dass es sogenannte »nasale Genitalstellen« gebe, an denen man sexuelle Störungen ablesen könne, und dass Masturbation zu »einer neuralgischen Veränderung des vorderen Teiles der linken (Nasen)-Muschel« führe. Trotz diesen und anderen Unsinns wie der Aussage, dass Nasenbluten ein Erkennungsmerkmal von masturbierenden Frauen sei, vertraute Freud seinem Kollegen, der glaubte, dass Sexualprobleme durch chirurgische Eingriffe an der Nase behoben werden könnten. Emma wiederum ver-

10 Neurasthenie war neben der Hysterie eine häufig auftretende Neurosenform, die als Folge eines abnormen Sexuallebens galt.

traute Freud, und so wurde sie im Februar 1895 von Fließ an der Nase operiert. Die Operation ging schief – Fließ, der noch nie zuvor eine große Operation durchgeführt hatte, vergaß »ein gut ½ Meter langes Stück« Gaze in der Nasenhöhle seiner Patientin, was eine Infektion auslöste und Emma in Lebensgefahr brachte. Starke Schmerzen und ein verunstaltetes Gesicht waren die Folge, und lange Zeit war unklar, ob die Patientin die Pfuscherei überleben würde.

Anstatt nun Verantwortlichkeiten zu klären, war Freud damit beschäftigt, seine eigene und die seines Freundes Fließ herunterzuspielen – das »minimale Versehen« hätte jedem passieren können, und Fließ sei nach wie vor der Arzt und »der Typus des Mannes, dem man vertrauensvoll sein Leben und das der Seinigen in die Hände legt«. Um Fließ zu schützen und ihn von jeder Schuld freizusprechen, verwandelte Freud Emmas postoperative Beschwerden und Blutungen schließlich in hysterische Manifestationen: Emma habe »aus Sehnsucht« so stark geblutet, Freud sprach von »Wunschblutungen« und »Simulationen« – Letztere kannte man ohnehin von Hysterikerinnen.[11]

Freud deutelte so lange und kreativ an einer Erklärung herum, bis die normale körperliche Reaktion auf die verpfuschte Operation irgendetwas zwischen psychosomatischer, kontrollierter oder simulierter Reaktion war: »Als sie (Emma) meine Ergriffenheit bei der ersten Blutung

---

11 Freud schrieb am 26. April 1896 an seinen Freund Fließ: »Ich werde Dir nachweisen können, daß Du recht hast, daß ihre Blutungen hysterische waren, aus Sehnsucht erfolgt sind und wahrscheinlich zu Sexualterminen. (Das Frauenzimmer hat mir aus Widerstand die Daten noch nicht besorgt.)«

(…) sah, fand sie einen alten Wunsch nach Liebe in Kranksein verwirklicht, fühlte sich die nächsten Stunden trotz ihrer Gefahr so glücklich wie nie, bekam dann im Sanatorium nächtliche Unruhe aus der unbewußten Sehnsuchtsabsicht, mich hinzulocken, und als ich nachts nicht kam, erneuerte sie die Blutung, als unfehlbares Mittel, meine Zärtlichkeit wieder zu wecken.«

In dieser unrühmlichen Geschichte des großen Seelenarztes deutet sich die Tragödie um die Entstehungsgeschichte der Psychoanalyse an: wie Freud eine große, schockierende Entdeckung machte, sie der Welt zeigen wollte, die noch nicht bereit war für die Wahrheit, und wie er schließlich der Realität einen je nach Sichtweise feigen oder genialen theoretischen Dreh verpasste, sodass die Wahrheit stückchenweise verdaut werden konnte.

Denn etwa zur gleichen Zeit, als das »Malheur« seines Freundes Fließ eine gemeinsame Patientin fast das Leben gekostet hätte, fiel Freud auf, dass viele seiner Patient*innen ihm mehr oder weniger deutliche Missbrauchsgeschichten aus ihrer Kindheit preisgaben. Erschrocken über die Häufigkeit der familiären Übergriffe, die selbst in »ehrbaren« Familien stattfanden, erkannte Freud plötzlich den Zusammenhang zwischen seelischem Trauma und körperlichen Symptomen: Seine revolutionäre »Verführungstheorie« war geboren. Anstatt die Ursache der Neurosen wie allgemein üblich in erblichen Degenerationen, der Masturbation und dem Coitus interruptus zu verorten, konzentrierte Freud sich auf die traumatisierenden Missbrauchserfahrungen seiner Patienten. Er verstand hysterische Symptome nun als körperliche »Erinnerungssymbole«, als »Abkömmlinge unbewusst wirkender Erinnerungen« und die Hysterie als Neurose, die durch die Verdrängung eines (früh-)kindlichen sexuellen Traumas hervorgerufen wurde:[12] »Die Hysterie ist die Folge eines präsexuellen Sexualschrecks.«

Als Freud seine Verführungstheorie im Frühjahr 1896 einem Fachpublikum vortrug, schlug ihm jedoch eisige Ablehnung entgegen. Man tat seine Missbrauchs-Entdeckungen ab als »paranoisches Gefasel sexuellen Inhalts über rein zufällige Ereignisse, die selbst wenn sie nicht bloß auf Erdichtung beruhen, doch völlig gleichgültig sind«, und warf ihm vor, den Kontakt zur Realität verloren zu haben. Die Welt war noch nicht bereit, sich mit elterlichen Verfehlungen dieses Ausmaßes auseinanderzusetzen.

Freud war am Boden zerstört: »Ich kam mir vor wie geächtet, von allen gemieden.« Wie zuvor bei dem Konflikt zwischen seiner ärztlichen Fürsorgepflicht für seine Patientin Emma und seiner Loyalität zu seinem Freund Wilhelm Fließ erwies Freud sich als nicht integer. Er war nicht stark genug, um sich mit seiner bahnbrechenden, aber unpopulären Erkenntnis gegen die alteingesessene Ärzteschaft zu behaupten, die kollegiale Isolation auszuhalten und sich vorbehaltlos für seine Patient*innen einzusetzen. Freud hatte Pioniergeist, aber er war auch ein

12 In einem Brief an Fließ erwähnte er, dass es zumeist die Väter sind, welche die Kinder verführen und missbrauchen. Aus dieser Erkenntnis entwickelte sich auch Freuds psychoanalytische Behandlung: Der Heilungsprozess bestand für ihn im Erinnern, in der Wieder-Aneignung eines aus dem Bewusstsein verdrängten psychischen Inhaltes, der immens peinlich, traumatisch, kurz: zunächst nicht zu verarbeiten gewesen war. Hysterische Symptome bekamen so eine Geschichtlichkeit, und Neurotiker*innen waren neuerdings nicht mehr allein Opfer eines schwachen Nervensystems oder organischer Veränderungen, sondern handelnde Subjekte und somit psychologisch therapierbar.

Narzisst, er gierte nach Unterstützung und Anerkennung von Kollegen, von der Notwendigkeit, seine Familie zu versorgen, einmal abgesehen, und so gab er seine Verführungstheorie im Juni 1897 schließlich auf und wandelte sie um in eine Fantasietheorie, die für die Gesellschaft annehmbarer war: Hysteriepatientinnen erinnerten sich nun nicht mehr an wahre Vorfälle inzestuösen Missbrauchs, sie brächten vielmehr Fantasien zum Ausdruck, die auf ihre unbewussten ödipalen Wünsche zurückgingen. Im Klartext: Freud beschuldigte lieber die Töchter der Fantasie als die Väter des Missbrauchs. Diese Deutung, die Kinder von »verführten« Opfern zu sexuellen Fantast*innen oder verführerischen Täter*innen machte, passte besser in das beginnende 20. Jahrhundert. Kinder und Frauen wurden ohnehin nicht ernst genommen, und nun hatte man endlich eine Theorie, die für die Ursache neurotischer Symptome eine weitaus weniger bedrohliche Erklärung bot als Freuds ursprüngliche Verführungstheorie.

Das Theoriegebäude der Psychoanalyse basiert also genau genommen auf männlicher Überforderung und Feigheit, nicht nur Freuds, sondern auch oder vor allem der seiner Kollegen, die reale familiäre – meist männliche – Gewalt nur in Form von Fantasien verdauen konnten. Die Patient*innen wurden mit ihren realen Traumata allein gelassen, stattdessen wurde ein theoretisches Konstrukt von ödipalen und sexuellen Fantasien erstellt, das es den Therapeuten erleichterte, mit den Vorwürfen und Aggressionen ihrer Patient*innen umzugehen: Es war alles nur geträumt. Mit diesem Manöver blieb die männliche Vormacht und Unbescholtenheit gesichert.

Die Welt scheint den Umweg über die Fantasie gebraucht zu haben, um sich der Sexualität und ihren Tabus nähern zu können. Tatsächlich bedurfte es noch knapp 100 Jahren, bis das Thema familiärer Missbrauch ernst genommen und geahndet wurde. Und auch wenn familiäre Übergriffe immer noch ein sensibles und oftmals tabuisiertes Thema sind, so steht das Kindeswohl gesellschaftlich längst über dem Eltern- oder Täterwohl. Kein missbrauchtes Kind wird heute noch als Verführer*in dargestellt. Die Rollen zwischen Täter*in und Opfer verschwimmen nicht mehr wie früher. Ganz anders bei der erwachsenen Frau, die seit jeher – egal, was ihr zustößt – eine Mitverantwortung für Übergriffe tragen muss. Eine vergewaltigte Frau beispielsweise muss auch heute noch vor Gericht beweisen, dass sie die Gewalttat nicht provoziert und hinreichend abgewehrt hat.

Obwohl Freud mit der Aufgabe der Verführungstheorie einen Schritt zurückging, etablierte er drei entscheidende Gedankengänge, die für die zukünftige Psychologie und Psychotherapie wegweisend wurden: die Macht des Unbewussten, das Vorhandensein einer kindlichen Sexualität und die Auswirkungen von Verdrängung. Freuds Schriften zeugen von der allgemeinen gesellschaftlichen Haltung, dass die Frau das minderwertige Geschlecht war, aber auch von seinem Versuch, die Frau zu verstehen und zu erklären. Bei Hysterikerinnen beispielsweise wies er immer wieder auf den Konflikt zwischen sexuellen Bedürfnissen und gesellschaftlicher Moral hin, der sich im Inneren der Frau abspielte und schließlich zu körperlichen Symptomen führte. Die Frau des 19. und angehenden 20. Jahrhunderts hatte keine Wahl. Sie war gezwungen, dem gesellschaftlichen Triebverbot zu folgen und es zu verinnerlichen. Mit anderen Worten: Erst wurde das weibliche Geschlecht mitsamt seinen sexuellen Bedürfnissen unterdrückt, dann unterdrückte es sich selbst. Nach und nach entfremdete sich die Frau von sich selbst und ihrer Sexualität. Und der Prozess, sich wiederzufinden, dauert bis heute an.

Die Unterwerfung des weiblichen Körpers zieht sich wie ein roter Faden durch die 2000-jährige Geschichte der Hysterie. Ob Geschlechtsverkehr, Hypnose, Freiheitsentzug oder Folterung verordnet wurde – Körper, Sexualität und Identität der Frau wurden stets enteignet. Aber nichts und niemand vermochte die hysterische Frau zu heilen. Im Gegenteil, aufgrund der widersprüchlichen Vorstellungen von weiblicher Normalität entwickelte sich laut Meinung der Ärzte eine ganz besonders gefährliche, wenn auch absurde Mischung: die Hysterikerin des Typs der frigiden Nymphomanin.

Die frigide Nymphomanin – Der Feind in seinem Bett

1894 untersuchte der Allgemeinmediziner A. J. Block in New Orleans ein neunjähriges Mädchen, das eine besorgte Mutter zu ihm gebracht hatte, weil sie den Verdacht hegte, ihre Tochter könne masturbieren. Block wandte einen obligatorischen praktischen Test an: Er untersuchte die Vagina und die Schamlippen, ohne dass seine Patientin eine Reaktion gezeigt hätte. Dann geschah etwas, was das Leben des kleinen Mädchens maßgeblich verändern sollte: Als der Arzt ihre Klitoris berührte, »spreizte sie die Beine, ihr Gesicht wurde blass, der Atem ging schnell und kurz, der Körper zuckte vor Erregung und die Patientin stöhnte leise«. Es »musste« gehandelt werden, und so führte

Block mit Einverständnis der Mutter bei seiner neunjährigen Patientin eine Klitoridektomie – die operative Entfernung der Klitoris – durch.

Auch heute haben die meisten Eltern eine Vorstellung davon, wie ihre Kinder sein sollen: unschuldig, rein, asexuell – zumindest bis zu einem gewissen Alter, und darüber hinaus möchte man es nicht so genau wissen. Der zunächst freie kindliche Umgang mit Körperlichkeit und Sexualität kann auch bei modernen Eltern Unbehagen und Scham auslösen. Aus Unsicherheit wird auf gesellschaftliche Normen zurückgegriffen: Während man heute – übrigens dank Freud – weiß und weitestgehend akzeptiert, dass Menschen von der Geburt bis an ihr Lebensende sexuelle Wesen sind, galt bis ins 20. Jahrhundert, dass autonome weibliche Lust und Sexualität so früh wie möglich unterdrückt werden sollten. Notfalls auch mit Gewalt.

Blocks britischer Kollege Isaac Baker Brown führte gegen Ende des 19. Jahrhunderts in England zahlreiche Klitorisentfernungen (»by scissors or knife – I always prefer the scissors« – »mit Schere oder Messer – ich bevorzuge immer die Schere«) bei Patientinnen ab einem Alter von zehn Jahren durch. Er stellte zufrieden fest, dass der Laie schon nach einem Monat keine Spur einer Operation mehr erkennen könne, bestand aber darauf, dass die Patientin auch nach der Entfernung »des Störungsherdes« weiterhin strengstens überwacht und moralisch erzogen werden müsse. Welche Beeinträchtigungen die Entfernung der Klitoris bei den Patientinnen mit sich brachte, davon sprach Dr. Brown nicht – er fühlte sich als Retter »der unglücklich Leidenden«, denen durch ihn ein isoliertes Leben abseits von Familie und Gesellschaft erspart geblieben sei und die nun nützliche Mitglieder der Gesellschaft werden könnten.[13]

Neben der Klitoridektomie wurden im letzten Viertel des 19. Jahrhunderts bei hysterischen, nymphomanen und menstruellen Beschwerden auch weitere Genitaloperationen wie etwa die Entfernung der (gesunden) Eierstöcke oder des gesamten Uterus vorgenommen, da man hoffte, die Patientinnen auf diese Weise von ihren Leiden und unbeherrschbaren sexuellen Wünschen heilen zu können. Mediziner gingen davon aus, dass die Geschlechtsorgane der Frau – Uterus, Ovarien und Klitoris – über ein »weitgehend dem Willen entzogenes Nervensystem« bestimmten und dass eine Überreizung der Genitalien zu körperlichen und psychischen Symptomen führen würde. Diese scheinbar direkte Verbindung von Geschlecht und weiblicher Psyche rechtfertigte die massiven medizinischen Eingriffe. Ein positiver Nebeneffekt dieser radikalen Operationen, die bei Tausenden von Frauen durchgeführt wurden, war laut Meinung vieler Ärzte, dass die verderblichen Einflüsse von Frauenkrankheiten nicht mehr an die nächste Generation vererbt werden konnten. Die Vererbungstheorie von Unmoral und Nymphomanie hat eine lange Geschichte, man glaubte früher sogar, dass eine schwangere Frau, die Lust empfand, ihr Ungeborenes mit Nymphomanie anstecken würde: Die schrecklichen

---

13 Die Symptome, die nach Browns Meinung eine Klitorisentfernung rechtfertigten, rangierten von: Müdigkeit, Unruhe, Klagen über unterschiedliche Gefühle, Schmerzen, trockene Haut, zitternde Augenlider und die Unfähigkeit, einem in die Augen zu schauen, Menstruationsbeschwerden, Abenteuerlust, Abneigung gegen ehelichen Geschlechtsverkehr sowie Sterilität oder die Tendenz, abzutreiben. Würden diese Symptome nicht behandelt, könnten sie zu ernsteren Folgen wie Katalepsie, Epilepsie, Schwachsinn oder Wahnsinn führen.

und ungewöhnlichen Gedanken der Mutter würden sich über Nervenbewegungen dem Fötus mitteilen und in ihm »leicht etwas Monströses« erzeugen.

Glücklicherweise gab es auch Kritiker, die in der Verstümmelung und Kastration gesunder Frauen nichts anderes als subtile Frauenfeindlichkeit wahrnahmen. Das wichtigste Argument, warum sich die Operationen in Europa nicht dauerhaft durchsetzen konnten, war jedoch die Überzeugung, dass die Empfängnis nur durch einen weiblichen Orgasmus gewährleistet war. Nicht das Recht der Frau auf Würde und körperliche Unversehrtheit stand an oberster Stelle, sondern die Fortpflanzung.

Nymphomanie, die auch als Furor Uterinus, also Raserei des Uterus, Mutterwahnsucht, »Mutterwuth«, Liebestollheit, Tobsucht der Weiber, Mannssucht oder Hysteromanie bekannt war, zeigte sich in »frechem Wegwerfen allen Schamgefühls, übermäßigem Liebesverlangen, schamlosen Gesten, Gedanken und Worten«, kurz: einem Zuviel an Lust aus gesellschaftlicher Sicht.[14] Über die Ursache der Nymphomanie wurde ähnlich spekuliert wie über die ihrer großen Schwester Hysterie: »verdorbene Genitalsäfte, Drüsenentzündungen des Uterus und der Vagina oder eine vergrößerte Klitoris« galten als die Hauptverdächtigen. Auch zu viel Schokolade oder scharfe Gewürze sowie eine generelle Genusssucht würden die Menge des weiblichen Samens vermehren und somit die Notwendigkeit, diesen über Orgasmen wieder loszuwerden.[15] Es war Hippokrates, der den weisen Rat gegeben

---

14 Die Bandbreite der Nymphomanie war groß: Sie wurde bei lasziven Blicken oder Parfümierung ebenso diagnostiziert wie bei sexuellen Übergriffen auf Männer.

15 Erkrankten wurde geraten, alles zu vermeiden, was ihnen zu viel

haben soll: »Ich aber befehle den Jungfrauen, die an Derartigem leiden, so schnell wie möglich mit Männern zu schlafen.« Im puritanischen 19. Jahrhundert jedoch galt die sexuell fordernde Frau als krank: gefährlich, abnorm und sexuell unbeherrscht. Tragischerweise übernahmen auch Frauen diese Haltung und suchten mitunter verstört Ärzte auf, weil sie sexuelle Lust empfanden und davon »geheilt« werden wollten.

Für Freud und seine Kollegen war Nymphomanie ein Zeichen einer gestörten Psyche; sie konnte auf eine unabgeschlossene psycho-sexuelle Entwicklung hinweisen, auf eine Persönlichkeitsstörung und sogar auf unterdrückte Homosexualität. Die extreme Lust der Nymphomanin führte laut vieler Ärzte oftmals dazu, dass die Betroffenen sich prostituierten – der Mythos der leidenschaftlichen Hure, die sich nicht des Geldes wegen, sondern für ihre Befriedigung prostituiert, wurde untermauert. Eine andere weit verbreitete Theorie besagte, dass Prostituierte oft Lesbierinnen waren, die als abnorm und pervers galten.

Der schlimmste Typ der Nymphomanin jedoch, auf die der Mann in seinem Leben und seinem Bett treffen konnte, war die frigide Nymphomanin, deren Maßlosigkeit und Unersättlichkeit durch ihre Unfähigkeit zur Befriedigung noch verstärkt wurde. Da sie stets auf der Jagd nach dem unerreichbaren Orgasmus war, musste sie den (normalen) Mann zwangsläufig überfordern. Mit dieser

Genuss oder zu viel Reizung der Nerven verursachte, wie beispielsweise: langen Schlaf in Federpolstern, Wein und Gewürze, Tanz, Umarmung schöner Jünglinge, Lektüre von Liebesromanen oder das Ansehen von erotischen Motiven, Gespräche mit Männern, aber auch Gefühle wie Zorn und Traurigkeit.

Erklärung war der Mann freigesprochen und die Frau sozusagen doppelt krank. Wichtig war, dass kein schlechtes Licht auf den Mann, seinen Unwillen oder sein Unvermögen, die Frau zu befriedigen, geworfen werden konnte. Die geschlechterabhängige Typologie von Richtig und Falsch wurde wieder einmal bestätigt: Nicht er war sexuell unzulänglich, sondern sie.

Die erneute Pathologisierung der sexuell aktiven Frau fiel nicht zufällig in eine Zeit, in der Frauen grundsätzlich mehr Rechte forderten. Mit der Etablierung der bürgerlichen Kleinfamilie setzte sich auch die extreme Polarisierung der Geschlechter fort, und so spielte sich das Leben der bürgerlichen Frau im Haus und innerhalb der Familie ab, während die Welt draußen den Männern vorbehalten war. Ende des 19. Jahrhunderts durften Frauen weder wählen noch Auto fahren. Auch Studieren war der breiten Masse untersagt, der Herrschaftsbereich der bürgerlichen Frau war allein der Haushalt und die Erziehung der Kinder.

Als die Frau dem Manne »gleicher« werden wollte, schlugen die Ärzte im Namen der männlichen Gesellschaft mit pseudowissenschaftlichen Argumenten Alarm. Sie pochten auf die »natürlichen« Unterschiede zwischen Mann und Frau: Das empfindlichere Nervensystem der Frau, ihre monatlich wiederkehrende »Krise«, ihr kleineres Gehirn und ihre Abhängigkeit von ihren Fortpflanzungsorganen würden es der Frau unmöglich machen, so wie ihr überlegenes männliches Gegenstück am öffentlichen Leben teilzunehmen. Der angesehene Pathologe und Nobelpreisträger Rudolf Ludwig Karl Virchow rief sogar eine Drüsen-Theorie ins Leben, die die Frau naturgemäß mit »Tiefe des Gefühls, der Wahrheit der unmittelbaren Anschauung, Sanftmuth, Hingebung, Treue« ausstatten sollte. Frauen, die nicht über diese Eigenschaften verfügten, galten als anormal. Nymphomaninnen, Prostituierte und Lesbierinnen, aber auch gesellschaftlich fordernde Frauen wie Frauenrechtlerinnen und berufstätige Frauen wurden alle in einen Topf geworfen: Jede Frau, die sich den Normen des späten 19. Jahrhunderts widersetzte, galt als krank und gefährlich.

Einer der schärfsten Gegner der Emanzipation war der deutsche Psychiater Julius C. Möbius, der in seinem Werk »Über den physiologischen Schwachsinn des Weibes« (1900) einen frauenverachtenden, diskriminierenden Satz an den nächsten reihte: »Wenn das Weib im Vergleiche zum Manne schwachsinnig genannt wird, so soll es nicht herabgesetzt werden, es wird kein Werturteil ausgesprochen, sondern nur eine Thatsache ausgedrückt«, oder »Wäre das Weib nicht körperlich und geistig schwach, wäre es nicht in der Regel durch die Umstände unschädlich gemacht, so wäre es höchst gefährlich«. Ein Weib solle »gesund und dumm« sein, mehr brauche es für Mutterschaft und Haushalt nicht, denn: »Uebermässige Gehirnthätigkeit macht das Weib nicht nur verkehrt, sondern auch krank.« Man befürchtete, dass mehr Frauenrechte dazu führen würden, dass die Frauen ihre »biologische Bestimmung«, zu heiraten und Kinder in die Welt zu setzen, vernachlässigten. Möbius warnte: »Liesse es sich machen, dass die weiblichen Fähigkeiten den männlichen gleich entwickelt würden, so würden die Mutterorgane verkümmern, und wir würden einen hässlichen und nutzlosen Zwitter vor uns haben.«

Die Frau war nicht gedacht als selbstständiges Wesen, sondern als Ehefrau, Hausfrau und Mutter. Aber was sollte der Mann tun, als die Frau auch in andere Bereiche drängte, als sie sich weigerte, ihre vorgegebene Rolle weiterhin brav auszufüllen? Die Pathologisierung der Frau war eine Möglichkeit, sie weiterhin zu beherrschen, so wie es jahrhundertelang geschehen war. Im Schreckensbild der feministischen, frigiden Nymphomanin lässt sich auch eine tiefe Angst von Männern erkennen: vor einer Frau, die ihnen sexuell überlegen ist, die sie nie befriedigen können und die ihre Lust auch mit anderen ausleben könnte – so wie es Männer seit Urzeiten getan hatten. War die Frau bisher passives Eigentum des Mannes gewesen, das ihm leidenschaftslos, aber willig zur Verfügung gestanden hatte, musste er nun fürchten, die Herrschaft über die Frau zu verlieren. Auch wenn die sexuelle Befreiung noch ein halbes Jahrhundert auf sich warten lassen sollte und die Traditionalisten alles dafür taten, die Grenzen zwischen gesunder und kranker Frau klar zu definieren und die Frau so in ihrer Freiheit zu begrenzen – die Emanzipation der Frau hatte begonnen.

Doch noch Ende des 19. Jahrhunderts waren zwei gegensätzliche Frauenbilder vorherrschend: das Idealbild der keuschen Frau, die zurückhaltend und ohne Begierde ist, und die verführerische Frau, die ohne Verstand von ihren Genitalien geleitet wird. Da die Männer ihre Sexualität nicht nur mit ihren Ehefrauen, sondern auch mit Mätressen und Prostituierten auslebten, konnten, nein, *mussten* sie das Bild der Frau spalten: in die Heilige an ihrer Seite und die Hure für ihr Vergnügen. Die Hure, das Vollweib, die wollüstige Frau, die den Mann sexuell reizte, war austauschbar; die Heilige, die seine Kinder gebar, nicht.

Erst in den 60er- und 70er-Jahren des 20. Jahrhunderts verlor der Nymphomanie-Begriff an Popularität, und auch viele männliche Ärzte weigerten sich, ihn weiterhin zu verwenden. Es dauerte nicht mehr lang, bis das, was als weibliche Hypersexualität gegolten hatte – vor- und außerehelicher Sex, Selbstbefriedigung, Oralverkehr, Sex nach der Menopause –, nicht nur regelmäßig praktiziert, sondern zum sexuellen Standard erhoben wurde. Aber das bedeutete nicht, dass die Frau und ihre Sexualität gesellschaftlich nicht mehr bewertet wurden: Als zu viel Sex oder zu viel Lust nicht mehr als Kriterien für Nymphomanie taugten, tauchten andere Zuschreibungen auf. Mitte des 20. Jahrhunderts durfte und sollte Frau zwar in einer Liebesbeziehung lustvoll sein – ging sie aber sexuelle Beziehungen ohne tiefe emotionale Bindung ein, galt sie in den Augen der Ärzte als nymphoman, bindungsgestört und geisteskrank. Sex ohne Liebe, der allein der Befriedigung der Frau diente, war skandalös: Die Frau musste sehr, sehr krank sein, wenn sie den Mann zum Objekt machte.

Fragt man heute übrigens junge Frauen, was Nymphomanie bedeutet, antworten sie unbefangen: »Eine Frau, die süchtig nach Sex ist«, oder »Eine Frau, die nicht ohne Sex leben kann«. Keine der von mir befragten Frauen kam auf die Idee, dass die Diagnose Nymphomanie, die eine männliche Verurteilung weiblicher Lust bedeutete, längst abgeschafft ist. Das kulturelle Gedächtnis vergisst nicht so schnell. Hoffen wir, dass sich irgendwann die schönste und treffendste Definition einer Nymphomanin durchsetzt, die von dem Sexualwissenschaftler Alfred Kinsey in den 1950er-Jahren formuliert wurde: Eine Nymphomanin ist »jemand, der mehr Sex hat als man selbst«.

Miley Cyrus' freche Zunge oder wozu die ganze Hysterie?

Würden Ärzte aus den vergangenen Jahrhunderten heute Musikvideos anschauen, würde ihnen der Atem stocken: Frauen zucken, entblößen und rekeln sich – den Blick selbstbewusst in die Kamera gerichtet, schamlos und mit offensichtlichem Vergnügen. Nehmen wir Miley Cyrus: Auf einer Abrissbirne sitzend, fliegt sie halb nackt durch die Gegend, wackelt mit dem Hintern, fasst sich wie einst Elvis oder Michael Jackson demonstrativ zwischen die Beine. Die Popsängerin, ein einstiger von den Eltern verheizter Kinderstar, versucht seit einiger Zeit ihr braves Disneyimage mit aller Macht loszuwerden, und die Wandlung vom fremdbestimmten Kind zur selbstständigen Erwachsenen führt für alle Welt sichtbar über ihren Körper.

Vermutlich hätte Charcot seine Freude an Miley Cyrus, unter anderem weil sie dieselbe »hysterische« Mimik verwendet wie seine Lieblingspatientin Augustine. So wie Augustines Zunge sich auf einen äußeren Reiz (die Frequenz einer Stimmgabel) unwillkürlich nach außen streckte, scheint auch Mileys Zunge ein Eigenleben zu führen. Die Sängerin selbst erklärte, dass das Zungerausstrecken sich automatisiert habe. Während sie zunächst einfach keine Lust mehr gehabt habe, fotografiert zu werden, und deshalb den Fotograf*innen die Zunge herausgestreckt habe (wie ein Kind, das sie ja nicht mehr sein wollte), habe sich die Zunge nun verselbstständigt. Zudem forderten Fotograf*innen sie immer auf: »Do that tongue thing!« (»Mach die Sache mit der Zunge!«)

Von der Presse gesteuert wie einst die Patientinnen der Salpêtrière von Charcot, nutzt Miley Cyrus ihren Körper als Bühne für ihre Suche nach einem neuen Ich und erinnert damit an die Hysterikerinnen des 19. Jahrhunderts – mit dem Unterschied, dass offensive Nacktheit heute erwünscht ist und nicht wie damals schockierend wirkt.[16]

An der Geschichte der Hysterie lässt sich die lange und quälende Geburt der emanzipierten Frau ablesen, wie wir sie heute kennen. Trotz der sich abwechselnden Zuschreibungen von krank, böse, krank und böse zugleich wurde die Frau ein ernst zu nehmendes Wesen, das der Mann versuchte im Zaum zu halten, was aber aufgrund der Aufweichung der Rollen immer weniger gut gelang. So kam es schließlich dazu, dass die Hysterie, die über 2000 Jahre hinweg eine der verbreitetsten Frauenkrankheiten war, im Jahre 1953 offiziell »abgeschafft« wurde. Unter dem Blick einer aufgeklärteren Gesellschaft zerfiel das diffuse hysterische Symptomsammelsurium zu Staub und Asche und entpuppte sich als das, was es stets gewesen war: eine männliche Pseudodiagnose, die Frauen stigmatisierte, deren Verhalten nicht den gängigen Normen entsprach.

Dass die Hysterie gerade zu Zeiten des erstarkenden Feminismus von der Bildfläche verschwand, war kein Zufall: Versteht man Hysterie als eine Erkrankung der fehlenden Wahl, also als Ausdruck des Aufbegehrens gegen weibliche Unfreiheit und männliche Dominanz, so bedurfte Frau der hysterischen Symptome aufgrund der neu gewonnenen Freiheiten nicht mehr. Auch die zum Teil unwürdigen und gewalttätigen Therapien ließen sich längst nicht mehr vertreten.

---

16 Miley Cyrus ist eine typische Geisel des immer noch sexistischen Zeitgeists: Als 15-Jährige trug sie einen »Purity Ring« und versprach, bis zur Ehe Jungfrau zu bleiben, mit 23 gibt sie die Sexbombe und beschwört ihre vermeintliche sexuelle Befreiung.

Aber ist die Hysterie wirklich ausgestorben? Das, was bis Mitte des 20. Jahrhunderts von Ärzten als Hysterie bezeichnet wurde, fiel später unter die Begriffe »Somatisierungssyndrom«, »Konversionsreaktion« und »dissoziative Identitätsstörung« und wird heute am ehesten als »histrionische Persönlichkeitsstörung« diagnostiziert. Diese Diagnosen erinnern noch an die Versuche, ihre Vorgängerin Hysterie zu beschreiben – als eine seelische Erkrankung, die sich im Körper widerspiegelt.[17] Verfolgt man diese Argumentation, so rücken viele Krankheiten, die sich körperlich und mit einer gewissen Dramatik ausdrücken, wie beispielsweise die Borderline-Störung mit selbstverletzendem Verhalten (Ritzen) oder Essstörungen, in die Nähe der Hysterie. Besonders am Beispiel der Anorexie (Magersucht) zeigt sich ein ähnlicher zugrunde liegender Konflikt wie bei den hysterischen Frauen des 19. Jahrhunderts: der mangelnde äußerliche oder innerpsychische Entwicklungsspielraum, die Schwierigkeit, den eigenen Körper und den Übergang zum Erwachsensein positiv zu besetzen, körperliche Veränderungen zu integrieren sowie die fehlende Möglichkeit, sich an weiblichen Vorbildern zu orientieren und ein positives Bild des eigenen Geschlechts zu entwickeln.

Sowohl Hysterie als auch Anorexie sind Ausdruck einer widerständigen und gleichzeitig unterdrückten Weiblichkeit. Der Konflikt zwischen sein und müssen, wollen und dürfen wird über den Körper ausgedrückt, wobei die Hysterikerinnen nicht durften, was die Anorektikerinnen nicht wollen: Raum einnehmen, erwachsen werden –

---

17 Traumata und Selbstwertstörungen sind oft Basis dieser psychischen Erkrankungen, die sich in körperlichen Symptomen wie beispielsweise Lähmungen niederschlagen können.

Frau sein. Waren Hysterikerinnen einst Opfer ihres Körpers, machen Essgestörte ihren Körper heute selbst zum Opfer. Sie hungern, essen und brechen und fordern ihm Höchstleistungen ab. Sie verzehren sich selbst und schämen sich ihres Körpers, der ihnen stets zu viel erscheint. Sie treiben die gesellschaftlichen Erwartungen auf die Spitze und pervertieren sie: das Schlanksein, die Kontrolle, die Beschäftigung mit dem eigenen Körper. Auch wenn Essstörungen auf viele Faktoren zurückzuführen sind, so spielen sie sich nicht nur im Individuum und in der Familie, sondern auch in der Öffentlichkeit ab. Wie die unangepassten Hysterikerinnen des 19. Jahrhunderts (ver)stören Magersüchtige ihre Umgebung, zwingen, hinzuschauen, und machen deutlich, dass etwas nicht stimmt – mit ihnen, aber auch mit dem Ideal der Weiblichkeit, das wenig hinterfragt wird, selbst wenn es zu besorgniserregenden Entwicklungen führt. In der westlichen Welt beginnen Mädchen laut Studien bereits im Alter von neun Jahren mit Diäten, in Deutschland erkrankt knapp ein Drittel der 14- bis 17-jährigen Mädchen an Magersucht, Bulimie und Fettsucht.

Die Unterdrückung der Frau manifestiert sich heute nicht mehr darin, dass sie in ein Sanatorium gesperrt wird, sondern dass sie noch vor dem Erwachsenwerden Geisel einer Schlankheitsrhetorik wird, die die Furcht vor weiblichem Fett und weiblicher Körperlichkeit schürt, wie die britische Journalistin Laurie Penny immer wieder kritisiert: »Die Furcht vor dem weiblichen Fleisch ist die Furcht vor der weiblichen Kraft. (…) Diese Kultur verurteilt Frauen dazu, immer so auszusehen, als seien sie verfügbar, während sie nie wirklich verfügbar sein dürfen, und zwingt uns, sozial und sexuell konsumierbar zu erscheinen, während wir selbst sexuell so wenig wie möglich konsumieren sollen.«

Das schlanke, schweigende Model, das unpersönlich lasziv in die Kamera blickt, die Laufstegmädchen, die als lebende Kleiderbügel Mode vorführen und dabei keine Miene verziehen – diese glatten, asexuellen Schönheiten sind nicht dazu geschaffen, den Mann herauszufordern, sondern das weibliche Geschlecht zu normieren und den Blick der Frau auf das zu richten, worauf es vermeintlich ankommt: auf Äußerlichkeiten. Dies ist auch der Fokus der modernen Hysterikerin: Menschen mit einer histrionischen Persönlichkeitsstörung zeichnen sich durch ein theatralisches Auftreten, eine leichte Beeinflussbarkeit, oberflächliche, labile Affekte, die ständige Suche nach aufregenden Erlebnissen, in deren Mittelpunkt sie stehen, sowie die ständige Beschäftigung mit dem äußerlichen Erscheinungsbild aus, das oftmals unangemessen verführerisch ist – alles Symptome, die schon Charcots Hysterikerinnen zeigten.

Männliche Macht und weibliche Ohnmacht waren die Grundzutaten für die Hysterie, die unter Frauen 2000 Jahre lang so verbreitet war wie Fieber. Auch heute dürfen Frauen noch nicht nach männlicher Macht greifen, ohne angegriffen oder pathologisiert zu werden. Immer dann, wenn Frauen zu laut, zu fordernd, zu sichtbar werden, kann ihnen Hysterie vorgeworfen werden. »Ich schreie nicht«, sagte Hillary Clinton beispielsweise im Präsidentschaftswahlkampf 2015. »Es ist nur so, dass, sobald Frauen reden, manche Menschen denken, wir würden schreien.«

In vielen Formen des Alltagssexismus lässt sich die Abwertung der Frau erkennen: Die Frau sei gefühlsbetont und irrational, instabil und dramatisch. Diese mehr oder weniger verdeckten hysterischen Zuschreibungen finden sich häufig dann, wenn scheinbar neutral gefragt wird, ob Frauen in Machtpositionen oder traditionellen Männerdomänen wie etwa im Cockpit eines Flugzeugs, in verantwortungsvollen Posten in der Wirtschaft oder in der Politik bestehen können. Obwohl die Diagnose Hysterie seit über 60 Jahren abgeschafft ist, ist sie noch längst nicht aus unseren Köpfen und weiblichen Körpern verschwunden. Daran wird sich nichts ändern, solange Weiblichkeit mit Krankheit verbunden wird. Solange es streng vorgegebene weibliche Rollen gibt, wird es Frauen geben, die aus der Rolle fallen. Solange weibliche Sexualität unterdrückt oder ausgebeutet wird, wird es Frauen geben, die sich dagegen auflehnen, und andere, die ihre Ohnmacht autoaggressiv gegen den eigenen Körper richten.

Oder man macht es wie eine Gruppe Frauen in Wien, die Anfang 2016 die Burschenschaft »Hysteria« gründete und das goldene Matriarchat ausrief, die drastische Beschneidung der Rechte von Männern forderte und Parolen veröffentlichte wie: »Wir glauben gemäß unseren traditionellen Werten, dass die Sphäre des aktiv öffentlich Politischen der Frau vorbehalten ist.« Gut denkbar, dass die Umsetzung ihrer satirischen Forderungen – wie beispielsweise die Einschränkung des Männerwahlrechts, eine Transgenderquote von 80 Prozent in allen öffentlichen Ämtern, die Todesstrafe für Männer, die nicht gendern, Kopftuchpflicht für Männer in der Öffentlichkeit oder Hodenamputation als Strafe für das Ausbleiben des weiblichen Orgasmus – auch beim männlichen Geschlecht sogenannte hysterische Reaktionen hervorrufen könnte. Spätestens jetzt wird deutlich: Hysterie entstand weder in der Gebärmutter noch im weiblichen Gehirn, sie war lediglich ein Symptom der Unterdrückung, und diese Erfahrung könnte auch Männer krank machen.

Freud und Leid des weiblichen Orgasmus – Die unreife Frau

»Das Einzige, was in unserer Gesellschaft noch schambehafteter als ein Orgasmus ist, ist das Ausbleiben eines Orgasmus.«

Nina Bossong 2016

»Ich möchte das Gleiche, was sie hat«, bestellt die ältere Dame am Nebentisch, nachdem Sally in einem New Yorker Deli einen Orgasmus vorgespielt hat. »Die meisten Frauen haben schon mal einen Orgasmus vorgetäuscht«, informiert Sally ihren Begleiter Harry nach ihrer oscarreifen Darbietung lächelnd. »Ja, aber nicht bei mir«, ist dieser überzeugt. Diese legendäre Szene aus der Liebeskomödie »Harry und Sally« spielt mit den Sehnsüchten und Mythen rund um *la petite mort*, wie es im Französischen heißt – den kleinen Tod, den Gipfel der Lust, die Explosion der Nerven, die bei Frauen aufgrund der (meist) fehlenden Ejakulation nicht ganz so offensichtlich ist wie bei Männern.

Obwohl weibliche Lust bis aufs Schärfste bekämpft wurde, war der weibliche Orgasmus seit jeher erwünscht: als empfängnissteigernde Reaktion, als Therapie der hysterischen Frau oder als Bestätigung des Mannes und seiner Fähigkeiten als Liebhaber. Aber auch der weibliche

Höhepunkt fiel dem männlichen Kontrollwahn zum Opfer. Nachdem Freud ihn Anfang des 20. Jahrhunderts in eine »unreife« und eine »reife« Variante unterteilt hatte, begannen Wissenschaftler in den 1950er-Jahren weibliche Lust in ihre Einzelteile zu zerlegen. Ein absurder Kampf zwischen Klitoris und G-Punkt als Lustzentrum hielt zwei Generationen von Wissenschaftlern und Betroffenen in Atem und stigmatisierte den Großteil der Frauen, die zugaben, »den richtigen« Orgasmus nicht erreichen zu können. Bis heute ist der weibliche Orgasmus trotz aller wissenschaftlichen Erkenntnisse nicht nur für das männliche, sondern leider auch für das weibliche Geschlecht ein Mysterium geblieben. Da die Eitelkeit des Mannes verlangt, dass die Frau beim Sex gemeinsam mit ihm einen Höhepunkt hat, dies aber für etwa 40 Prozent der Frauen im Rahmen der vaginalen Penetration nicht so einfach ist, spielen knapp 70 Prozent aller Frauen mehr oder weniger regelmäßig einen Orgasmus vor.[18]

Viele Frauen trösten ihre Männer (und vielleicht auch sich selbst): »Ein Orgasmus ist mir nicht so wichtig. Sex kann auch ohne schön sein.« Dieser Satz ist typisch weiblich. Die Frage: »Schatz, bist du auch gekommen?«, wiederum ist typisch männlich. Der weibliche Orgasmus ist zum Leistungsthema zwischen den Geschlechtern geworden – an ihm hängt die entscheidende (geschlechtsunab-

---

18 Laut einer Studie der Berliner Charité aus dem Jahre 2005 gaben 90 Prozent der befragten Frauen an, schon einmal einen Orgasmus vorgetäuscht zu haben: 41 Prozent wollen ihren Partner damit bestätigen, 25 Prozent seinen Höhepunkt beschleunigen, 16 Prozent meinen »es« ihrem Gefährten schuldig zu sein, und 15 Prozent trauen sich nicht, ihrem Partner zu sagen, dass sie keinen Orgasmus hatten. Eine weitere Studie fand heraus, dass vor allem jene Frauen dazu neigen, einen Orgasmus vorzutäuschen, die fürchten, ihr Partner könne fremdgehen.

hängige) Frage: »Bin ich gut genug, bin ich richtig?« Es ist Druck eingezogen in die entspannendste Sache der Welt, und so bleibt mancher Frau heute nur, die Dinge selbst in die Hand zu nehmen. Glücklicherweise sind die Zeiten, in denen Masturbation als Zeichen der Willenlosigkeit und des sittlichen Verfalls galt, vorbei. Auch sprechen Wissenschaftler schon lange nicht mehr von reifen oder unreifen, richtigen oder falschen Orgasmen, und trotzdem gibt es auch im 21. Jahrhundert noch Frauen, die ihren Körper nicht kennen und ihre Lust vernachlässigen oder verneinen. Die glauben, nicht orgasmus*fähig* zu sein, oder sich hinter dem Argument »Ich will hier nicht auch noch Leistung bringen müssen« verstecken und sich so selbst einen Großteil der Freude nehmen.

Niemand *muss* beim Sex einen Orgasmus haben. Aber während die meisten Männer ihren eigenen Höhepunkt nicht infrage stellen und ziemlich genau wissen, was sie dafür tun müssen, ist fast die Hälfte aller Frauen so unerfahren mit ihrer Lust oder so mit ihrer Scham und ihren vermeintlichen Unzulänglichkeiten beschäftigt, dass der Mann schon lange fertig ist, bevor sie überhaupt in die Nähe eines Höhepunktes kommt. Dabei fing die Geschichte mit dem weiblichen Orgasmus eigentlich mal ziemlich vielversprechend an.

Die richtige Mischung – Als der weibliche Orgasmus noch dem Erhalt der Menschheit diente

»Er muß ihr mit aller Arten Tändelei, schäkerhaftem Verhalten und Anspielungen auf die Liebeslust aufwarten«, empfahl Ambroise Paré, der bedeutendste Chirurg des 16. Jahrhunderts, dem Mann und betonte, wie wichtig es sei, dass er seine Gefährtin auf den Liebesakt einstimmte: Er solle sie umarmen und kitzeln, »lüsterne Küsse mit lüsternen Worten und Sprüchen mischen« und ihre »geheimen Stellen und Brustwarzen liebkosen«, bis sie »in Wollust entflammt ist«. Zudem riet Paré, die Frau nicht zu schnell nach ihrem Orgasmus zu verlassen, »damit nicht Luft den offnen Schoß trifft und den gerade ausgesäten Samen kühlt«.

Die Überzeugung, dass eine Frau nur schwanger werden könne, wenn sie beim Geschlechtsverkehr erregt sei und einen Höhepunkt habe, lässt sich bis in die Antike zurückverfolgen und noch bis 1901 in einem populären amerikanischen Geburtshelferbuch nachlesen, in dem als ideale Voraussetzung für die Empfängnis gar ein *gleichzeitiger* Orgasmus gefordert wird: Nachdem sich der Samen von Mann und Frau vermischt hätte, könne er von der Gebärmutter, die sich hiernach verschließen würde, eingesogen werden. Erst seit dem 20. Jahrhundert gilt die »Upsuck-Hypothese«, die den Kontraktionen des weiblichen Orgasmus eine empfängnissteigernde Wirkung zuschreibt, als widerlegt, da man keinen Zusammenhang zwischen weiblichem Orgasmus und Fertilität finden konnte. Der weibliche Orgasmus wurde von Evolutionsbiologen fortan eher als evolutionäres Nebenprodukt, ähnlich der männlichen Brustwarze, gedeutet.

Natürlich lässt sich nicht mehr feststellen, ob Männer sich nach dieser Entdeckung weniger Mühe beim Sex gegeben haben, ohnehin waren sie widersprüchlichen Vorgaben ausgesetzt: Denn auch als der weibliche Orgasmus für die Fortpflanzung noch existenziell notwendig schien, sollte die Frau nicht zu viel Vergnügen am Geschlechtsverkehr haben. Ehemänner wurden aufgefordert, ihren

Frauen mit verhaltener sexueller Leidenschaft zu begegnen, um deren Seelen nicht zu verderben oder sie gar in die Nymphomanie zu treiben. Allein der freudlose Verkehr, der der Fortpflanzung diente, war erlaubt: »Ein Mann sollte seine Frau umsichtig und nüchternen Sinnes berühren«, schrieb der französische Philosoph Montaigne im 16. Jahrhundert, »damit ihr Vergnügen sie nicht, wenn seine Liebkosungen zu lüstern ausfallen, über die Grenzen der Vernunft hinaus entrückt.«[19]

Als nun die Fortpflanzung von weiblicher Lust unabhängig wurde, musste die Frau als sexuelles Wesen neu bestimmt werden. Wie gewohnt, geschah dies nicht durch sie selbst, sondern durch die (männliche) Gesellschaft. Wieder einmal wurden die Rahmenbedingungen weiblicher Sexualität von außen festgelegt, und es entstand schließlich ein neues Ideal. Im 20. Jahrhundert war maßvolle Lust im Namen der Fortpflanzung das Motto für die Frau, und dies scheint bis heute zu gelten: Die unersättliche Femme fatale macht Angst. Das Brett im Bett langweilt. Die Schlampe, die es mit jedem treibt, hat keinen Wert, und die Frau, die nie kommt, macht den Mann zum Versager. Die Lust der Frau hat sich seit jeher am Manne auszurichten, und jedwede Abweichung von der männlichen Norm machte die Frau auffällig und krank: nymphoman, frigide oder schlimmstenfalls sogar beides.

---

19 Die Kirche schlug vor, dass der eheliche Geschlechtsverkehr zweimal die Woche in angekleidetem Zustand stattfinden sollte. Die allzu brennende Liebe für die eigene Frau war dringend zu vermeiden. Der Mann sollte sich seiner Frau nicht als Geliebter, sondern als Gatte nähern, Leidenschaft könne er bei seiner Mätresse oder einer Prostituierten ausleben.

Sünde Selbstbefriedigung – Vom peinlichen Gefühl, Genitalien zu haben

1979 sorgte Nina Hagen für einen Skandal im deutschsprachigen Fernsehen, als sie in einer Talkshow des ORF – vollständig bekleidet, wohlgemerkt – zeigte, wie man als Frau am besten masturbiert. Wenngleich die amerikanische Sexualforschung bereits Mitte der 1950er-Jahre Zahlen über weibliche Masturbation publik gemacht hatte, die zeigten, wie verbreitet sie war – Nina Hagens eindeutige Posen waren zu viel für die Nachkriegsgeneration, die noch mit Vorgaben wie »Die Hände bleiben über der Bettdecke« oder »Finger weg da unten« aufgewachsen war.

Obwohl eine regelmäßige »Samenentleerung« bei beiden Geschlechtern seit der Antike als gesundheitsfördernd angesehen worden war, gleichgültig, ob dies über Koitus oder Masturbation erfolgte, entstand Mitte des 18. Jahrhunderts eine lustfeindliche Bewegung, die Kindern und Jugendlichen die Beschäftigung mit dem eigenen Geschlecht frühestmöglich abgewöhnen wollte. Dies traf ausnahmsweise nicht nur die Mädchen, sondern mit voller Härte auch die Jungen und führte zu kollektiven Angst- und Schuldgefühlen. Denn wer sich lustvoll mit seinem eigenen Körper beschäftigte und die Sünde Selbstbefriedigung betrieb, musste laut ärztlicher Warnung mit dem Schlimmsten rechnen: Impotenz, Erblindung, Wahnsinn und Verblödung. Auch geringere Übel wie Herzrasen, feuchte Hände, eitrige Pusteln, saures Aufstoßen, »eine aus dem Hintern fließende stinkende Materie«, Zungenbelag, Hängeschultern, schlappe Muskeln, Augenringe und ein »schleppender Gang« waren zu befürchten.

Die Anti-Masturbationskampagne wurde maßgeblich von dem Schweizer Mediziner Auguste Tissot forciert, der

1760 sein berühmtes, in mehrere Sprachen übersetztes Werk »Onanie oder die Abhandlung über die Krankheiten, die von der Selbstbefleckung herrühren« veröffentlichte. Tissot beschreibt darin elende Krankheitsgeschichten, die aufgrund der »garstigen Gewohnheit« schlimm oder gar tödlich endeten. Bei ihm wird Onanie zur abscheulichen Betätigung, zur unausstehlichen und kriminellen Gewohnheit, zum Verbrechen, gar zu einem suizidalen Akt. Mehr noch: Ein Onanist gefährde nicht nur seine eigene Gesundheit, sondern das Wohl der gesamten Gesellschaft. Dieser Meinung schlossen sich viele seiner Kollegen an, wie 1779 auch Johann Georg Zimmermann, der Leibarzt Friedrichs II., der Masturbation bei Mädchen für spätere Nervenkrankheiten verantwortlich machte, die seiner Meinung nach beim weiblichen Geschlecht gehäuft auftraten. Fünf- oder sechsjährige Mädchen könnten schon Gewohnheiten annehmen, die sie in »schleichende Fieber, Schwindsucht und hundert andere Uebel stürzen können und den Hang zur Wollust so tief in ihre Seele einpflanzen, daß man befürchten kann, (sie) werden Huren, ehe sie mannbar sind«.

Auch in den USA ging man hart gegen Selbstbefriedigung vor: 1873, etwa 100 Jahre nach Erscheinen von Tissots Anti-Onanismus-Bibel, veröffentlichte der Chicagoer Arzt Horace Knapp ein Werk über die Gesundheit und Krankheit von Frauen. Der in einigen Bereichen durchaus fortschrittliche Mediziner, der sich klar gegen sexuelle Gewalt gegen Frauen aussprach, war an anderer Stelle ein getreues Abbild seiner Zeit und Kultur, wenn er warnte, dass »Selbstbefleckung« zu Nymphomanie, Wahnsinn, Sterilität, Suizid oder dem Ausschluss aus der Gesellschaft führen könne. Knapp und seine Kollegen stellten erschrocken fest, dass Selbstbefriedigung nicht nur in den unteren Klassen praktiziert wurde, sondern sich durch alle Schichten zog, sogar gläubige Christ*innen waren unter ihren Opfern. Während es hinreichend bekannt war, dass Jungen und Männer masturbierten, war es offensichtlich schockierend, dass das ehrbare, moralische weibliche Geschlecht sich ebenfalls dazu hinreißen lassen konnte. Knapp forderte Mütter deshalb auf, ihre Töchter frühzeitig und grundsätzlich von dem Übel abzuhalten, und bat die Betroffenen inständig, sofort mit dieser Unsitte aufzuhören und sich an ihren Arzt zu wenden: »Wenn Sie es nicht tun, werden Sie Ihr Leiden verlängern und einen frühzeitigen und furchtbaren Tod sterben!« Zahlreiche Mediziner wurden zu Hohepriestern der Moral, und Tissot vergaß über seinem puritanisch-missionarischen Eifer sogar seinen hippokratischen Eid, als er die Behandlung der sündigen Onanisten ablehnte, da er seine Zeit lieber denen widmen wollte, die aus »ehrbaren« Gründen erkrankt seien.

Die Massenhysterie um die Onanie glich der Hexenjagd der frühen Neuzeit – die Wollust wurde gefürchtet wie einst der Teufel, und man musste sie und die willenlosen, schwachen Onanist*innen um jeden Preis unter Kontrolle bringen. Abhilfe wurde zum Teil auf grausame Art geschaffen: Jungen, die sich nicht beherrschen konnten, wurden Drähte durch die Vorhaut gezogen, Ringe mit Stacheln über den Penis gesteckt oder wie Reibeisen geformte Fäustlinge aus Metall über die Hände gezogen. Mädchen wurden an den Genitalien verätzt und verstümmelt, oder es wurden ihnen an anderen Stellen des Körpers schwere Wunden beigefügt, damit der Schmerz die Wollust überlagere. Weiterhin wurde dazu geraten, Kinder in einer Art

Dauerbeschäftigung zu halten, um sie von ihren Genitalien und »geilen Fantasien« abzulenken.

Während das männliche Geschlecht von der Masturbation abgehalten werden sollte, um nicht wertvollen Samen zu verschwenden – man glaubte, dass der Verlust einer Unze Samen den Körper mehr schwäche als der Verlust von vierzig Unzen Blut –, ging es bei der Frau um etwas ganz anderes: Das Bild des passiven, von Lust nicht behelligten Wesens sollte nicht befleckt oder gar verändert werden.[20] Ärzte räumten ein, dass es auch bei Frauen gelegentlich zu Erregungszuständen und »masturbatorischen Reizungen« käme, aber höchstens nachts, meist hervorgerufen »durch einen abnormen Füllungszustand der Blase oder des Mastdarms«. Die züchtige Frau würde allerdings über diese Traumbilder erwachen und sich tief gedemütigt fühlen, wie der deutsche Neurologe Otto Binswanger 1896 feststellte.[21] Wie angst- und schambesetzt das eigene Geschlecht für manche Frauen war, wird deutlich, als eine von Binswangers Patientinnen ihm Ende des 19. Jahrhunderts von ihrem »peinlichen Gefühl, Genitalien zu haben« berichtete.

---

20 1865 schrieb William Acton, ein bekannter britischer Gynäkologe, dessen Abhandlung der weiblichen Leidenschaftslosigkeit eines der meistzitierten Bücher in der englischsprachigen Welt auf diesem Gebiet werden sollte: »Die Mehrheit der Frauen macht sich zum Glück für sie nicht viel aus sexuellen Gefühlen jedweder Art. (…) In der Regel hegt eine anständige Frau nicht den Wunsch nach eigener sexueller Befriedigung. Sie fügt sich in die Umarmungen ihres Mannes, aber nur, um ihm zu Gefallen zu sein … die verheiratete Frau möchte nicht mit einer Mätresse auf gleicher Stufe stehen.«

21 Es sollte noch viele Jahrzehnte dauern, bis Wissenschaftler und Ärzte die Selbstbefriedigung endlich von ihrem schlechten Ansehen befreiten. Erst 1972 wurde Masturbation von der American Medical Association für »normal« erklärt.

Für Ärzte und die Gesellschaft des ausgehenden 19. Jahrhunderts bestand kein Zweifel: »Bei dem normal organisierten Mädchen bleibt die Vita sexualis bis auf mehr oder weniger unbewusst bleibende geringfügige Regungen ruhend und findet Weckung und Entfaltung erst mit dem ehelichen Verkehr.« Der Mann, und nur er allein, weckt die Lust der Frau wie der Prinz Dornröschen. Oder eben auch nicht. Denn selbst im aufgeklärten, sinnenfrohen 21. Jahrhundert hat jede vierte Frau Probleme, beim Geschlechtsverkehr zum Höhepunkt zu kommen, etwa jede zehnte Frau führt sogar ein komplett orgasmusfreies Leben. Angst vor Kontrollverlust, die unzureichende Stimulation der Klitoris und ein grundsätzliches Unwissen darüber, was die eigene Lust anfeuert, sind typische Gründe für den ausbleibenden Höhepunkt. Denn je weniger vertraut der eigene Körper für Frauen ist, desto schwieriger ist es für sie, beim Koitus auf ihre Kosten zu kommen. Laut einer aktuellen Studie masturbieren 97 Prozent der 16- bis 19-jährigen Jungen, aber nur 43 Prozent der gleichaltrigen Mädchen. Die Hälfte aller Mädchen macht die ersten sexuellen Erfahrungen also mit einem Partner, während fast alle Jungen ihre Sexualität erst einmal über Selbstbefriedigung erleben.

Wie ist dieser eklatante Unterschied zu erklären? Immerhin wurden masturbierende Mädchen und Jungen über zwei Jahrhunderte gleichermaßen hart bestraft, und beiden wurden Schuldgefühle eingeimpft. Sind Mädchen empfänglicher für Scham- und Schuldgefühle? Liegt es daran, dass Mütter (die nach wie vor primären Bezugspersonen) ihre Töchter sexuell mehr kontrollieren oder diese in ihrem körperlichen Selbstverständnis und Selbstwertgefühl eher verunsichern als ihre Söhne? Oder lügt die

Hälfte aller Mädchen bei der Frage, ob sie masturbieren, und wenn ja, warum, wenn es doch heute gar nicht mehr der sozialen Akzeptanz entspricht, sexuell desinteressiert zu sein?

Die Sexualwissenschaft geht davon aus, dass eine spezifisch weibliche sexuelle Sozialisation jungen Frauen bis heute den Zugang zu einem lustvollen autonomen Umgang mit ihrem Körper und ihrer Sexualität erschwert oder gar versperrt. Der weibliche Körper und die weibliche Sexualität werden in vielen Aufklärungsmedien nach wie vor oft ausschließlich im Zusammenhang mit Schwangerschaft und Geburt thematisiert und die Klitoris in Schulen und Biologiebüchern als Lustzentrum nicht benannt. Jahrhundertealte Restriktionen hinsichtlich weiblicher Sexualität und die dazugehörigen gesellschaftlichen Normen lassen sich offensichtlich nicht einfach so ausradieren.

Wie kann es dann sein, dass sich Sexspielzeug für Frauen so weit durchgesetzt hat, dass es heute sogar in Drogerien angeboten wird, und dass laut meinen Interviewpartnerinnen ein Vibrator derzeit ein beliebtes Geburtstagsgeschenk unter Freundinnen ist? Es gehört wohl zu den Widersprüchlichkeiten der Moderne, dass heute eher Dildo- als Tupper-Partys stattfinden und dass in der Öffentlichkeit befreit über Sex geredet wird, während es immer noch Frauen gibt, die sich »untenrum« noch nie angeschaut, geschweige denn angefasst haben. Gehen wir nur ein Jahrhundert zurück, dann wird die Geschichte der weiblichen Sexualität noch bizarrer, denn damals wurde die sexuelle Befriedigung von Frauen oftmals nicht als sexueller Akt verstanden, und sie lag nicht in der Hand von Frauen, sondern von Männern, genauer gesagt: von Ärzten.

Good Vibrations – Warum Ärzte vor der Entdeckung des Vibrators mit hysterischen Frauen alle Hände voll zu tun hatten

Es gibt ihn mittlerweile in allen Farben und Formen, aus Kunststoff, Glas oder Silikon. Er wird zur Selbstbefriedigung oder während des gemeinsamen Liebesspiels benutzt, und spätestens die konservative Charlotte aus der Fernsehserie »Sex and the City« hat ihn gesellschaftsfähig gemacht. »Ich habe meinen ultimativen Partner gefunden«, berichtet Miranda ihren Freundinnen: »Meinen Vibrator.« – »Ein Vibrator gratuliert dir nicht zum Geburtstag«, wendet Charlotte ein, bekannt für ihre romantische Ader. »Er schickt dir keine Blumen nach einem Date. Du kannst einen Vibrator nicht deiner Mutter vorstellen!« Ein paar Tage später, als Charlotte Mirandas künstlichen Liebhaber – ein pinkes Modell namens Rabbit mit rotierenden Perlen und beweglichen Hasenohren, die die Klitoris stimulieren – selbst ausprobiert hat, ist sie besorgt, ihre Vagina nun für alle Zeiten verdorben zu haben. »Kennst du das«, fragt sie Carrie, »dass du mit einem Mann schläfst, und er macht alles richtig, und es ist zwar schön, aber du …« – »Kommst nicht?«, vervollständigt Carrie den Satz. »Ja, und mit dem Rabbit komme ich jedes Mal – einmal sogar für ganze fünf Minuten!«, gesteht Charlotte schockiert, sodass Carrie glaubt, sie beruhigen zu müssen: »Das ist ja nicht illegal.«

Man könnte vermuten, dass Sex-Toys eine Erfindung von Beate Uhse oder zumindest der jüngeren Zeit sind, aber weit gefehlt. Der erste Vibrator soll bereits von Kleopatra benutzt worden sein: ein mit Bienen gefüllter Papyrustrichter, den sie an ihre erogenen Zonen hielt. Auch unsere weniger kreativen Urahninnen vergnügten sich mit Dildos aus Ton, Holz oder Stein. Trotzdem staunte die Historikerin Rachel Maines nicht schlecht, als sie in den 1970er-Jahren zum Thema Handarbeiten im 19. Jahrhundert recherchierte und feststellte, dass in biederen US-amerikanischen Frauenmagazinen nicht nur für Nadel und Garn, sondern auch für »Hilfsmittel, die jede Frau zu schätzen weiß« geworben wurde. Maines war sich anfänglich nicht sicher, ob sie ihren Augen und ihrer Fantasie trauen konnte, aber weitere Nachforschungen brachten zutage: Es handelte sich um Vibratoren und somit um einen lange Zeit verschwiegenen und unbeachteten Teil der Geschichte, der heute mehr als kurios anmutet.

Denn wie Maines herausfand, ging der Erfindung des Vibrators eine jahrtausendealte Heilmethode voraus, die oft bei hysterischen Frauen angewendet wurde, damit sich ihre körperliche Anspannung lösen konnte: die von Ärzten und Hebammen durchgeführte Genitalmassage, die zum sogenannten hysterischen Paroxysmus, der hysterischen Krise, nervösen Abfuhr, oder wie man heute sagen würde zum Orgasmus führte.

Andere Zeiten, andere Sitten: Während Masturbation beiden Geschlechtern strengstens verboten war, spazierten viele Frauen bis in die 1920er-Jahre regelmäßig zu Ärzten, von denen sie sich – mit ausdrücklicher Erlaubnis ihrer Ehemänner – befriedigen ließen. »Schatz, ich habe heute von zwei bis drei Uhr einen Orgasmus-Termin bei unserem Hausarzt«, würde die meisten Männer von heute durchaus ein wenig irritieren oder eifersüchtig werden lassen, aber bis vor etwa 100 Jahren galt: Wo kein Penis und keine Penetration im Spiel, da handelt es sich nicht um einen sexuellen Akt.

Auch in deutschen Kliniken, vornehmlich in privaten Nervenheil- und Kaltwasseranstalten, sollen im Rahmen von Massagekuren sogenannte Uterusmassagen verabreicht worden sein, beispielsweise mit einer »Douche«, mit der Wasser oder Dampf in unterschiedlicher Intensität auf die Haut der Patientinnen gestrahlt wurde.

Auch wenn einerseits zu therapeutischen Zwecken ein ekstatischer Zustand bewusst herbeigeführt wurde, wurde es andererseits vermieden, über Sexualität zu sprechen, um die Frauen nicht noch mehr aufzuregen und zu beschämen. Während die Patientinnen ihre »Uterusmassagen« sehr genossen, konnten die Ärzte ihrer Arbeit wenig Positives abgewinnen. Frauen per Hand zum hysterischen Paroxysmus zu bringen galt als Kunst, die schwierig, kräftezehrend und zeitraubend war. »Die Technik«, so beschrieb es der englische Arzt Nathaniel Highmore 1660, »ist ähnlich wie das Spiel der Jungen, in dem sie mit der einen Hand ihren Bauch reiben und mit der anderen Hand auf ihren Kopf klopfen.«

Als 1880 in England der erste elektrisch betriebene Vibrator erfunden wurde, stürzten sich die Ärzte auf das Wunderteil, das ihnen die akribische Handarbeit abnahm. Einige Praxen eröffneten sogar spezielle Behandlungszimmer, in denen mehrere Patientinnen nebeneinander versorgt wurden – der Beginn der industrialisierten Befriedigung. Findige Ingenieure entwickelten weitere Modelle, die schließlich nicht mehr nur in Arztpraxen angewendet wurden, sondern auch in Privathaushalten ihren festen Platz fanden. Etwa 30 Jahre lang liefen elektromotorisch betriebene Vibratoren in vielen Haushalten, manche von ihnen konnten sogar an die Küchenmaschine angeschlossen werden. Einen solchen Vibrator zu besitzen trieb den Frauen nicht die Schamesröte ins Gesicht, galt er doch als legitimes Hilfsmittel bei hysterischen Verstimmungen, ja, als Allheilmittel bei Leiden jedweder Art: Arthrose, Impotenz, Haarausfall, Hüftspeck oder Verstopfung, es hieß, »alles Leben basiert auf Vibration«.

Erst als Vibratoren Ende der 1920er-Jahre in erotischen Filmen gezeigt wurden, verloren sie ihre Unschuld und verschwanden von der öffentlichen Bildfläche. In den Swinging Sixties tauchten sie wieder auf, diesmal jedoch nicht als Haushaltsgerät getarnt, sondern als das, was sie wirklich waren: Sex-Toys für Frauen.[22] Der Frauenbewegung gelang das, was laut Maines mit der Einführung des elektromechanischen Vibrators in den Haushalt begonnen hatte: »Sie gab den Job, den niemand wollte, zurück in die Hände der Frauen.«

Ob mit oder ohne Hilfsmittel – obwohl Selbstbefriedigung beim weiblichen Geschlecht heute weder als schockierend noch als krankhaft gilt, gibt es immer noch junge Frauen, die es vermeiden, sich mit ihrem Körper, ihrer Lust, ihrem Geschlecht auseinanderzusetzen.

Die 22-jährige Antonia erklärte mir: »Ich finde Masturbation nicht so toll. Weil es nicht das Richtige ist.«

»Was ist denn das Richtige?«, fragte ich sie.

---

22 Als Beate Uhse 1962 in dem kleinen norddeutschen Städtchen Flensburg ein »Fachgeschäft für Ehehygiene«, also den ersten Sexshop der Welt eröffnete, gab es einen öffentlichen Sturm der Entrüstung und unzählige Anzeigen, da Uhses Sortiment in den Augen der aufgebrachten Bürger »der unnatürlichen, gegen Zucht und Sitte verstoßenden Aufpeitschung und Befriedigung geschlechtlicher Reize« diente. Aber nichts konnte den Siegeszug der geschäftstüchtigen Sex-Pionierin aufhalten, die mit ihrem erotischen Zubehörhandel schließlich ganz Deutschland mit Erotikartikeln versorgte.

»Na, Sex mit einem Mann! Sich selbst zu befriedigen ist – es fühlt sich irgendwie falsch an. Es fehlt was.«

Diese junge Frau hätte Sigmund Freud gefallen, denn sie bestätigt unwissentlich seine längst überholte These von »richtiger« und »falscher« Sexualität. Auch wenn Freud ein Pionier war, was die Erforschung der menschlichen Sexualität betraf, so war er doch geprägt von seiner Zeit, und ein Orgasmus oder Geschlechtsverkehr ohne Penetration und Penis galt auch bei ihm nicht als »the real thing«.

Von Penislosigkeit zu Penisneid – Wie Freud den reifen Orgasmus erfand und eine Prinzessin ihre Klitoris versetzte

Die Klitoris, das auf den ersten Blick nur erbsengroße Lustorgan der Frau, wurde lange Zeit als verkürztes Äquivalent des Penis betrachtet: »Sie richtet sich auf und fällt zusammen, wie es die Ruthe tut, und macht die Frauen lustvoll und dass sie mit Wonne die Kopulation genießen«, wusste eine gut informierte britische Hebamme im 17. Jahrhundert zu berichten.[23]

In der Geschichte geriet die Klitoris, dieses kleine, großartige Organ, das keinen anderen Nutzen hat, außer der

---

23 Tatsächlich haben weibliche und männliche Embryos bis zur 8. Schwangerschaftswoche gleich angelegte Geschlechtsdrüsen. Erst danach entwickeln sich je nach genetischer Anlage männliche (Hoden) oder weibliche Geschlechtsstrukturen (Eierstöcke). Zwischen der 12. und 16. Schwangerschaftswoche schließlich entwickeln sich aus den Urgenitalanlagen auch die äußeren Genitalorgane, beim männlichen Fötus beispielsweise die Eichel und der Schaft des Penis; beim weiblichen Fötus unter anderem die Klitorisspitze und der Klitoriskörper.

Frau Lust und Orgasmen zu verschaffen, zwei Mal schwer unter Beschuss: Im Zuge der Anti-Masturbations-Kampagne des 18. Jahrhunderts wurde die Klitoris zum Feindbild der weiblichen Gesundheit ernannt. Je größer sie war, als desto lustempfindlicher, also gefährlicher galt sie. Anfang des 20. Jahrhunderts, als die Frau wieder ein in Maßen lustvolles Wesen sein durfte, wurde die Klitoris als unreife Lustquelle abgewertet und die Frau auf diese Weise noch einmal daran erinnert, dass sie Lust ausschließlich in der sexuellen Beziehung über Penetration – also mit ihrem Mann – erleben sollte.

Freud war der Erste, der zwischen einem klitoralen und einem vaginalen Orgasmus unterschied, und seine Idee eines reiferen beziehungsweise unreiferen weiblichen Höhepunktes sollte noch viele Jahrzehnte die Geister von Wissenschaftlern spalten und Generationen von Frauen verunsichern. Laut Freuds psychosexuellen Entwicklungsphasen[24] ist die Klitoris zunächst die naturgegebene wichtigste erogene Zone für das Mädchen. In der Pubertät jedoch muss die Klitoris ihre Erregbarkeit an die Vagina abgeben. Dieser Wechsel der erogenen Zonen (von aktiv-

---

24 Bereits das Neugeborene war laut Freud ein sexuelles Wesen, und so erstellte er ein Phasenmodell der psychosexuellen Entwicklung, die sich an den jeweils vorherrschenden erogenen Zonen orientierte: Beginnend mit der oralen Phase (Geburt bis zweites Lebensjahr) über die anale Phase (zweites bis drittes Lebensjahr) über die phallische oder ödipale Phase (drittes bis fünftes Lebensjahr), unterbrochen durch die Latenzperiode, in der sexuelle Empfindungen zurückgedrängt wurden (fünftes bis elftes Lebensjahr), bis schließlich zur letzten, der genitalen Phase, die mit dem Beginn der Vorpubertät (etwa ab dem zwölften Lebensjahr) einsetze und den Fokus von sich selbst auf andere Sexualpartner verschiebe. In der phallischen Phase müsse das Mädchen ihren Penisneid aufgrund des Nichtvorhandenseins eines Penis verarbeiten.

männlich-klitoral zu passiv-weiblich-vaginal) galt Anfang des 20. Jahrhunderts als Beweis dafür, dass ein Mädchen zur Frau geworden war. Und wie so oft in der Geschichte bestimmte wieder einmal ein Mann über die Lust der Frau, sogar der *richtige* weibliche Orgasmus war nun vorgegeben. Die Frauen, die »nur« klitoral orgasmusfähig waren oder bei denen der Höhepunkt ganz ausblieb, waren Freud zufolge frigide oder lehnten ihre Weiblichkeit ab. Schlimmstenfalls würden diese Frauen einen Männlichkeitskomplex entwickeln und ihre Libido nicht auf passive, sondern aktive »Triebziele« wie beispielsweise einen Beruf richten. Obwohl Freud durchaus auch Kolleginnen in seinem Berufsstand förderte, vertrat und festigte er grundsätzlich das Frauenbild seiner Zeitgenossen: Die Frau war minderwertig, und sie besaß das minderwertige Geschlecht. Denn nicht nur, dass eine wahre Frau zur Erfüllung ihrer sexuellen Lust einen Mann brauchte, sie neidete ihm laut Freud auch noch zeit ihres Lebens seine Männlichkeit.

Freuds Theorie des Penisneids transportiert sich auch in folgendem Witz: Ein Mädchen und ein Junge baden. »Darf ich mal anfassen?«, fragt das Mädchen und deutet auf den Penis des Jungen. »Nein«, sagt der Junge entschieden, »deinen hast du auch schon abgebrochen.« Beiden Geschlechtern ist klar: Der Körper des Jungen ist richtig, der des Mädchens ist kaputt, mangelhaft, defizitär. Aus heutiger Sicht erscheint es amüsant bis empörend, aber bis ins 20. Jahrhundert galt zweifelsfrei, dass das männliche Genital von Mädchen als »überlegenes Gegenstück seines eigenen, versteckten kleinen Organs« gesehen wurde. Während das Mädchen mit Bedauern seine »organische Minderwertigkeit« entdecke, sähe der Junge auf das »kastrierte« Mädchen hinab und entwickle selbst die Angst, seinen Penis verlieren zu können.[25]

Ist das vielleicht einer der Gründe, warum das eigentlich gefährdetere – weil außen am Körper angebrachte, ungeschützte – Geschlecht so viel Mühe aufwendete, seine Machtposition der Frau gegenüber so vehement zu behaupten? Ich selbst jedenfalls, die gegen Ende des 20. Jahrhunderts mit zwei Brüdern aufwuchs, wurde offensichtlich gänzlich anders als Mädchen Anfang des 20. Jahrhunderts sozialisiert: »Nicht in die Hoden treten oder hauen« wurde mir so stark eingebläut, dass ich das Gefühl entwickelte, im Vergleich zu meinen Brüdern unverletzlicher und mit dem eindeutig praktischeren und überlegeneren Geschlecht ausgestattet zu sein.

Zurück zu Freud, der behauptete, dass das Mädchen zunächst seine Mutter für seine Penislosigkeit verantwortlich mache, ihr die Benachteiligung nicht verzeihe und schließlich die gesamte Weiblichkeit entwerte, wenn es feststellt, dass Penislosigkeit kein »individuelles Missgeschick« ist, sondern *alle* Frauen betrifft. Die freudsche Lösung: Das Mädchen wendet sich von der schuldigen Mutter ab und dem unschuldigen, penistragenden Vater zu – und zwar mit dem Wunsch nach Entschädigung: einem Kind von ihm. Weil das natürlich nicht sein darf, wartet das Mädchen ein paar Jahre und tritt schließlich mit ihrem Ehemann in die Welt der wahren, gesunden, passiven weiblichen Sexualität ein, die mit vaginalen Orgasmen belohnt wird. So kann es sein Geschlecht

---

25 Freud schrieb dem Jungen, nachdem er die Genitalgegend des Mädchens entdeckt hatte, zwei Reaktionen zu, die »sein Verhältnis zum Weib dauernd bestimmen werden: Abscheu vor dem verstümmelten Geschöpf oder triumphierende Geringschätzung desselben«.

schließlich wieder aufwerten, denn: »Die Vagina wird nun als Herberge des Penis geschätzt.«

Kompliziert? Konstruiert? Und wie. Trotzdem dauerte es geraume Zeit, bis die Theorie des minderwertigen Geschlechts hinterfragt wurde – wie vorauszusehen nicht von männlichen, sondern von weiblichen Therapeuten und Wissenschaftlern. Zu Freuds Ehrenrettung sei angemerkt, dass das Primat des Phallus und die zahlreichen weiblichen Defizittheorien ja nicht nur Hirngespinste eines Einzelnen darstellten, sondern eins zu eins der Realität der Frau im Patriarchat des 19. Jahrhunderts entsprachen. Denn tatsächlich war die Frau ein verstümmeltes Geschöpf: in ihren Freiheiten beschnitten, in ihren Gefühlen unterdrückt, eingesperrt in das Idealbild der duldsamen, zärtlichen Gattin, aufopfernden Mutter und fleißigen Hausfrau. Freud war der Chronist der weiblichen Unterdrückung, der hier und da wagte, diese zu benennen, und der oft genug zu ebendieser selbst beitrug. Seine Theorien und Fallgeschichten zeugen davon, wie beschränkt die weiblichen Entwicklungsmöglichkeiten in sexueller Hinsicht, aber auch generell waren und wie aus diesen Zwängen heraus die hysterische Frau entstand, die mehr oder weniger hilflos, aber deutlich gegen die herrschenden Konventionen aufbegehrte.

Wie überzeugend Freuds Theorien und seine Aufteilung in unreife und reife Orgasmen war, lässt sich auch an folgender Geschichte ablesen: Marie Bonaparte, Großnichte von Napoleon, Prinzessin von Dänemark und Griechenland, Psychoanalytikerin und Analysandin von Freud hatte kein Problem damit, sich über klitorale Stimulation selbst einen Orgasmus zu verschaffen. Beim Geschlechtsverkehr jedoch hatte sie kein Vergnügen, geschweige denn einen Höhepunkt. Um ihre »mangelhafte« weibliche Anatomie besser in Einklang mit Freuds Vorstellung einer reifen Sexualität zu bringen, ließ sie sich in drei aufeinanderfolgenden Operationen ab den 1920er-Jahren die Klitoris näher an den Scheideneingang versetzen.

Obwohl die Eingriffe misslangen und sie beim Koitus nicht orgasmusfähiger machten, befürwortete Bonaparte noch in den 1950er-Jahren die Genital-Chirurgie zur Behandlung von Frigidität. Zuvor hatte sie eine Untersuchung in Auftrag gegeben, in deren Rahmen bei 243 Frauen der Abstand zwischen Klitoris und Vagina gemessen wurde: Tatsächlich schien die Nähe der Klitoris zur Vagina für einen Orgasmus beim Koitus relevant zu sein, ein paar Millimeter konnten einen großen Unterschied machen. Spätere Untersuchungen deckten sich mit Bonapartes Annahmen, wenngleich man heute davon ausgeht, dass die Lage der Klitoris nur *ein* Faktor von vielen ist, die für Orgasmen beim Geschlechtsverkehr eine Rolle spielen. Freuds Aussage »Anatomie ist Schicksal« stimmt durchaus: Ein paar Millimeter können beim Koitus über die sexuelle Befriedigung der »unreifen« Frau mitentscheiden. Denn dass der vaginale Orgasmus der *richtige* Orgasmus ist, hielt sich noch lange in den Köpfen von Männern und auch Frauen: »Wenn eine Frau nicht in der Lage ist, über den Koitus zum Orgasmus zu gelangen (vorausgesetzt, ihr Mann ist ein geeigneter Partner), und die Stimulation der Klitoris oder andere sexuelle Handlungen vorzieht, dann kann sie als frigide gelten und bedarf der psychiatrischen Behandlung«, schrieb der Sexualwissenschaftler Frank Caprio 1953 in seinem Werk »The Sexually Adequate Female«, »Die sexuell adäquate Frau« – was für ein Titel. Caprio hantierte wie viele seiner Kollegen mit

Begriffen wie sexuellem Versagen und Funktionieren und versprach zu erklären, wie man die unterschiedlichen Arten von Frigidität am besten korrigieren könne, sodass die Frau gesund und die Ehe glücklich werde.

In der sexuellen Funktionstüchtigkeit der Frau klingt bereits die Losung der Make-Love-not-War-Generation an, die trotz der vermeintlichen sexuellen Befreiung der Frau ihr weiterhin das abverlangte, was Mann gerade wollte und was die Gesellschaft deshalb als normal ansah: Lust, Verfügbarkeit und Freude am Sex.

Während Freud irgendwann zugab, dass ihm die weibliche Entwicklung immer ein Rätsel und das Geschlechtsleben der erwachsenen Frau ein »dunkler Kontinent« geblieben sei, strahlten Mediziner ab den 1960er-Jahren die weibliche Sexualität mit Neonlicht aus: Die Sexualwissenschaften traten in eine neue Ära ein, in der über Sexualität nicht nur geredet, sondern jegliche sexuelle Regung und Windung festgestellt, kontrolliert und analysiert wurde.

Vaginal, klitoral, egal – Hauptsache, Happy Ending

Er war ein Wissenschaftler mit großen Ambitionen, und sein Markenzeichen war eine Fliege, die er stets akkurat um seinen Hals gebunden hatte. Der Biologe Alfred C. Kinsey hatte sich in den 1930er-Jahren bereits international einen Namen als Koryphäe auf dem Gebiet der Insektenforschung gemacht, als er vom Dekan der Indiana University aufgefordert wurde, Ehevorbereitungskurse für Studierende anzubieten. Kinsey, der unter einer religiösen, lustfeindlichen Erziehung gelitten hatte, ging in seiner neuen Aufgabe auf und widmete sich fortan akribisch der Erforschung und Erklärung der menschlichen Sexualität.

Hatte er einst Zehntausende von Gallwespen zu Forschungszwecken gesammelt, so begann er Mitte der 1940er-Jahre Tausende Amerikaner im ganzen Land zu ihrer Sexualität zu befragen. 1948, ein Jahr nachdem er das Institute of Sex Research in Indiana gegründet hatte, erschien sein bahnbrechendes Werk »Das sexuelle Verhalten des Mannes«,[26] ein trocken geschriebener wissenschaftlicher Wälzer, aber gespickt mit pikanten Details zu Masturbation, außerehelichen Abenteuern und Homosexualität. Die Reaktionen darauf waren gespalten: Manche hielten das Buch für das unchristlichste und unmoralischste Dokument aller Zeiten, für andere musste Kinsey in einem Atemzug mit Galileo oder Darwin genannt werden. Fünf Jahre nach seinen spektakulären wissenschaftlichen Enthüllungen über männliche Sexualität erschien sein 1600 Seiten starker Band »Das sexuelle Verhalten der Frau«, in dem die Resultate aus Gesprächen mit 6000 Amerikanerinnen dokumentiert waren. Kinsey fand heraus, dass Frauen sich selbst befriedigten, nicht immer jungfräulich in die Ehe gingen, sexuelle Fantasien hatten und zum Teil auch homosexuell orientiert waren. Ein Aufschrei ging durch Amerika.

---

26 In »Sexual Behavior in the Human Male« eröffnete Kinsey nach einer Befragung von 5300 Männern, dass über 90 Prozent der Jugendlichen sich selbst befriedigen, rund 50 Prozent der verheirateten Männer Sex außerhalb der Ehe haben und fast 40 Prozent mindestens einmal im Leben Sex mit einem anderen Mann hatten. Kinsey ist es zu verdanken, dass der moralische Schleier der Sexualität endlich gelüftet und klar wurde, dass das reale sexuelle Verhalten des Durchschnittsbürgers weitaus vielfältiger war als angenommen und offiziell erwünscht.

Während man die Aufdeckung sexueller Tabus bei Männern noch amüsiert hingenommen hatte, hörte bei Frauen der Spaß auf: Niemand wollte wissen, dass 62 Prozent der amerikanischen Frauen masturbierten, 28 Prozent über gleichgeschlechtliche Erfahrungen verfügten, 90 Prozent Petting praktizierten, 14 Prozent regelmäßig multiple Orgasmen erlebten, 50 Prozent vorehelichen, 26 Prozent mindestens einmal außerehelichen Verkehr gehabt und 3,6 Prozent schon mal sexuelle Handlungen mit einem Tier ausprobiert hatten.

Kinseys Ergebnisse wurden in der Fachwelt stark kritisiert, besonders seine Hervorhebung des klitoralen Orgasmus und sein Zweifel am vaginalen Orgasmus wurden im puritanischen Amerika der 1950er-Jahre nicht gerade gnädig aufgenommen. Trotz Kinseys enormen Erfolges – beide Bücher wurden zu Bestsellern – drehte ihm die Rockefeller-Stiftung, die Kinseys Team bis dahin unterstützt hatte, den Geldhahn zu. Die öffentliche Empörung war zu groß und die Ergebnisse der Studien zu erschütternd, als dass Amerika noch mehr hätte wissen wollen oder verkraften können. Kinsey, der große Zuhörer und Datensammler, der die Diskriminierung Andersdenkender und -fühlender beenden wollte, starb 1956 mit dem Gefühl, versagt zu haben. Sein Lebensziel, einen neutralen, wertfreien Umgang mit Sexualität in allen ihren menschlichen Facetten zu etablieren, war in seinen Augen gescheitert. Tatsächlich jedoch hatte Kinsey, der bis zum frühen Erwachsenenalter selbst ein Opfer schwerer sexueller Unterdrückung gewesen war, eine entscheidende Wende in der Befreiung der menschlichen Sexualität eingeläutet. In seinen Studien und Vorlesungen fand er Worte, Bilder und Zahlen, die der rigiden Sexualmoral seiner Zeit Kontra gaben und Sex ein bisschen normaler machten, als er es bisher gewesen war.[27]

Etwa zehn Jahre später begannen der Gynäkologe William Masters und seine Sekretärin (und spätere Ehefrau) Virginia Johnson, sich wissenschaftlich mit der menschlichen Sexualität zu befassen, anders als Kinsey allerdings mit dem eingeschränkten Blickwinkel auf sexuelle Funktions- und Orgasmusfähigkeit. Unter strengster Geheimhaltung fanden in einem Labor der Washington University in St. Louis, Missouri, sehr spezielle Untersuchungen statt: Freiwillige ließen sich von Masters und Johnson beim Sex zuschauen, während diese die unterschiedlichen Stufen der Erregung mit der Stoppuhr festhielten. In ihrem 1966 erschienenen Bestseller »Die sexuelle Reaktion« beschrieb das Forscherpaar den bei allen Menschen gleich ablaufenden vierstufigen sexuellen Reaktionszyklus von Erregungsphase, Plateauphase, Orgasmusphase und Rückbildungsphase.

Innovative Forschung erforderte innovative Methoden und Werkzeuge: Die Probanden*innen wurden verkabelt, um ihre Herz- und Hirnströme bei Masturbation, Geschlechtsverkehr und Orgasmus messen zu können. William Masters hatte sogar einen Dildo aus Plexiglas mit innenliegender Kamera entworfen, um erstmalig Bilder aus dem Inneren der Vagina bei der Penetration zu erhalten. Die Studie, in deren Rahmen etwa 600 Männer und

---

27 Kinseys Studien waren auch für die Deutschen äußerst interessant, weil er eine Gegenideologie zum Sittlichkeitsdiskurs anbot, die auf Informationen statt willkürlicher moralischer Einschränkungen beruhte. Die Medien versuchten anfänglich, amerikanische Frauen als gefährliche Feministinnen darzustellen, die schuld am Kapitalismus waren. Sie warnten vor der Vermännlichung der Frau und der Verweiblichung des Mannes, die schnell einen Autoritätsverlust des Mannes nach sich ziehen könne.

Frauen im Verlauf von elf Jahren bei diversen sexuellen Handlungen beobachtet und vermessen wurden, lieferte aufschlussreiche Ergebnisse, unter anderem über den weiblichen Orgasmus. Masters' und Johnsons Untersuchungen bestätigten Kinseys Annahme, dass eine Stimulation der Klitoris für jeden Orgasmus nötig ist, dass Selbstbefriedigung normal und nicht gesundheitsschädigend ist und es aus physiologischer Sicht keinen Unterschied zwischen vaginalem und klitoralem Orgasmus gibt. Außerdem stellten die Forscher fest, dass die weibliche Orgasmusfähigkeit der männlichen – jedenfalls bei der richtigen Stimulation – bei Weitem überlegen war: sowohl in der Dauer als auch in der Häufigkeit und der Intensität. Multiple Orgasmen bewerteten sie nicht als Zeichen für Nymphomanie, sondern als weiblichen Vorteil gegenüber dem Mann, der nach einem Orgasmus eine Erholungsphase benötigte, bis er sexuell wieder erregbar war.

Somit war die Klitoris zunächst einmal als Lust- und Orgasmuszentrum rehabilitiert, bis der nächste Anschlag auf sie verübt wurde: von den militanten Anhängern des G-Punkts, die in den 1980er-Jahren eine intensive Suche nach einem unsichtbaren Punkt im Inneren der Vagina starteten. An der vorderen Vaginalwand, etwa fünf Zentimeter vom Scheideneingang entfernt, sollte sich der mysteriöse G-Punkt befinden. 1950 das erste Mal von dem deutschen Gynäkologen Ernst Gräfenberg erwähnt[28] und

28 1950 veröffentlichte Gräfenberg eine viel zitierte Arbeit im *International Journal of Sexology*, in der er dafür plädiert, dass »die vordere Vaginalwand unterhalb der Urethra der Sitz einer ausgeprägten erogenen Zone ist und dass diese bei der Behandlung weiblicher sexueller Mangelzustände eine größere Bedeutung erhalten sollte«. Innerhalb dieses Areals sei laut Gräfenberg auch der Ursprung der bei einigen Frauen auftretenden weiblichen Ejakulation zu finden.

in den 1980er-Jahren von der amerikanischen Sexologin Beverly Whipple berühmt gemacht, scheiden sich in dieser Frage in der Wissenschaft bis heute die Geister. Die einen halten ihn für eine ausgeprägte erogene Zone im Inneren der Vagina, die anderen für einen Mythos, für den trotz unzähliger Studien kein wissenschaftlicher Beweis erbracht werden konnte.[29]

Kurioserweise glaubte die Mehrheit der Frauen jahrzehntelang an den G-Punkt, und die Legende besagt, dass vaginale Orgasmen über die Stimulation des G-Punkts intensiver, länger und besser seien als klitorale – Freud lässt grüßen. Während nun viele Frauen ihren G-Punkt verzweifelt suchten, wurden jene, die meinten, ihn gefunden zu haben, mit dem Vorwurf konfrontiert, sie würden im Dienst des Patriarchats (und des penetrierenden Penis) lügen, wenn sie von der Möglichkeit eines vaginalen Orgasmus auch nur sprächen. Der Streit konnte mittlerweile beigelegt werden, denn seit Ende der 1990er-Jahre weiß man, dass die bislang bekannte Klitoriseichel nur die Spitze des Eisbergs oder besser gesagt der Lust ist. Die Klitoris ist mehr als ein Knöpfchen, sie umfasst ein ganzes System von Nerven und Schwellkörpern: Neben der sichtbaren oder hinter einer Falte der kleinen Schamlippen verborgenen Klitoriseichel, in der sich etwa 8000 Nervenenden treffen, liegen zwei zwiebelförmige Schwellkörper, die sich teilweise an die Vorderwand der Vagina anschmiegen, sowie zwei etwa sechs bis neun Zentimeter lange sogenannte Kitzlerschenkel, die tief ins Innere des Kör-

---

29 Der Neurologie-Professor Terence Hines verglich den G-Punkt 2001 nach Sichtung der vorhandenen Studien mit einem »gynäkologischen Ufo«: »Viel gesucht, viel diskutiert, aber nicht verifiziert durch objektive Daten.«

pers hineinreichen. Der größte Teil des weiblichen Lustorgans liegt also im Inneren des Beckens und bildet dort eine besonders erogene Zone rund um die Harnröhre und den Scheideneingang.

Es besteht kein Zweifel: An jedem Orgasmus, egal, wie er herbeigeführt wird, ist die Erregung klitoraler Nervenfasern beteiligt.[30] Der viel beschworene G-Punkt, so vermuten Sexualwissenschaftler heute, ist kein von der Klitoris unabhängiges Areal, sondern ein besonders empfindlicher Teil der Vaginalwand, der an drei Seiten dicht von klitoralem Gewebe umgeben ist. Im 21. Jahrhundert gilt endlich folgende Losung: klitoral – vaginal – egal – Hauptsache, Happy Ending.

Die Geschichte des weiblichen Orgasmus macht deutlich, dass Frauen seit jeher daran gehindert wurden, ihre Lust frei auszuleben. Der weibliche Orgasmus war lange Zeit männliches Mittel zum Zweck: Er diente der Fortpflanzung oder der Bestätigung des männlichen Egos. Um die Frau und ihre Bedürfnisse ging es kaum. Und so verwundert es nicht, dass viele Frauen bis heute unter Orgasmusstörungen leiden, wobei der Ausdruck »Störung« zu Recht Kritik hervorruft, impliziert er doch wieder, dass eine Frau krank ist, wenn sie nicht »normal« funktioniert.

Ist es vielleicht sogar eine Form unbewussten Widerstands, die Frauen davon abhält, einen Orgasmus zu erleben? Vermutlich ist es eher ein Resultat der jahrhundertelangen Unterdrückung und Beschämung der Frau, das bei

---

30 Übrigens: Das Scheidengewebe selbst ist ziemlich unempfindlich. Es ist kaum mit Nervenfasern versorgt, was im Hinblick auf die mechanische Beanspruchung beim Geburtsvorgang durchaus sinnvoll erscheint.

vielen zu Hemmungen führt, ihren Körper selbst zu erforschen oder erforschen zu lassen. Die sinnliche, ekstatische, sexuell aktive Frau war so lange der Gefahr ausgesetzt, als Hure, Hexe oder Schlampe verschrien zu werden, dass Scham und Schuldgefühle zum natürlichen Begleiter der Frau wurden.

Ein sexueller Höhepunkt aber entsteht nicht nur durch mechanische Reibung der richtigen Stellen – er ist das Resultat von befreiter Lust, von enthemmten Fantasien, von erlaubter und entschiedener Hingabe und der Vertrautheit mit dem eigenen Körper und dessen erogenen Zonen. Es ist an der Frau selbst, sich ihrer eigenen Bedürfnisse bewusst zu werden, ungeachtet, was bei anderen gerade »normal« zu sein scheint. Die Sterne stehen gut, denn die Frau von heute hat vielleicht zum ersten Mal in der Geschichte die Macht, sich von verschriebenen Normen und Minderwertigkeiten zu befreien. Wenn sie es wirklich tut, wenn sie es wirklich wagt, werden beide Geschlechter davon profitieren.

Von Dornröschen zu Tinderella – Die sexuell befreite Frau

»Das Glück des Mannes heißt: ich will! – Das Glück des Weibes heißt: er will!«

Friedrich Nietzsche,
»Also sprach Zarathustra«

»Triffst du dich heute wieder mit deinem Freund?«, fragt eine Freundin von mir ihre 17-jährige Tochter Nelly in meinem Beisein.

»Mama, er ist nicht mein Freund. Er ist ein Freund«, berichtigt Nelly ihre Mutter.

»Aber du schläfst doch mit ihm!«

»Ja und? Deshalb muss man doch nicht zusammen sein.«

»Heißt das, er oder du, ihr habt auch noch mit anderen Sex?«, fragt eine andere Freundin, die noch anwesend ist, augenzwinkernd.

Nelly zuckt mit den Schultern. »Ich nicht. Er wahrscheinlich schon.«

Nellys Mutter sieht angestrengt aus. »Willst du da heute wirklich hin?«, fragt sie besorgt.

»Ja, Mama. Ich habe auch Bedürfnisse«, antwortet Nelly, zieht sich ihre Jacke an und geht.

Auch wenn meine und wahrscheinlich auch Ihre Jugend und die ersten sexuellen Erfahrungen noch nicht ewig her sind – im 21. Jahrhundert ist alles anders. Weibliche Sexualität hat heute einen anderen Stellenwert, sie wird offener gelebt, sie wird offener diskutiert, junge Frauen gehen offensiver mit ihr um. Spätestens seit »Sex and the City« ist bekannt, dass Frauen sich längst auf die Suche nach ihrer sexuellen Erfüllung gemacht haben. Und dass sie auf diesem Weg Stereotype bedienen und aufbrechen und neu erfinden.

Das 20. Jahrhundert war geprägt von Kriegen, gesellschaftlichen Umbrüchen und einer friedlichen Revolution, die Männer und Frauen nachhaltig prägen sollte. Schon bevor die 68er-Bewegung für freie Liebe plädierte, hatte die wirkliche sexuelle Revolution für Frauen begonnen: mit einer kleinen Pille, die es Frauen zum ersten Mal in der Geschichte ermöglichte, Sexualität ohne Angst vor Konsequenzen genießen zu können. Weil die Anti-Baby-Pille Sex von Fortpflanzung entkoppelte, löste sie nicht nur Freudentaumel aus, sondern auch Sorgen. Vor allem die Kirche protestierte: Was würde geschehen, wenn Frauen fortan ihre Sexualität ähnlich frei auslebten wie Männer? Wären Institutionen wie Ehe und Familie in Gefahr? Würden 2000 Jahre Christentum in einem Vulkanausbruch unkontrollierter weiblicher Lust untergehen?

Allen Befürchtungen und Warnungen zum Trotz – es gab kein Zurück mehr. Die Einführung der Anti-Baby-Pille Anfang der 1960er-Jahre markierte den vermutlich gravierendsten Wendepunkt aller Zeiten in der sexuellen Selbstbestimmung der Frau.[31] Und so ist die sexuelle

---

31 Die bisherigen Verhütungsmethoden waren wenig wirkungsvoll gewesen: Die Ägypter nutzten vaginale Stöpsel aus Krokodil-Dung, Aristoteles empfahl Zedernöl und Weihrauch als Spermizid, und Casanova soll halbe Zitronen als Gebärmutterhalssperre genutzt haben. Seit Mitte des 16. Jahrhunderts galt das Kondom als populärste Methode, das ursprünglich als Schutz gegen Syphilis erfunden worden war. Bis ins frühe 20. Jahrhundert empfahlen Ärzte Frauen, die nicht schwanger werden wollten, Sex nur in den sicheren Phasen des Zyklus zu haben, wobei sie unglücklicherweise davon ausgingen, dass diese in der Mitte des Zyklus lagen, genau in der Zeit, in der die Empfängnis am wahrscheinlichsten ist.

Befreiung der Frau rückblickend weniger der sexuellen Revolution zu verdanken als vielmehr ihren geistigen Vorläufern und der Wissenschaft.

Die 68er wirbelten zwar viel Staub auf, als sie sich mit ihrem Schlachtruf »Wer zweimal mit der Gleichen pennt, gehört schon zum Establishment« gegen die rigide Sexualmoral der vorherigen Generationen aussprachen, aber diese Freiheiten wurden nur von wenigen gelebt. Diese allerdings verbreiteten ihre Ideologie in den Medien umso stärker und hatten bei ihrem Ruf nach sexueller Befreiung primär das Wohl heterosexueller Männer im Auge. Die sexuelle Befreiung der Frau diente ja nicht zuletzt der Bedürfnisbefriedigung des Mannes, und so blieb die Hierarchie von männlichen Sexualsubjekten und weiblichen Sexobjekten auch im Alltag der Revolution meist unhinterfragt und unangetastet. Wohl aber verlangte die Idee der freien Liebe von ihren Anhängern, Eifersucht und Besitzansprüche den neuen, freiheitsbetonten Werten unterzuordnen. Da aber Freiheit nicht aus Dogmen entsteht, scheiterte die »Freie-Liebe-Bewegung« als neue Liebes- und Beziehungsordnung grandios, nicht zuletzt, weil sie auch Männer zutiefst verunsicherte, als Frauen die Idee der offenen Beziehung ernst zu nehmen begannen und alte Rollenkonzepte keinen Halt mehr boten. Stattdessen boomte die Idee der Aufklärung, die der ehemals repressiven und schambesetzten Sexualerziehung neue Bilder entgegensetzte. Oswald Kolle[32] und Beate

32 Der Journalist Oswald Kolle wurde mit Filmen wie »Das Wunder der Liebe« oder »Deine Frau, das unbekannte Wesen« zum deutschen Aufklärungspapst und setzte sich für den Sexualkundeunterricht in Schulen ein, der 1978 nach jahrelangen Klagen der Kirche gesetzlich durchgesetzt wurde.

Uhse waren die deutsche Antwort auf Kinsey & Co. und machten das Thema Sex salonfähig. Nach Aufklärungsfilmen und Softpornos folgten die goldenen Jahre der Pornografie. Das Schmuddelkind durfte plötzlich in die gute Stube des Bürgertums: Aus Porno-Igitt wurde Porno-Chic, aus Schmutz wurde Humus für die sexuelle Befreiung des Volkes.

Aber mit der sexuellen Befreiung ging auch eine immer stärker werdende Sexualisierung der Frau einher. Eine fragwürdige Entwicklung nahm ihren Lauf, die sich nicht nur in Männermagazinen, sondern auch in anderen Massenmedien verselbstständigte, man denke beispielsweise an die *Bild*-Girls, jene jungen, barbusigen Schönheiten, die von 1984 bis 2012 täglich auf der ersten Seite des Boulevardblatts prangten, oder daran, wie die (halb-)nackte Frau bis heute als Werbebühne benutzt wird, wenn sie zum Vorspiel Pizza isst, sich in Dessous auf dem Bett rekelnd Bier in den Bauchnabel gießen lässt oder beim Eisessen einen Orgasmus bekommt.

Weibliche Lust und Sexualität sind längst keine Tabuthemen mehr, aber wie sieht es jenseits der öffentlichen Bilder aus: Wie (er-)leben Frauen heute ihre Sexualität?

Sexuelle Aufgeschlossenheit ist heute von großer Bedeutung. Aber macht das Recht auf freie Sexualität automatisch frei? Was bedeutet sexuelle Freiheit in einer Zeit, in der Frauen aufgefordert werden, möglichst befreit zu sein? Von welchen Bedürfnissen sprechen Frauen heute, wenn es um Sex geht – von ihren eigenen intimen Wünschen oder dem Bedürfnis, von anderen als richtig und frei bewertet zu werden?

»Mein Bauch gehört mir!« – Das Recht auf Verhütung und Abtreibung oder die Wiederaneignung des weiblichen Körpers

»Ich nehme die Pille, seit ich 16 bin«, berichtet mir die 23-jährige Annabelle. »Meine Mutter ist mit mir zum Frauenarzt gegangen, und das war dann ganz easy. Bei meinen Freundinnen war das ähnlich. Ich will mir einfach keine Sorgen machen, schwanger zu werden.«

Verhütung ist im 21. Jahrhundert etwas ganz Normales, die Pille fast ein Lifestylemedikament. »Ich nehme die Pille auch, wenn ich gerade keinen Freund habe. Ich mag es, zu wissen, wann ich meine Tage bekomme. Und meine Haut sieht auch besser aus«, sagt die 30-jährige Merle.

Selbst Minderjährige haben heute eine Bandbreite von Verhütungsmitteln zur Auswahl, und viele sprechen mit ihren Eltern ganz offen über das Thema Sexualität.

»Einmal ist beim Sex das Kondom geplatzt. Ich hab mir ein bisschen Sorgen gemacht, es dann aber wieder vergessen. Als ich ein paar Wochen danach gemerkt habe, dass ich schwanger war, ging es mir total schlecht. Ich war damals 17!«, erinnert sich die 20-jährige Paula. »Ich hab es dann meinen Eltern erzählt. Die haben total gut reagiert. Mein Papa hat mich dann zur Klinik gebracht, und danach waren alle ganz lieb zu mir. Meine Mama hat mit mir geweint. Mit meinem damaligen Freund bin ich heute nicht mehr zusammen, also war es insgesamt die richtige Entscheidung. Ich hätte mir auch nie vorstellen können, so früh ein Kind zu bekommen. Wenn mir so etwas noch einmal passieren sollte, würde ich sofort die Pille danach nehmen. Das haben Freundinnen von mir auch schon gemacht.«

Für die Großmütter dieser jungen Frauen sah die Welt

noch ganz anders aus. Abtreibung galt als Sünde oder gar Mord, Verhütung war ein Glücksspiel, und die Anti-Baby-Pille war in Deutschland erst seit 1961 und nur »anständigen«, verheirateten Frauen zugänglich. Viele Frauen wurden ungewollt schwanger und sahen oft keinen anderen Ausweg, als die Schwangerschaft auf schmerzhafte und oftmals lebensgefährliche Art selbst zu beenden. Sie stürzten sich die Treppe hinunter, nahmen Gift, spülten ihre Vagina mit Seifenlauge aus, setzten sich in heißes Wasser oder stachen sich mit nicht sterilen, spitzen Gegenständen wie etwa Stricknadeln, Hutnadeln oder Fleischspießen in die Gebärmutter, um eine Fehlgeburt herbeizuführen. Viele Abtreibungsversuche hatten fatale Folgen für die Schwangeren: Etliche starben an Infektionen und Vergiftungen oder verbluteten infolge ihrer Verletzungen.

Wie in vielen Ländern der Welt waren Schwangerschaftsabbrüche auch in Deutschland lange Zeit verboten. 1871 wurde der Paragraf 218 in Kraft gesetzt, der bis zu fünf Jahre Zuchthaus als Strafe für eine Abtreibung vorsah. Aber die Verzweifelten ließen sich durch Gesetze nicht davon abhalten, selbst über ihr Leben zu entscheiden, auch wenn sie sich damit in äußerste Gefahr brachten. Und so stieg die Zahl der Schwangerschaftsabbrüche nach dem Ersten Weltkrieg auf rund eine Million an. Ende des Zweiten Weltkriegs starben jährlich etwa 10 000 Frauen an den Folgen der illegalen und oft stümperhaft ausgeführten Eingriffe, Hunderttausende litten an langwierigen gesundheitlichen Folgen. Es war tragisch und paradox: Frauen wurden in Deutschland fast ein Jahrhundert lang Opfer eines Gesetzes, das die Erhaltung des Lebens sicherstellen sollte.

Erst nach massiven Protesten von Frauen in den 1970er-Jahren und medienwirksamen Kampagnen wie »Mein Bauch gehört mir!« oder »Wir haben abgetrieben!« wurde der Abtreibungsparagraf 218 geringfügig abgeändert. Seit 1976 ist ein Schwangerschaftsabbruch (für die Frau, jedoch nicht für den Erzeuger, selbst wenn er zum Abbruch gedrängt hat) rechtswidrig, aber straffrei. Die Strafbarkeit wird ausgesetzt, wenn es medizinische, ethische, soziale oder eugenische Indikationen gibt, die Frau sich mindestens drei Tage vor dem Schwangerschaftsabbruch einer Konfliktberatung unterzogen hat und der Abbruch bis zur 12. Schwangerschaftswoche von einem Arzt durchgeführt wird.

Wie eingeschränkt die Macht der Frau über den eigenen Körper noch heute ist, zeigt die Diskussion um die »Pille danach«: Während weltweit 79 Länder die Rezeptpflicht bereits aufgehoben hatten, bestand Deutschland bis 2015 als einziges EU-Land neben Italien, Ungarn und dem erzkatholischen Polen auf der Einhaltung der Verschreibungspflicht. Mit erhobenem Zeigefinger warnten CDU-Politiker davor, Frauen könnten die Nebenwirkungen der Pille danach unterschätzen und sie »wie Smarties« einnehmen.[33] In Anbetracht der Tatsache, dass rezeptfreie Medikamente wie Aspirin oder Paracetamol schwerwiegendere und häufiger auftretende Nebenwirkungen auslösen können, erscheint diese Sorge in einem sexistischen Licht: Frauen muss die Selbstbestimmung über ihren eigenen Körper abgenommen werden, besonders wenn es um das Thema Geburtenkontrolle geht.

---

33 Äußerung von Jens Spahn, dem Vorsitzenden der Arbeitsgruppe Gesundheit und Gesundheitspolitischer Sprecher der CDU/CSU-Fraktion, aus dem Jahr 2013.

Wem gehört der weibliche Körper? Diese Frage wurde jahrhundertelang eindeutig beantwortet: nicht der Frau selbst, sondern ihrem Ehemann, dem männlichen Geschlecht, den männlichen Gesetzen. Und so war die Gewinnung der Verfügungsmacht über den eigenen Körper und seine Fruchtbarkeit ein wichtiger Moment in der Geschichte der Frauenbewegung und der Entwicklung der Gleichberechtigung. »Der Kampf der Frau entschied sich in diesem Punkt: Bei der Eroberung des Rechtes über den eigenen Körper«, so argumentierte vor knapp 100 Jahren die Ärztin Else Kienle, die in den 1920er-Jahren in Deutschland illegal Schwangerschaftsabbrüche durchführte. Obwohl sie dafür zu einer Gefängnisstrafe verurteilt wurde, blieb sie dabei: »Sowenig es für den Mann einen Zwang zur Zeugung gab, sowenig durfte die Frau zum Gebären gezwungen werden.« Diese Überzeugung teilte auch Margarete Sanger, eine amerikanische Krankenschwester. Nachdem sie unzählige Frauen nach einer Abtreibung hatte sterben sehen, eröffnete sie 1916 die erste Klinik für Familienplanung und Geburtenkontrolle in Brooklyn, New York. Wie ihre deutsche Kollegin Kienle wurde Sanger viele Male inhaftiert, aber nichts konnte sie davon abbringen, für eine Form der Geburtenkontrolle zu kämpfen, die es Frauen ermöglichte, selbst darüber zu entscheiden, ob und wie viele Kinder sie haben wollten. Sanger blieb zeit ihres Lebens eine glühende Verfechterin der sicheren und freien Sexualität für Frauen, und es ist maßgeblich ihr Verdienst, dass die Anti-Baby-Pille schließlich entwickelt wurde.

Noch gibt es im sexuellen Befreiungs-Märchen allerdings kein Happy End, denn das Motto »Mein Bauch gehört mir« gilt derzeit nur für etwa 40 Prozent der Weltbevölkerung. Auch heute gibt es weltweit immer noch 68 Länder, in denen Schwangerschaftsabbrüche grundsätzlich verboten sind. In einigen Ländern droht selbst bei Fehlgeburten eine strafrechtliche Verfolgung. Neben afrikanischen und südamerikanischen Ländern betrifft diese unmenschliche Gesetzgebung auch unsere europäischen Nachbarstaaten Andorra, Malta und San Marino sowie das erzkatholische Irland, das einen Schwangerschaftsabbruch nur bei akuter Lebensgefahr der Schwangeren zulässt. In Polen konnten Frauen 2016 mit Massenprotesten die Pläne der Regierung für ein totales Abtreibungsverbot gerade noch abwenden. Seit 2017 regiert in den USA mit Donald Trump ein Abtreibungsgegner, der gleich am ersten Tag seiner Präsidentschaft die Zuschüsse für ausländische Hilfsorganisationen strich, die Frauen über Schwangerschaftsabbrüche informieren oder diese durchführen. Bereits während des Wahlkampfes hatte er gefordert, dass Frauen und ihre behandelnden Ärzte für Schwangerschaftsabbrüche bestraft werden sollten. Wieder einmal sind es Männer, die über den Körper, die Sexualität und das Leben von Frauen entscheiden. Wieder einmal muss die Frau für ihre Menschenrechte kämpfen.

»Untenrum« oder Viva la Vulva! – Worte für das Unaussprechliche finden

»Da saßen wir, eine Gruppe von Frauen, total nackt, jede hatte einen Handspiegel vor sich, und dann verrenkten wir uns, um unser Geschlecht zu begutachten«, erinnert sich die heute knapp 70-jährige Beate. »Das war ja damals revolutionär. Das kann man sich heute gar nicht mehr vorstellen, heute ist Nacktheit ja was ganz Normales, und

Mädchen lernen ihren Körper schon früh gut kennen. Oder?«

Während Frauen in den 1970er-Jahren in rein weiblichen Selbsterfahrungsgruppen ihre Körper erforschten und versuchten, die jahrhundertealte Scham abzulegen, die weiblichen Körpern und ihrer Verführungsmacht auferlegt worden war, wird Nacktheit heute vergleichsweise inflationär gehandhabt. Aber heißt das auch, dass Mädchen ihren Körper besser kennen? Dass sie weniger schamvoll mit sich umgehen? Und weniger Beschämungen erfahren? *Fotze. Hure. Schlampe. Bitch.* Welche Beziehung haben Frauen heute wirklich zu ihrem Geschlecht? Hat Germaine Greers Aufruf: »Lady, liebe deine Möse!«, Wirkung gezeigt? Während Männer stets dahingehend sozialisiert wurden, stolz auf ihren Penis zu sein, ist bei Frauen eine andere Dynamik zu beobachten.

Die US-amerikanische Sexologin Meredith Chivers erzählt dazu gern folgende Anekdote: Als sie an einer Vorlesung mit etwa 600 Studierenden zum Thema Sexualität teilnahm, warf der Professor diverse Dias an die Wand – unter anderem Nahaufnahmen der weiblichen und der männlichen Genitalien. Während das Bild des Penis bei den Zuschauer*innen keine Reaktion hervorrief, kam es bei Bildern des weiblichen Geschlechts zu Ekelbekundungen und einem kollektiven »Iiiih!« – vor allem bei den Studentinnen.

»Magst du dein Geschlecht?«, fragte ich auch meine Interviewpartnerinnen. »Hab ich mir noch nicht sooo genau angeguckt«, »Ganz ehrlich: Nicht wirklich, ich finde es überhaupt nicht schön« oder »Penisse sehen irgendwie hübscher aus« waren typische Antworten.

Wie kommt es, dass das weibliche Genital im Vergleich

zum männlichen weniger beliebt zu sein scheint? Dass Frauen oft weder Stolz noch Zärtlichkeit für diesen Teil ihres Körpers empfinden? Woran liegt es, dass die eigene Geschlechtlichkeit für Frauen oft und immer noch mit Scham belegt ist? Weibliche Scham – so wurden die äußeren weiblichen Genitalien von Anatomen des Mittelalters genannt[34], und bis heute zeigt sich eine Sprachlosigkeit im Umgang mit dem weiblichen Geschlecht, die ihresgleichen sucht und zu denkwürdigen Verwechslungen führt.

In Brighton, einer beliebten Stadt an der Südküste Englands, befindet sich ein bemerkenswertes Kunstwerk namens »The Great Wall of Vaginas« – eine Wand, die aus 400 Gipsabdrücken weiblicher Genitalien besteht. Der britische Künstler Jamie McCartney schuf das Werk nach eigenen Aussagen als Gegengewicht zum Trend der geklonten, schamlippenoperierten »Designermöse«. Seine Installation soll Frauen die Möglichkeit geben, andere nackte Frauen zu betrachten und die Scheu vor ihrer Einzigartigkeit zu verlieren. Aber wie viele andere trägt McCartney (trotz bester Intentionen) zur Verwirrung bei: Denn das, was auf zehn Metern Länge zu sehen ist, sind keine Vaginen. Man sieht äußere, primäre Geschlechtsorgane von Frauen, man sieht Venushügel, Schamlippen und Klitorides in ihren unterschiedlichsten Ausprägungen: Man sieht Vulvas.

Aber der Ausdruck Vulva ist wenig bekannt. Auch unter Frauen. Kein Wunder, denn in der Öffentlichkeit wird das weibliche Geschlecht zumeist als Vagina oder Scheide be-

---

34 Man sprach von »pudendum«, abgeleitet vom lateinischen pudere, was »sich schämen« bedeutet.

zeichnet. Allerdings fällt unter den Begriff Vagina allein das schlauchförmige weibliche Geschlechtsorgan, das den äußeren Muttermund mit dem Scheidenvorhof verbindet. Wer Vulva meint und Vagina sagt, lässt wichtige Teile des weiblichen Genitals verschwinden – unter anderem das Lustzentrum der Frau, die Klitoris.

Jamie McCartney will mit seiner Wall of Vaginas einerseits die Vielfalt und Individualität des weiblichen Genitals sichtbar machen und beschneidet das weibliche Geschlecht andererseits gleichzeitig unbewusst, indem er sein Werk in die Tradition eines falschen Namens stellt, der es auf ein Loch reduziert. Auch die bewegenden »Vagina-Monologe«, die in den 1990er-Jahren als Theaterstück zunächst am Broadway und anschließend auf der ganzen Welt aufgeführt wurden, wiesen diesen bedeutsamen sprachlichen Makel auf. Und das, obwohl deren Verfasserin Eve Ensler sich durchaus bewusst war, welch emanzipatorische und identitätsbildende Macht Sprache hat: »Was wir nicht aussprechen, wird ein Geheimnis, und Geheimnisse erzeugen oft Scham, Furcht und Legenden.« So erhielten auch nur diejenigen eine Karte zu dem Stück, die sich überwanden, an der Kasse das Wort »Vagina« auszusprechen. Vagina – dieses klinische, saubere, neutrale Wort, das an die glatte Anatomie einer Barbiepuppe denken lässt, bezeichnet nur leider nicht das, was es meint, und schafft ein neues Unwissen, was das weibliche Geschlecht betrifft: Denn viele Frauen (und Männer) jeden Alters kennen den Unterschied zwischen Vagina und Vulva nicht.

Eine meiner Freundinnen fragte mich einmal herausfordernd: »Wozu muss ich den Unterschied kennen, wenn ich *mich* kenne? Ist es nicht wichtiger, ich weiß, wo es sich gut anfühlt und wo was hingehört, als dass ich die genauen Bezeichnungen dafür kenne?« Ihr Argument lief auf Folgendes hinaus: Dürfen wir nicht Vagina sagen, wenn wir eigentlich Vulva meinen? Und dürfen sich Begriffe und Definitionen nicht ändern, wenn die große Masse sie anders versteht?

Wenn wir diese Fragen, ohne groß nachzudenken, mit Ja beantworten, wäre das wie ein Rückschritt in eine Zeit, in der die weibliche genitale Anatomie nicht differenziert betrachtet wurde und Vulva, Schamlippen und Klitoris ebenso wenig von der Vagina unterschieden wurden wie die Vagina von der Gebärmutter. Man kann die weiblichen Geschlechtsorgane nicht einfach beliebig – wie Straßen oder vietnamesische Städte – umbenennen, es sei denn, diese Änderung wäre eingebettet in eine groß angelegte Aufklärungskampagne, die Männern und Frauen den Aufbau des weiblichen Genitals erklärt und allgemeingültige Begriffe schafft.

Dass es auch im 21. Jahrhundert noch diesen besonderen Zustand des Nicht-Wissens, Verwechselns und Nicht-Merken-Könnens oder -Wollens gibt, hat wahrscheinlich etwas mit der jahrhundertelangen Geringschätzung des weiblichen Geschlechts und den unbewussten Ängsten vor weiblicher Lust und Macht zu tun. Denn mit keinem anderen Organ gehen wir derart nachlässig oder desinteressiert um: Wir kämen nicht auf die Idee, die Milz zur Leber hinzuzuschlagen, da sie ohnehin kaum Bedeutung für den Organismus hat, oder das Kleinhirn zum Großhirn. Missverständnisse und Ungenauigkeiten gibt es nur beim weiblichen Geschlecht. Niemand würde Penis und Hoden verwechseln oder auf die Idee kommen, eine der Begrifflichkeiten wegfallen zu lassen: weil Penis und

Hoden nun mal zwei verschiedene Dinge sind. Genauso, wie Vulva und Vagina unterschiedliche Bestandteile des weiblichen Geschlechtes darstellen.

»Abgesehen davon, dass ein großer Teil des weiblichen Genitales mit einem Wort wie Vagina in der Sprache schlicht unsichtbar wird, hat es so auch keine eigenständige Bedeutung mehr, sondern ist tatsächlich nur ein Loch, in das der Mann sein Genital stecken kann, oder, um im Bild zu bleiben: eine Scheide für sein Schwert«, schlussfolgert die Journalistin Mithu Sanyal in ihrer Abhandlung über die Kulturgeschichte des weiblichen Genitals »Vulva – das unbekannte Geschlecht«. Die Minderwertigkeit der Frau, die von Aristoteles bis Freud proklamiert wurde, mündet laut Sanyal in folgende Formel: »Das weibliche Geschlechtsorgan ist nichts weiter als nichts.« Sie fasst zusammen: »Was nicht existiert, benötigt keinen Namen, und was keinen Namen hat, existiert nicht.«

Auf meine Frage: »Wie nennst du dein Geschlecht?«, reagierten Frauen – egal, welchen Alters – oft verunsichert oder peinlich berührt. »Ich hab keinen Namen dafür«, war die häufigste Antwort, oder »Ich mag die Begriffe nicht, die es gibt – Möse, Fotze, Muschi klingen so ordinär«. Viele Frauen nutzen deshalb die medizinischen Begriffe Scheide oder Vagina – in absolutem Unwissen darüber, dass es einen Unterschied zwischen Vagina und Vulva gibt. Die Sprachlosigkeit und Scham der Eltern wird oft von den Töchtern übernommen, und so trägt jede Generation aufs Neue dazu bei, bestimmte Teile des weiblichen Geschlechts zu verbergen, zu verschweigen oder zu unterdrücken.

Nichts anderes wurde jahrhundertelang betrieben –

denn das weibliche Genital war als solches gar nicht vorhanden. Stattdessen ging man davon aus, dass es lediglich eine innen liegende Version des männlichen Geschlechts war: »Dreht nach außen, was bei der Frau sozusagen innen ist«, erklärte der berühmte römische Arzt Galen von Pergamon im 2. Jahrhundert, »faltet die Geschlechtsorgane des Mannes zweimal, und ihr werdet sehen, daß beide in jeder Beziehung gleich sind.« Auch Fallopius, ein angesehener italienischer Mediziner, schrieb im 16. Jahrhundert, dass »alle Teile, die es bei Männern gibt, auch bei Frauen vorhanden sind. (...) Wären sie es nicht, könnte es gar sein, dass Frauen keine Menschen sind«.

Mit einem ausgehöhlten Penis und minderwertigen innen liegenden Hoden (Eierstöcken) war die Frau nicht mehr und nicht weniger als eine Abweichung vom Normalzustand.

Die Zeiten des Ein-Geschlecht-Modells sind lange vorbei,[35] aber die Geringschätzung des weiblichen Geschlechts hält bis heute an. Dabei wurde das weibliche Geschlecht in der Geschichte immer wieder auch verehrt: Vulva-Darstellungen fanden schon in der Steinzeit Eingang in Kunst und Kultur – die Vulva galt als Symbol des Begehrens und der Fruchtbarkeit, sie wurde als Abwehrzauber gegen böse Mächte genutzt, zeitweilig gar kultisch

35 Erst nach und nach erforschten Ärzte die von der männlichen doch erheblich abweichende weibliche genitale Anatomie und gestanden den weiblichen Geschlechtsorganen schließlich auch eigene Begrifflichkeiten zu. 1672 bestand der niederländische Anatom Regnier de Graaf, der die nach ihm benannten Ovarialfollikel im Eierstock entdeckt hatte, darauf, dass es Zeit für eine weibliche Nomenklatur war, die sich deutlich von der männlichen unterschied.

gefeiert und als heilig betrachtet.[36] Und auch später wurde das weibliche Geschlecht allen Tabus zum Trotz immer wieder verdeckt oder offensiv dargestellt und mit Bedeutung versehen: als Ursprung der Welt, als Sitz der Lust, als zauberhafte Blüte, als Zeichen weiblicher Macht und der sexuellen Befreiung.

Als der ehemalige Pornostar Annie Sprinkle in den 1990er-Jahren mit ihrer Bühnenshow »Public Cervix Announcement« durch amerikanische und europäische Clubs und Museen tourte, um pädagogische Aufklärungsarbeit über das weibliche Geschlecht zu leisten, war die Neugierde groß. Sprinkle setzte sich während ihrer Show auf einen gynäkologischen Stuhl, spreizte ihre Vagina mit einem Spekulum und lud die Zuschauer ein, mit einer Taschenlampe in ihr Innerstes zu leuchten, um anschließend dem Publikum mitzuteilen, was sie gesehen oder empfunden hatten. »In den letzten Jahrzehnten haben viele Tausende meinen Gebärmutterhals gesehen«, freut sich die selbst ernannte sexpositive Feministin heute, die sich selbst entblößt, um der Welt zu zeigen, dass das weibliche Geschlecht nicht Angst einflößend und schambesetzt sein muss, sondern im Gegenteil ein Wunderwerk der Natur ist, das sowohl Frauen als auch Männern Lust verschaffen kann.

Dass der Umgang mit dem weiblichen Geschlecht in der Öffentlichkeit auch heute noch fragil und von einer Doppelmoral durchzogen ist, fand die Künstlerin Stephanie Sarley heraus, als sie 2016 ein polarisierendes Video-

36 Besonders eindrückliche Beweise des Vulva-Kultes finden sich noch heute in Irland, wo im Mittelalter über den Eingängen von Klöstern und Burgen Steinskulpturen mit überdimensionierten und aufgespreizten Vulven, die sogenannten Sheela-na-Gig, zu finden sind.

projekt auf Instagram veröffentlichte: Filmsequenzen, in denen sie aufgeschnittene Früchte – Erdbeeren, Melonen, Orangen – zärtlich streichelt und mit den Fingern in sie eindringt. Diese Obst-Erotik wurde von Instagram umgehend zensiert und Sarleys Account gesperrt. Die Künstlerin beschwerte sich und erklärte entschieden, dass man das weibliche Geschlecht weder verstecken noch sich für es schämen sollte. Mit Erfolg: Das aufregende Videomaterial ist inzwischen wieder freigeschaltet. Die kleinen und großen Kämpfe im Namen des weiblichen Geschlechts lohnen sich tatsächlich.

Es hinter sich bringen – Der Hype um die Jungfräulichkeit

Man kann sie verlieren oder verschenken. Sie kann einem leider auch geraubt werden. Was auch geschieht, es gibt keinen Weg zurück. Jungfräulichkeit war einmal ein hoher, vielleicht der höchste Wert im Leben einer Frau, in manchen Teilen der Welt ist er es bis heute. Nicht nur in muslimischen Ländern, auch in der westlichen Welt, speziell in den streng konservativen religiösen Bible-Belt-Staaten (Bibel-Gürtel-Staaten) der USA im mittleren Westen und Süden wird sie gehegt und gepflegt und auf sogenannten Purity-Balls (Reinheitsbällen) zelebriert. In großen Sälen finden sich Töchter gemeinsam mit ihren Vätern ein, die Mädchen herausgeputzt in Ballkleidern, es wird gegessen, Reden über Enthaltsamkeit gelauscht, und dann wird von den Mädchen das Gelübde im Namen Gottes und des Vaters abgelegt: »Ich verspreche, körperlich, geistig und emotional rein zu bleiben bis zu meinem Hochzeitstag. Ich werde sexuell unberührt bleiben, bis ich verheiratet bin. Ich unterwerfe mich deiner Autorität und akzeptiere deine Grenzen, bis ich heirate.« Tochter und Vater unterschreiben den Treueschwur, und nach ein paar warnenden Worten des evangelikalen Pastors (»Verführung lauert überall, aber euer Vater wird euch beschützen und leiten«) bekommt Daddy den ersten Tanz. Die ganze Zeremonie erinnert stark an eine Hochzeit, nur dass sich hier nicht zwei erwachsene Menschen ihre Liebe und Treue versprechen, sondern minderjährige Mädchen und ihre Väter.

Gibt es diese Art Jungfräulichkeitsgelübde auch für Söhne, gehen also Jungs auch mit ihrer Mutter zu Purity-Balls und schwören ihr Treue und Gehorsam, bis sie heiraten?[37] Natürlich nicht. Genauso wenig wie Mütter ihre Söhne vor dem Altar der Braut übergeben. Die Botschaft ist mal subtiler, mal ganz und gar eindeutig: Das weibliche Geschlecht gehört dem männlichen – erst dem Vater, dann dem Mann. Unterwürfigkeit anstelle von eigenständigem Denken und Fühlen ist das Motto, das durch christliche Rituale auch eine gesamtgesellschaftliche Segnung und Akzeptanz erfährt. Sex ist dabei der Feind des weiblichen Geschlechts, dem erst nach der Hochzeit zum Zweck der Fortpflanzung begegnet werden darf.

Als ich Anfang der 1990er-Jahre in die Vereinigten Staaten reiste, wurde ich selbst Zeugin dieser ganz besonderen Doppelmoral. Ich war für ein Jahr als Austauschschülerin in Arkansas, einem der konservativen Südstaaten, und sah mich mit einer verwirrenden Vielzahl von Thesen zum Thema Sex konfrontiert. Sex vor der Ehe galt als Sünde,

37 Es soll an dieser Stelle nicht verschwiegen werden, dass auch vereinzelt Jungen in den USA sich aus religiösen Gründen vornehmen, jungfräulich in die Ehe zu gehen.

während ich gleichzeitig noch nie so viele schwangere Mädchen in meinem Alter gesehen hatte. Im Namen Gottes wurde Sex totgeschwiegen oder verdammt, Verhütung war nicht zugänglich, und Liebesbeziehungen in der Highschool wurden nur geduldet, wenn das Mädchen glaubhaft versicherte, »warten zu wollen bis nach der Hochzeit«. Abends, auf den Partys, sah die Welt dann allerdings ganz anders aus. Die braven »Church-Girls« entpuppten sich als Blowjob-Queens oder bewahrten ihre Jungfräulichkeit auf andere Art: Sie nutzten »Gods great loophole« (Gottes Schlupfloch) und hatten statt vaginalem analen Geschlechtsverkehr. »Ja, es tut weh, aber ich will als Jungfrau in die Ehe gehen. Mein Freund akzeptiert meine Entscheidung, also belohne ich ihn dafür, dass er auf mich wartet. Außerdem muss ich mir so keine Sorgen machen, schwanger zu werden« – so oder ähnlich lauteten die Erklärungen meiner Mitschülerinnen.[38]

Anstatt ihren Körper frei zu entdecken und ihre Sexualität zu genießen, ließen viele Mädchen sich für Gott, ihre Freunde und ihren guten Ruf auf eine für sie zumeist schmerzhafte, unbefriedigende Form der Penetration ein. Jungen hingegen durften machen, was sie wollten – ich hatte enorme Zweifel, ob das gerecht war. Aber ich kam aus Deutschland, wo der Vaginal-Trakt nicht heiliger als andere Körperöffnungen, wo Verhütung frei zugänglich war, wo Sex nicht im Auto, sondern im Jugendzimmer stattfand, und besonders bibelfest war ich auch nicht.

Wie erklärt es sich, dass weibliche Unberührtheit über Jahrhunderte hinweg einen anderen Stellenwert hatte als

---

38 Eine US-amerikanische Studie von 1999 fand heraus, dass 19 Prozent der Universitätsstudenten der Ansicht waren, dass Analverkehr nicht wirklich Sex sei und man dadurch nicht die Jungfräulichkeit verliere.

männliche?[39] Ein ungeschriebenes Gesetz besagte, dass Männer vor der Ehe – oft bei Prostituierten – Erfahrungen sammeln sollten, während von Frauen körperliche Unschuld erwartet wurde. Das intakte Jungfernhäutchen galt als Beleg für die unberührte Frau, und vielerorts wurde das Bettlaken nach dem ersten ehelichen Verkehr noch in der Hochzeitsnacht von den Verwandten auf Blutspuren untersucht. Wer heute seine Jungfräulichkeit noch beweisen muss – wie beispielsweise Frauen aus dem islamischen Kulturkreis –, kann sich einer operativen Hymen-Rekonstruktion unterziehen oder sich kurz vor dem ersten ehelichen Geschlechtsverkehr ein künstliches Jungfernhäutchen aus Zellulose mit Echtblutimitat einführen.

Die Fixierung auf weibliche Jungfräulichkeit basiert vermutlich auf der Unsicherheit des Mannes, der sich seiner Vaterschaft nie ganz sicher sein konnte, seinem Lampenfieber vor dem Sex oder seiner Angst vor Konkurrenz. Diese für den Mann nicht sonderlich schmeichelhaften Ursachen wurden umgewandelt in Argumente der Ehrbarkeit – die unberührte Frau wurde eine ehrenwerte Jungfrau, ihr Vater ein ehrenwerter Mann. In misogynen, autoritären Gesellschaften und Religionen gilt Jungfräulichkeit bis heute als heilig und erinnert an Gottes Gebot:

39 Die unangemessene, weil beide Geschlechter diskriminierende Aufwertung der weiblichen Unberührtheit gipfelte in Deutschland in dem sogenannten Kranzgeld-Paragrafen: Von 1900 bis 1998 konnten Frauen in Deutschland Schadenersatz für ihre verlorene Unschuld (»Kranzgeld«) einklagen, wenn sie nach versprochener Heirat den Geschlechtsverkehr vollzogen hatten und verlassen wurden – die Heirat also nicht zustande kam. Erst 1989 wurde der Paragraf 1300 für verfassungswidrig erklärt und ersatzlos gestrichen, weil er die Gleichstellung von Mann und Frau unterwandere.

»Du sollst keine anderen Götter haben neben mir.« Denn einzudringen, »Where no man has been before«, verschafft manchem Mann eine einzigartige Erfahrung der Macht und Großartigkeit und steht für die ultimative Besitznahme.

Sieht man von der patriarchalen Aufwertung der weiblichen Jungfräulichkeit einmal ab, so ist »das erste Mal« für *beide* Geschlechter ein großer Schritt, der sie eintreten lässt in die Welt der partnerschaftlichen Sexualität. Bis vor nicht allzu langer Zeit wurde allen Ernstes zwischen aktiver männlicher und passiver weiblicher Sexualität unterschieden. Männlich hieß: die Frau erobern, in der Missionarsstellung in sie einzudringen und schließlich beim Höhepunkt zu ejakulieren und die Frau zu schwängern. Weibliche Sexualität hingegen wurde reduziert auf ein passives In-sich-eindringen-Lassen – wobei das zumeist schmerzhafte Reißen des Jungfernhäutchens als Grunderfahrung galt, die das Wesen der Frau prägen würde: Denn sowohl die Defloration als auch die Befruchtung seien typisch weibliche Akte des Mit-sich-geschehen-Lassens.

Passiv, erduldend, aufopferungsvoll – die Mädchen von heute können mit diesen Zuschreibungen wenig anfangen. Die Idee, sich aufzusparen oder bis zur Hochzeit zu warten, fanden die jungen (nichtreligiösen) Frauen, mit denen ich in Deutschland sprach, unsinnig bis empörend:[40] »Warum sollte ich? Das macht der Junge doch auch nicht!« Obwohl sich stereotype Rollenerwartungen wie ein roter Faden durch die Geschichte der weiblichen

---

40 In der Belle Époque hatte ein Viertel der jungen Mädchen voreheliche Erfahrungen, um 1950 sind es nur halb so viele, Ende des 20. Jahrhunderts stieg die Zahl auf 90 Prozent.

Sexualität ziehen und das Verhalten und die Gefühle von Frauen weit mehr bestimmen, als ihnen bewusst ist, lassen sich Mädchen heute längst nicht mehr als Beute oder Besitz behandeln, und beim Thema Jungfräulichkeit ist zumindest in Deutschland Gleichberechtigung eingezogen. Aber im selben Moment, in dem junge Frauen sich der typisch weiblichen Zuschreibungen entledigten, übernahmen sie den typisch männlichen Druck: Viele wollten »es einfach hinter sich bringen«.

»Ich wollte nicht mehr warten«, sagt mir die 18-jährige Luisa, »ich wollte dazugehören, mitreden können, wissen, worum es geht.«

Das erste Mal wird nicht mehr überhöht und hinausgeschoben, wie es in früheren Generationen oft der Fall war, sondern als Initiationsritus verstanden, der einen der Unerfahrenheit enthebt und nach dem man sich entspannen kann.

»Ich wollte wissen, wie es geht, damit ich mich nicht blamiere. Ich mochte den Jungen, mit dem ich das erste Mal geschlafen habe, aber er war mir nicht wichtig. Liebe kann später kommen«, so drückte es die 19-jährige Lilli aus.

»Ich hab mit meinem Freund nach drei Monaten das erste Mal geschlafen, da war ich 16«, erzählte die 22-jährige Miriam. »Ich hab ihn total geliebt, aber nie darüber nachgedacht, ob er nun der Einzige bleiben würde. In dem Moment war er der Richtige, und danach gab es andere Richtige.«

Aktuellen Studien zufolge verlieren die meisten Mädchen in Deutschland im Alter zwischen 15 und 19 Jahren ihre Jungfräulichkeit, die Jungen zwischen 17 und 21 Jahren, also etwa zwei bis drei Jahre später. Der gängige Eindruck, dass die Jugend von heute immer früher Sex hat, täuscht. Aber Jungfräulichkeit hat ihren Wert an sich verloren. Ein unschuldiges Mädchen fühlt sich nicht wertvoller als ein Mädchen, das bereits Sex hatte – ganz im Gegenteil. Was traditionell eher Jungen antrieb, gilt nun auch für Mädchen: der Wunsch, zum Club der sexuell Aktiven zu gehören.

Doch was auf den ersten Blick als Annäherung der Geschlechter und größere Gleichberechtigung interpretiert werden könnte, entpuppt sich bei näherem Hinsehen als bloße Übernahme der männlichen Normen. Jungfräulichkeit ist nun für beide Geschlechter ein Makel. Beim Hype um die Jungfräulichkeit hat sich für Frauen also lediglich das Vorzeichen geändert. Sähe wirkliche sexuelle Befreiung nicht anders aus? Sollte es dabei nicht vielmehr um Lust und Lebendigkeit, statt um Druck und Normen gehen? Um das Ausloten der eigenen Schamgrenzen und nicht um die Angst vor Beschämung? Sich wohlzufühlen wäre der Weg und das Ziel. Sich zu spüren, einander zu entdecken, zu geben, zu empfangen, zu genießen. Und zwar für beide Geschlechter, für Mädchen und für Jungen.

Friends with benefits und Booty Calls – Die neue Art zu lieben

»Manchmal hänge ich abends rum, und dann ruf ich einen meiner Freunde an, ob er nicht Lust auf Sex hat«, berichtet die 20-jährige Olivia. Sogenannte Booty Calls sind eine Einladung zum Gelegenheitssex, der oft zwischen Bekannten oder Freunden stattfindet. »Ja, ich hab immer mit mindestens einem Jungen eine Freundschaft-Plus-Beziehung«, führt Olivia weiter aus, »das heißt, wir mögen uns, aber wir wollen nicht mehr voneinander. Jedenfalls sollte es so sein.« Sie lacht.

»Und? Klappt das?«, frage ich.

»Na ja, mal mehr, mal weniger. Ich wäge dann ab: Ich habe Lust auf Sex, aber ich mag keine One-Night-Stands, das ist mir zu unpersönlich. Also greife ich auf einen meiner Freunde zurück. Ehrlich gesagt, ist das nach dem Sex dann schon manchmal schwierig. Ich hab mich auch schon mal verliebt, aber das geht halt nicht. Das ist sozusagen gegen die Abmachung.«

Wer nach 1995 geboren wurde, lebt nach vollkommen anderen Regeln als frühere Generationen. Wurde Mädchen lange Zeit geraten, sich aufzusparen und erst in einer festen Beziehung Geschlechtsverkehr zu haben, so ist Sex heute oftmals eine von romantischen Beziehungen ausgelagerte Handlung. »Friends with benefits«, auf Deutsch: Freundschaft mit Vorteilen oder eben Freundschaft Plus ist eine neue, gängige Beziehungsform, die es Jugendlichen und jungen Erwachsenen erlaubt, Sexualität in einem mehr oder weniger vertrauten und sicheren Umfeld erleben zu können. Bei älteren Generationen funktionieren solche Arrangements weniger reibungslos und sind auch weniger gewollt.

»Ich will doch keine halben Sachen! Also klar, wenn man sich kennenlernt, weiß man ja nie, wohin das führt, und ich warte auch nicht fünf Wochen, bis ich das erste Mal Sex habe, wenn ich einen Mann gut finde. Aber ich ruf doch nicht einen männlichen Freund an, um mit ihm Sex zu haben, und dann ist man danach wieder gut befreundet und sitzt wie Bruder und Schwester auf dem Sofa und guckt einen Film? Das ist so schräg, dass ich mir das nicht einmal vorstellen kann«, sagt die

34-jährige Linda. »Dann hab ich lieber einen One-Night-Stand oder eine Affäre. Das ist wenigstens eine klare Sache.«

»Ich meine, es kommt doch darauf an, was du willst«, bekräftigt die 35-jährige Sarah. »Willst du einfach nur Sex, oder willst du eine Beziehung?«

»Kann man das so genau trennen?«, frage ich.

»Na ja, das kann sich natürlich verschieben oder entwickeln. Am Anfang hat man nur Lust auf Sex, aber es kann passieren, dass man sich in den Typen verliebt. Oder man will eigentlich eine Beziehung und mag den Sex, aber man weiß, dass das nicht der richtige Partner für einen ist. Aber grundsätzlich – wenn wir ehrlich wären, würden wir zugeben, dass wir doch eigentlich alle auf der Suche nach dem einen sind, mit dem wir in einer Beziehung tollen Sex haben können.«

Dieser Sehnsucht stimmten viele meiner Interviewpartnerinnen ungeachtet ihres Alters zu. Das ganze Paket wäre ideal, aber wenn es das gerade nicht gibt, dann nimmt man Teile daraus und versucht, zumindest sexuell auf seine Kosten zu kommen.

An dieser Stelle wird es spannend – wie schön und wie befriedigend sind sexuelle Begegnungen für junge Frauen heute? In den Gesprächen mit meinen Interviewpartnerinnen gab eine deutliche Tendenz dahingehend, dass Sexualität in festen Beziehungen als erfüllender erlebt wird als in allen anderen Beziehungsformen. »Mein Freund kennt mich, und er will, dass auch ich Spaß habe« oder »Bei meinem Freund traue ich mich mehr zu sagen oder zu zeigen, was mir gefällt« waren typische Antworten. Bei unverbindlichen sexuellen Kontakten, die zwar durchaus als »ermächtigend« beschrieben wurden, ging es speziell bei den jüngeren Frauen weniger um die eigene als vielmehr um die Befriedigung des anderen.

»Es gibt mir ein gutes Gefühl, gut im Bett zu sein«, sagt die 20-jährige Mia.

»Was heißt ›gut im Bett‹?«, frage ich nach.

»Das heißt, dass ich es dem Jungen – um es mal deutlich zu sagen – so richtig besorgt habe und dass er danach findet, dass ich geil bin. Da muss man allerdings ein bisschen aufpassen, dass man nicht gleich als Schlampe abgestempelt wird«, schränkt sie ein.

In diesem Spannungsfeld leben junge Frauen heute scheinbar immer noch: Es geht darum, den Mann sexuell zu versorgen, also gut im Bett zu sein, und gleichzeitig einen guten Ruf zu bewahren. Es geht nicht darum, eine lustvolle, befriedigende Erfahrung zu machen, sondern über sexuelle Erfahrungen sprechen zu können und dabei möglichst gut bewertet zu werden.

Wie widersprüchlich und oft auch unbefriedigend Sexualität von jungen Frauen heute in vielen Bereichen erfahren wird, zeigt sich beispielsweise eindrücklich am Umgang mit Oralverkehr: Während viele junge Frauen bereits beim ersten sexuellen Kontakt selbstverständlich Fellatio praktizieren, ist es den meisten unangenehm, wenn ihre Partner ihnen Cunnilingus anbieten.[41]

---

41 Zu ähnlichen Ergebnissen kam auch Peggy Orenstein in ihrem 2016 erschienenen Buch »Girls & Sex«, nachdem sie Gespräche mit jungen Frauen in den USA über deren sexuelle Erfahrungen geführt hatte. Die *New York Times* schrieb, dass für Zwölfjährige Fellatio einem Händedruck mit dem Mund gleichkommt, ein Kinderpsychologe aus Long Island spricht von Oralverkehr als einem »Gutenachtkuss für Jugendliche – so sagen sie heute Good-bye nach einem Date.« Eine New Yorker Studie über Highschool-Schülerinnen und Oralverkehr fand her-

»Das ist irgendwie was anderes«, sagt die 24-jährige Emily.

»Inwiefern?«

»Weil – dass Frauen Männern einen blasen, gehört dazu.«

»Umgekehrt nicht?«, frage ich.

»Doch, dass Männer Frauen lecken, das gehört theoretisch auch dazu. Wegen Gleichberechtigung und so. Aber ich mag das nicht so gern. Weil – ehrlich gesagt – weil er mir leidtut, wenn er mich da schmecken muss. Das wäre mir irgendwie unangenehm.«

Diese Argumentation fand sich bei vielen der jungen Interviewpartnerinnen. Obwohl ihre Partner sie gern oral befriedigt hätten, lehnen sie Cunnilingus ab, weil sie sich für ihre eigenen Körperflüssigkeiten schämen, während sie die ihres Partners bereitwillig aufnehmen.

»Wenn mein Freund will, schlucke ich auch. Das mache ich aber nicht bei jedem, das ist ein Gefallen«, differenziert die 20-jährige Romy, die es ihrem Freund nur in Ausnahmefällen erlaubt, sie oral zu befriedigen. »Aber ich bin da nie entspannt. Ich verkrampfe immer total.«

Andere beschrieben, dass sie die orale Stimulation durchaus schätzen, aber »mit den Gedanken mehr bei ihm als bei sich selbst« sind. In vertrauten Beziehungen ist die Unsicherheit dabei oft schwächer und der Genuss größer: »Auch, weil ich ja spüre, wie es meinen Freund erregt.«

---

aus, dass Mädchen Fellatio wie Hausaufgaben betrachten: eine lästige Arbeit, die erledigt werden muss, eine Fähigkeit, die sie lernen müssen, eine Leistung, für die sie bewertet werden. Körperliches sexuelles Vergnügen spielte keine Rolle, die Mädchen waren eher leidenschaftslos dabei, Hauptsache, die Bewertung am Ende fiel positiv aus.

Sexuelle Freiheit zeichnet sich zwar grundsätzlich dadurch aus, dass dem eigenen Lustgefühl folgend sowohl individuelle Grenzen gesetzt als auch gesellschaftliche Grenzen überschritten werden können, aber bei dem, was mir die jungen Frauen erzählten, ging es oft eher um das Bild, das sie von sich vermitteln wollten, als um das Gefühl, das sie beim Sex tatsächlich empfanden. Anders gesagt: Nicht ihre eigene Lust und das Ausloten von Grenzen, sondern die Lust des Partners und seine Bewertung ihrer Performance standen im Vordergrund.

So ist es auch zu verstehen, dass Blowjob-Queen heutzutage eine respektable Auszeichnung ist – wenn sie dosiert in den richtigen Kreisen kommuniziert wird und den guten Ruf des Mädchens nicht in den einer Schlampe kippen lässt. In diesem Zusammenhang ist das folgende Statement aufschlussreich: »Wenn ich jemandem einen blase, hab ich die Kontrolle.« Das sagten auch junge Frauen, die entweder von ihren Partnern zum Deep Throating oder Spermaschlucken aufgefordert wurden oder die aufgrund von verinnerlichten Pornofilm-Szenen dachten, dass diese Art des Oralverkehrs (der sie zum Würgen brachte und ihnen eigentlich unangenehm war) normal sei – also Frauen, die nicht optimal auf ihre eigenen Grenzen achteten. Im Laufe der Gespräche – besonders mit den jüngeren Frauen unter 25 – fiel ein bedeutsamer Unterschied auf zwischen ihrem Selbstbild, sexuell selbstbestimmt und mächtig genug zu sein, um sexuelle Grenzverletzungen abzuwehren, und der gleichzeitigen oft unbewussten Unfähigkeit, diese Grenzen überhaupt wahrzunehmen.

»Ich mag es nicht so gern, wenn der Mann nicht in mir, sondern auf mir kommt. Das macht für mich irgendwie den Moment kaputt. Aber einige stehen darauf, also mach ich das mit.« (Jasmin, 25)

»Es gibt Männer, die drängen total auf Analverkehr, also probiert man das mal aus, wenn sie da so scharf drauf sind. Ist überhaupt nicht meins. Aber ich will auch nicht die Einzige sein, die das nicht mitmacht.« (Maja, 21)

»Typen mögen es, wenn man ihr Sperma schluckt. Ich mag es nicht so gern. Meine Freundinnen auch nicht. Aber wir tun es trotzdem, wenn wir den Typ richtig gut finden oder ihm ein gutes Gefühl geben wollen.« (Sarah, 24)

»Letztens hat mich ein Bekannter gefragt, ob er mit mir einen Tittenfick machen darf. Er fand das lustig und geil, und obwohl ich es eigentlich doof fand, weil ich sowieso ein Problem mit meinen großen Brüsten habe, hab ich ihm zuliebe mitgemacht.« (Ronja, 22)

»Ich hab schon ein paarmal mit Typen geschlafen, obwohl ich es eigentlich gar nicht wollte. Aber da war ich betrunken und hatte mich nicht mehr so unter Kontrolle.« (Imke, 32)

Ein häufig genannter Grund, sich auf individuell grenzüberschreitende sexuelle Aktivitäten einzulassen, war die Hoffnung, dass der Partner sich deshalb fester an einen binden würde: »Ich dachte, wenn ich sexuell alles gebe, dann verliebt er sich vielleicht in mich.«

Oft bieten junge Frauen sexuelle Dienste auch freiwillig, quasi in vorauseilendem Entgegenkommen an, um den Mann zu befriedigen. »Im Urlaub hab ich mal zwei Männern gleichzeitig einen geblasen. Danach war ich irgendwie stolz«, berichtet die 19-jährige Merle.

»War es schön oder erregend für dich?«

»Also, ich bin dabei nicht gekommen. Ich weiß auch gar nicht mehr, ob ich erregt war. Aber darum ging es gar nicht. Ich hab mich irgendwie mächtig gefühlt, weil ich im Mittelpunkt stand und sie durch mich gekommen sind.«

»Wenn du heute darauf zurückblickst, würdest du es wieder tun?«

»Ja, vor allem, weil ich jetzt eine coole Geschichte erzählen kann. Das ist eigentlich das Beste daran.«

Junge Frauen erfahren eine Aufwertung durch sexuelle Dienste und sind wahrscheinlich auch deshalb bereit, das, was derzeit »normal« ist, ohne Hinterfragen ihrer eigenen Bedürfnisse zu praktizieren. Dazu zählen beispielsweise Oralverkehr als Auftakt einer sexuellen Begegnung oder das Mitwirken an einem Threesome, altmodisch mit »flottem Dreier« übersetzt, weil dies als cool gilt. Das Gefühl der Ermächtigung, das sie dabei haben, entsteht aus der Erfahrung, Lust*spenderin* zu sein. Deshalb initiieren und erbringen sie sexuelle Gefälligkeiten – in vielen Fällen, ohne dabei selbst körperlich oder emotional auf ihre Kosten zu kommen.

Diese Haltung scheint sich mit dem Älterwerden zu verändern, da Frauen lernen, sich selbstbewusster für ihre Bedürfnisse einzusetzen. Auch der Umstand, in einer festen Beziehung zu leben, trägt oftmals zu einer gleichberechtigteren Sexualität bei. In unverbindlichen Kontakten jedoch gelingt es Frauen oft nicht, aus einer den Partner sexuell versorgenden Rolle herauszutreten, weil sie befürchten, sonst weniger wertgeschätzt oder sogar abgewertet zu werden.

Um trotzdem im Einklang mit ihrem Selbstbild bleiben zu können, deuten sie ihre Rolle mehr oder weniger konsequent um: Ich wollte das, was er will. Ich bin wertvoll und gut im Bett, weil er zufrieden ist. Ich bin sexy, weil ich

Sex habe. Ich bin lustvoll, weil ich ihm Lust mache. Sexuelle Erfahrungen steigern meinen Marktwert, egal, ob sie lustvoll für mich sind oder nicht – solange ich nach den Regeln spiele und nicht »zu« schlampig werde.

Dieser Selbstbetrug lässt sich in einer länger währenden Liebesbeziehung, in der der Wunsch nach echter Nähe entsteht, kaum aufrechterhalten. Das, was man wirklich will und wer man ist, kann dann nicht mehr vertuscht werden, nicht in den alltäglichen Begegnungen und schon gar nicht in der Sexualität. Verletzungen und Mangelerfahrungen, die in unverbindlichen Begegnungen eher mit sich selbst ausgemacht werden, treten in einer engen Beziehung zwangsläufig zutage und spiegeln sich in der Psychodynamik des Paares. Je sicherer und verbindlicher sich die Beziehung anfühlt, desto mehr werden Erwartungen, aber auch Kränkungen geäußert.

»Bei einer reinen Fick-Beziehung geht es halt nur um Sex. Wenn ich da verletzt werde, bespreche ich das mit meinen Freundinnen. Alles andere wäre irgendwie gegen die Abmachung. Aber in einer Beziehung sieht das ganz anders aus. Da gibt's halt mal Streit, und wenn ich sauer bin, dann kriegt mein Freund das auch mit. Und umgekehrt. Eine Beziehung zu führen ist einerseits schwieriger, als einfach nur Sex mit jemandem zu haben, aber es ist andererseits auch einfacher, weil ich mich zeigen kann und nicht alles runterschlucken muss. Weil ich ja weiß, dass es dem anderen nicht nur um Sex geht, sondern dass er mich wirklich mag und mich nicht verlieren möchte«, sagt die 30-jährige Ines.

In einer intimen Liebesbeziehung werden in der Sexualität weniger gesellschaftliche Rollenbilder verhandelt als reale, individuelle und paarbezogene Bedürfnisse: Wie gehen zwei Menschen miteinander um, was und wie viel investieren sie in die Beziehung und das Wohl des anderen; sind sie bereit, die Wünsche des anderen zu erfahren; trauen sie sich, ihre eigenen Wünsche zu formulieren? In der partnerschaftlichen Sexualität einer exklusiven Beziehung wird auf einer anderen Ebene verhandelt, hier spielen vielschichtige Kosten-Nutzen-Rechnungen und unterschwellige Macht-Ohnmacht-Kämpfe eine Rolle, die Partner veranlassen oder aber auch davon abhalten, sich auf die sexuellen Wünsche des anderen einzulassen.[42]

Bei Gelegenheitssex geht es nicht um Intimität und Verbindlichkeit, es geht nicht um die andere Person, es geht nicht um gestern oder morgen, es geht einzig und allein um den Moment. One-Night-Stands, Hook-ups, Booty Calls oder Freundschaft Plus – all diese Begegnungen können durchaus lustvoll und »sexuell horizonterweiternd« sein, wie die 24-jährige Marie betont. Aber wer seine Grenzen nicht kennt oder spürt oder über sie hinweggeht, weil er oder sie nicht uncool sein möchte, geht nicht den Weg der Freiheit, sondern läuft Gefahr, sich selbst zu verletzen oder verletzt zu werden.

Einige meiner Gesprächspartnerinnen erzählten mir stolz, dass sie kein Problem mit Sex ohne Liebe hätten – also »wie ein Mann« fühlen könnten. »Wer es ist, ist egal, Hauptsache, ich habe Sex«, sagten besonders die jüngeren

---

42 In festen Beziehungen ist Sexualität oft die Bühne, auf der andere Konflikte ausgetragen werden. Egal, ob Mann oder Frau – der Partner mit der geringeren Libido bestimmt über die Häufigkeit sexueller Kontakte. Lange Zeit war es die Frau, die weniger Lust oder Migräne oder ihre Tage hatte, aber in jüngster Zeit häufen sich die Klagen von Frauen, deren Männer sie sexuell zurückweisen. In der Sexualität hat der, der weniger will, die Macht – und für Frauen war dies mitunter die einzige Domäne, in der sie mitbestimmen konnten.

Frauen häufig, wenn sie ihre Sexpartner dazu benutzten, sexuell erfahrener zu werden – was auch immer das heißen mag. Es sind nicht mehr nur die Männer, die Frauen zu Objekten machen, es funktioniert auch umgekehrt. Ist das Gleichberechtigung? Ohne Frage. Liebe ist heute für beide Geschlechter keine Voraussetzung mehr für sexuelle Aktivität, stattdessen gelten Aufgeschlossenheit und die Fähigkeit, Sexualität von Liebe und Intimität zu entkoppeln, als neue Werte.

Sexualität scheint so frei gelebt werden zu können wie vielleicht nie zuvor in der Geschichte. Aber geht es hier wirklich um Lust und um Freiheit oder nicht viel eher um Leistung? Und wieso sprechen junge Frauen so oft von Macht und Kontrolle, wenn sie Männer befriedigen? Ist hier die Rede von einem sinnlichen Machtspiel, das beide in ihrer Lust befeuert? Oder handelt es sich nur um den altbewährten Tanz, der keine wirkliche Macht, aber immerhin die Abwehr der Ohnmacht mit sich bringt?

»Ich bin total befreit«, sagt die 26-jährige Miri, obwohl sie mir gerade einige Szenen geschildert hat, in denen sie ihren Sexualpartnern zuliebe für sie empfindliche Grenzen überschritten hatte.

»Warum glaubst du, hast du etwas mitgemacht, was du eigentlich nicht wolltest?«, frage ich sie.

Miri überlegt eine Weile. »Als ich jünger war, war ich noch naiv. Ich hab gedacht, wenn ich beim Sex alles gebe, was der Junge will, dann verliebt er sich vielleicht doch noch in mich. Das hab ich dann irgendwann kapiert, dass die zwar gern mit mir ins Bett gehen, aber eine Beziehung trotzdem nicht wollten. Und dann wird man halt abgebrühter. Heute ist es so, dass ich alles dafür tue, um nicht in die schwächere Position zu kommen.«

»Wie machst du das?«

»Ich bin halt genauso wie ein Mann. Ich verbiete mir jede Hoffnung, dass da mehr draus wird.«

»Ist es das, was ein Mann macht?«

»Na ja, wenn man genauer darüber nachdenkt, dann gibt es da einen Unterschied. Der Mann *will* ja gar keine Beziehung, sondern nur Sex. Die Frau will beides, verbietet sich aber eben die Hoffnung.« Miri wirkt nachdenklich. »Eigentlich blöd. Ich mach sexuell immer noch das, was der Mann will, aber ich reiß mich emotional zusammen, um nicht so bedürftig rüberzukommen. Und auch, um mich selbst zu schützen.«

So sieht sexuelle Freiheit heute aus: Männer bekommen, was sie begehren.[43] Frauen versuchen derweil, so wie Männer zu sein, was sie dazu zwingt, ihre emotionalen Bedürfnisse zu verschweigen und nach außen hin eine Fassade aufrechtzuerhalten, die sie nicht bedürftig wirken lässt. Es erinnert an das Märchen vom Kaiser ohne Kleider: Frauen machen gute Miene zum männlichen Spiel und zur uralten weiblichen Rolle, die lediglich in einem neuen Gewand erscheint. Die wirkliche Gleichstellung der Geschlechter basiert jedoch nicht auf einer Verneinung individueller Unterschiede und einer bedingungslosen Übernahme männlicher – oder weiblicher – Normen. Wirkliche sexuelle Freiheit kann sich nur zusammen mit sexueller Selbstbestimmung entwickeln.

Während in vielen intimen, verbindlichen Paarbeziehungen heute deutlich mehr Gleichberechtigung herrscht als früher, sind unverbindliche Sexualkontakte voller

43 Auch hier muss man einschränken, dass das männliche Rollenbild mit dem Anspruch, sexuell immer und einwandfrei zu funktionieren, Jungen und Männer massiv verunsichern und überfordern kann.

Widersprüchlichkeiten. Das Selbstbild von Frauen stimmt oft frappierend wenig mit ihrem Verhalten überein, gängige sexistische Botschaften werden von beiden Geschlechtern weitgehend unhinterfragt als »sexy« wahrgenommen, und das Ringen um Selbstermächtigung mündet allzu oft in die unbewusste Übernahme uralter bis moderner patriarchalischer Denkmuster. »Ich habe auch Bedürfnisse«, sagen viele junge Frauen, wenn sie sich auf den Weg zu einem »Fuck-Buddy« machen, mit dem sie ein sexuelles Erlebnis teilen, das meist weder Intimität noch Befriedigung verspricht, wohl aber die Möglichkeit, sich in der Öffentlichkeit als sexuell aktiv darzustellen. Aus Dornröschen, die tugendhaft sein sollte und nur durch »den richtigen« Prinzen aus ihrer Erstarrung erlöst werden konnte, ist Tinderella geworden, die viele Frösche küssen muss, auf 1000 Hochzeiten tanzt und sich gleichzeitig möglichst rarmacht, damit der Prinz aus einem unverbindlichen Abenteuer Ernst machen möchte. Die Vorzeichen für Frauen und Sex haben sich geändert, aber die Sehnsucht nach dem einen, richtigen Märchenprinzen verbindet die Generationen, auch wenn es heute uncool geworden ist, das zuzugeben.

Trotz gegenteiliger Beteuerungen: Junge Frauen sind nach wie vor viel zu oft in einem Rollenkorsett gefangen. Auch die privilegierten, klugen, reflektierten jungen Frauen handeln häufig genauso, wie es ihnen von ihrer Peergroup, besonders aber vom »super peer« Medien vorgegeben wird. Das Image junger Frauen heute ist selbstbewusst und sexuell befreit, ohne dass sie selbst überlegt und entschieden haben, was das genau für sie bedeutet. Es geht nicht um individuelle Bedürfnisse, Grenzen und Lust. Es geht nicht um sie selbst, sondern um das Bild, das sie in der Öffentlichkeit abgeben – es geht vor allem um die Bewertung von außen. Für die Frau hat sich wenig geändert. Sexuelle Freiheit bedeutet heute wie damals: Sie will, was er will.

Zwei

»Und was ist (...) der Mainstream des Porno denn mehr als eine Insel der Seligen, der letzte Zufluchtsort für die Fantasie der klaren Hierarchien zwischen Mann und Frau?«

Catuz 2013

»Die Gewalt, die den Körpern von Prostituierten angetan wird, und die moralische Marginalisierung von Prostituierten haben Einfluss auf alle Frauen, überall.«

Laurie Penny, »Fleischmarkt«

Pornografie und Prostitution oder der Traum von der immergeilen Frau

»Ich war schon immer ein wandelndes sexuelles Wesen« – dieser Satz fiel in einem der traurigsten Gespräche, die ich je geführt habe. Ich schrieb damals meine Diplomarbeit über die Biografien von Prostituierten. Es war schwer, Frauen zu finden, die bereit waren, mit mir zu sprechen, aber Eva war vor ein paar Jahren ausgestiegen und wollte mich treffen. »Ich kann nichts mehr verlieren, aber vielleicht kann ich irgendjemanden abhalten von dieser Scheiße, die ich mein Leben nenne.« Eva war zehn Jahre alt, als ihr Onkel sie das erste Mal missbrauchte. Als sie ihrer Familie davon erzählte, gab sie ihr die Schuld. »Ich dachte, sie schlagen mich tot. Danach hab ich nie wieder was gesagt, auch nicht, als mein Onkel Freunde einlud, mich zu missbrauchen.« Um zu überleben, spaltete sie ihre traumatischen Erfahrungen ab. Die nächsten Jahre musste sie dem Onkel und seinen Freunden als »lebende Sexpuppe« dienen. Mit 16 wurde sie drogenabhängig, riss von zu Hause aus, landete auf der Straße und auf dem Strich. »Sex war das Einzige, was ich kannte und konnte.«

Zwanzig Jahre arbeitete sie als Prostituierte. »Heute bin ich ein Wrack. Ich kann keine Beziehung führen, ich bin arbeitsunfähig, ich habe schwere Depressionen«, so Evas bitteres

Fazit. Wenn sie ihre Katzen nicht so lieben würde, hätte sie sich schon längst das Leben genommen. Eva war eine der schätzungsweise 200 000 bis 400 000 Frauen, die in Deutschland als Prostituierte arbeiten.

Allein in Deutschland gehen täglich etwa 1,2 Millionen Männer zu Prostituierten. Monatlich werden weltweit mehr Pornoseiten aufgerufen als Amazon, Netflix und Twitter zusammen. 25 Prozent aller Suchanfragen im Internet drehen sich um Pornografie, was rund 68 Millionen Suchanfragen täglich bedeutet. Pro Tag macht die Internetpornografie knapp 13 Millionen Euro Umsatz, die gesamte Sexindustrie[44] hat Schätzungen zufolge einen Umsatz von etwa 90 Milliarden Euro pro Jahr.

Hinter den nüchternen Zahlen verbergen sich Menschen – erwachsene Pornodarsteller*innen, gerade volljährige Amateurdarstellerinnen, Prostituierte, Zwangsprostituierte, Pornokonsumenten*innen und Freier. Wer sind sie, was treibt sie an, was vereint und was unterscheidet sie? Wie funktioniert das Geschäft mit dem Sex, das weltweit boomt, einige Profiteure, viele Nutznießer und noch mehr Verlierer schafft?

In der Sexindustrie, wie die Porno- und Prostitutionsbranche neutralisierend genannt wird, wird Sex, vor allem aber der weibliche Körper zur Ware. Nirgends zeigt sich das patriarchalische Geschlechterverhältnis deutlicher als in der Welt des käuflichen Sex, in der strukturelle Gewalt und Ausbeutung herrschen. Und nirgends wird genau dies

44 Hierzu gehören Straßenprostitution, Bordelle, Massagesalons, Strip-Clubs, Menschenhandel von Zwangsprostituierten, Telefonsex, Kinder- und Erwachsenenpornografie, der Handel mit Katalog-Ehefrauen und Sextourismus.

so hartnäckig verleugnet. Verdrängung gehört zum Sexgeschäft dazu: Um nicht in innere Konflikte zu geraten, muss ein Teil der Gleichung stets ausgeblendet und durch Verklärungen ersetzt werden. Es ist die Rede von Freiwilligkeit und Sex als Hobby oder einem Beruf wie jedem anderen auch und von Männern, die Prostituierte wertschätzen, gut behandeln und ihnen viel Geld für ihre Dienste zahlen. Kritik an Pornografie und Prostitution wird oft als Prüderie zurückgewiesen, und sobald das Recht, eine Frau zu kaufen, in Abrede gestellt wird, tauchen blitzschnell Schreckensbilder männlicher Triebtäter auf, die ihre sexuellen Bedürfnisse nicht zügeln können und sie in einer Welt ohne Huren an unschuldigen Frauen befriedigen.

Woher kommt diese Scheuklappenmentalität, die viele davon abhält, kritisch hinter die Fassade des vermeintlich ältesten Gewerbes der Welt zu blicken? Schiebt uns unsere liberale westliche Sozialisierung eine Normalität unter, die die Freiheit des Mannes über die Würde der Frau stellt? Haben wir uns bereits so an sexuelle Ausbeutungsprozesse, Doppelmoral und Stigmatisierungen gewöhnt, dass wir sie nicht einmal mehr wahrnehmen, wenn sie uns direkt ins Auge springen?

In meiner Heimatstadt Hamburg gibt es eine Straße, genauer gesagt, eine kleine Gasse zwischen Hans-Albers-Platz und Davidstraße, die Frauen nicht betreten dürfen. Kopfsteinpflaster am Boden, Altbauten mit großen Fenstern und Markisen rechts und links, nicht einmal 100 Meter lang, vorne und hinten durch Sichtbarrieren geschützt, auf denen große Schilder klarstellen: »Zutritt für Jugendliche unter 18 und Frauen verboten«. Die berühmtberüchtigte Herbertstraße auf St. Pauli ist ausschließlich

Männern vorbehalten. Und Prostituierten. Sind Prostituierte, die sich in den neonbeleuchteten Schaufenstern anbieten, etwa keine Frauen? Wem ist daran gelegen, die Huren von den »soliden Frauen« und das Milieu von der bürgerlichen Welt zu trennen, oder anders gefragt: Wer soll hier vor wem geschützt werden?

»Die Welt des Rotlichts ist nach wie vor eine geradezu abergläubisch absolute Männlichkeitsdomäne, wie es sie sonst in der westlichen Welt höchstens noch bei Matrosen und katholischen Würdenträgern gibt«, schreibt die Journalistin Nora Bossong in ihrer Reportage über das deutsche Rotlichtmilieu. »Als Frau kann man lediglich käuflich sein, sobald es um das Geschäft mit der Lust geht. Andere Rollen sind nicht vorgesehen. Es ist schier unvorstellbar, als Frau aktiv im Rotlicht aufzutauchen. Man wäre ein Fehler im System, eine Art Machttransvestit.«

Machen wir uns nichts vor: Sexualität ist grundsätzlich kein machtfreier Ort, in intimen Beziehungen nicht und erst recht nicht im Rahmen von Prostitution oder Pornografie. Aber während in einer partnerschaftlichen Beziehung im Idealfall die Pole von Dominanz und Hingabe spielerisch und wechselseitig ausgelotet werden können, werden sie in der Pornografie und käuflichen Sexualität einseitig festgeschrieben: Der Mann ist das mächtige Subjekt, die Frau das unterworfene Objekt. Die gesamte Sexindustrie basiert auf dem patriarchalischen Geschlechtervertrag: »Sie will, was er will.«

Es ist zutiefst widersprüchlich, was sich im 21. Jahrhundert abspielt: Neben dem Anspruch auf partnerschaftlich-kommunikative Sexualität breiten sich extreme Formen von entpersönlichter und entemotionalisierter Porno- und Prostitutions-Sexualität aus. Es scheint, als ob sich parallel zu der in Liebesbeziehungen gestiegenen Gleichberechtigung und Wertschätzung der Frau gegenläufige Prozesse ausbeuterischer und brutalisierter Sexualpraktiken entwickeln, die neue Normen des Möglichen schaffen. Müssen wir uns auf die schreckenerregende Zukunftsprognose des Sexualwissenschaftlers Volkmar Sigusch einstellen, dass nach der Beseitigung aller Tabus und Verflüchtigung aller erotischen Geheimnisse »die Ekstase bald nicht mehr im Sex, sondern in der Gewalt gefunden wird«?[45]

---

45 Übrigens: In den etwa zwei Minuten, in denen Sie dieses Kapitel gelesen haben, wurden über eine Million Sexclips im Internet aufgerufen. Und: Niemand schaut so viele Pornos wie die Deutschen.

Die Frau als Ware oder die Geschichte der Pornografie – Die gefickte Frau

»Ein Schwanz in den Arsch,
ein Schwanz in den Mund,
ein Schwanz in die Fotze,
jetzt wird richtig gebumst.«
Aus dem Song
»Gangbang« von Bushido

An der Pornografie scheiden sich die Geister. Sie sei frauenverachtend und gehöre verboten, sagen die einen. Sie sei ein Zeichen sexueller Befreiung und dürfe nicht zensiert werden, sagen die anderen. Pornografie sei reine Fantasie und diene der Katharsis von Aggressionen, sagen ihre Befürworter. Pornografie zerstöre die Fantasie und fördere sexuelle Gewalt, sagen ihre Gegner – oder wie radikale feministische Anti-Porno-Aktivistinnen in den 1970er-Jahren behaupteten: »Porno ist die Theorie, Vergewaltigung die Praxis.« Jugendforscher schlagen Alarm, was Pornografie bei Kindern und Jugendlichen anrichten könne, andere entwarnen, dass die Angst völlig unbegründet sei und auch junge Menschen zwischen Realität und Fantasie bestens unterscheiden könnten.

Pornografie polarisiert, denn es gibt keine einfachen, klaren Antworten. Selbst Studien widersprechen sich eklatant, und es ist noch nicht absehbar, welchen Einfluss es auf unsere Gesellschaft haben wird, dass Pornografie heute zugänglich ist wie nie zuvor, da bereits zwölfjährige Kinder im Internet damit konfrontiert werden.

Fangen wir mit der naheliegendsten Frage an: Was

genau ist eigentlich Pornografie?[46] »I know it when I see it« – »Ich erkenne es, wenn ich es sehe«, befand Potter Stewart, einer der neun Richter am Obersten Gericht der Vereinigten Staaten Mitte der 1960er-Jahre, denen es nicht gelang, eine gemeinsame Begründung dafür zu formulieren, ob ein Film anstößig oder harmlos war. Potter Stewarts simple Antwort verweist auf die Schwierigkeit der Definition von Pornografie, denn was als pornografisch gilt, hängt von der Zeit, der Kultur, der religiösen und moralischen – gesellschaftlichen und individuellen – Einstellung ab. Man könnte fast sagen, Pornografie liegt wie Schönheit im Auge des Betrachters.

Fest steht: Pornografie gab es schon immer – wenn auch deutlich weniger und weniger offensichtlich als heute.[47] Während aber die bildliche Darstellung von nackten Menschen, Geschlechtsorganen und sexuellen Handlungen seit frühesten Zeiten bei fast allen Völkern nachgewiesen ist, setzte das Verbot unzüchtiger Bilder und Bücher erst mit der Verbürgerlichung des Lebens im

---

46 »Über Huren schreibend«, so könnte der frühe Ursprung von »Pornografie« aus dem Altgriechischen abgeleitet und übersetzt werden. Eine aktuellere Definition des deutschen Bundesgerichtshofs lautet folgendermaßen: »Als pornografisch ist eine Darstellung anzusehen, wenn sie unter Ausklammerung aller sonstigen menschlichen Bezüge sexuelle Vorgänge in grob aufdringlicher, anreißerischer Weise in den Vordergrund rückt und ihre Gesamttendenz ausschließlich oder überwiegend auf das lüsterne Interesse des Betrachters an sexuellen Dingen abzielt.«

47 Man fand sie in Höhlenmalereien der Jungsteinzeit, auf antiken griechischen und römischen Vasen, im Kamasutra oder in chinesischen Kopfkissenbüchern. In der Frühgeschichte diente sie kultischen Aufgaben oder begleitete Fruchtbarkeitsrituale, später ging es um Wissen und ihren Nutzen als Lehr- und Anschauungsmaterial, und seit einiger Zeit hat Pornografie vor allem eine Aufgabe: Sie ist Stimulations- und Masturbationsvorlage.

18. Jahrhundert ein, als Moralapostel dafür kämpften, die geistig Schwachen und moralisch Labilen vor dem Verfall der Sitten zu schützen. Doch das Bemühen des Staates, auch die Sexualität der Bürger zu überwachen und zu kontrollieren, machte die Beschäftigung mit dem Verbotenen nur noch reizvoller.[48] Und so nahm die Geschichte der Pornografie ihren Lauf, bis in den 1970er-Jahren der »Porno Chic« gesellschaftsfähig wurde und die goldenen Jahre des Porno begannen.[49]

Herrenmagazine wie *Playboy* und *Penthouse* hatten seit den 1950ern – trotz anfänglich großer Widerstände – die Hemmungen, weibliche Nacktheit auszustellen, immer weiter herabgesenkt und nebenbei Geschlechterbilder geprägt, die den Mann zum machtvollen Zuschauer und die Frau zur sexuellen Ware machten: Der Playboy und das Sexhäschen waren geboren.

Auch in Deutschland blühte der Handel mit Softporno-Magazinen wie *Quick* oder *Praline*, und sogenannte »Blanke-Busen-Magazine« oder »Aufklärungsfilme« stürmten den

---

48 Im Jahre 1900 trat in Deutschland ein Gesetz gegen »Schmutz und Schund«, also die Verbreitung unzüchtiger Schriften, Abbildungen und Darstellungen, die sogenannte »Lex Heinze« in Kraft. Nach Ende des Zweiten Weltkrieges erblühte das Erotikgeschäft, als Alliierte Presse- und Buchwesen liberalisierten. Ca. sechs Millionen Erotik-Heftchen kursierten, die mit 50 oder gar 75 Pfennig doppelt so teuer wie Illustrierte waren. 1926 folgte ein weiteres Gesetz zur Bewahrung der Jugend vor Schund- und Schmutzschriften, und eine landesweit geltende »Schundliste« wurde erstellt, der auch seriöse Aufklärungsliteratur zum Opfer fiel. Es sollte noch weitere 50 Jahre dauern, bis Pornografie nicht mehr als Strafdelikt galt und der Staat allmählich Abstand davon nahm, sexualmoralische Werturteile zu fällen und sittliche Normen zu setzen.

49 Pornografie ist seit den 1970ern in Deutschland – bis auf bestimmte Formen, die die Rechte von Kindern oder Tieren verletzen – nicht mehr verboten.

Markt. Als Ende der 1970er-Jahre die Videokassette erfunden wurde, verlagerte sich der Pornokonsum ins Private, die Inhalte wurden härter, und es gab die ersten ernst zu nehmenden Proteste von feministischen Frauengruppen in den USA, die frauenfeindliche Stereotype anprangerten. 1987 brachte Alice Schwarzer die PorNO-Bewegung nach Deutschland und forderte ein grundsätzliches Pornoverbot, um »verharmlosende oder verherrlichende, deutlich erniedrigende sexuelle Darstellungen von Frauen oder Mädchen in Bildern und/oder Worten« zu unterbinden und die Rechte von Frauen zu schützen. Auch wenn sich die Forderungen nicht durchsetzen konnten – zumindest die Wissenschaft beschäftigt sich seither mit den Gefahren der Pornografie und gibt regelmäßig sowohl Warnungen als auch Entwarnungen heraus.

Versucht man die Pornografie so wertfrei wie möglich zu erfassen, so helfen folgende Kriterien, über die heute weitgehend Einigkeit besteht: dass Pornografie bestimmte Interessen von Menschen bedient oder erzeugt, dass sie die Befriedigung sexueller Wünsche in der Fantasie erfüllt, die in der Realität nicht erfüllbar sind oder gefährlich sein könnten, dass sie sexuell stimulierend sein kann und dass sie ein äußerst profitables Geschäft ist.

Aber was ist dran an den Warnungen und Sorgen, die periodisch ausgesprochen werden? Wie gefährlich ist Pornografie sowohl für Männer als auch für Frauen und nicht zuletzt für die Jugend, die sich heute von ihr aufklären lässt? Welchen Einfluss haben Ausflüge nach Pornotopia auf unser Verhalten in der realen Welt? Und steuern wir noch die Pornografie, oder steuert sie uns?

»Porno ist die Theorie, Vergewaltigung die Praxis« – Wie gefährlich ist Pornografie?

»Casino Anal«, »Junges Gemöse«, »Oma voll im Arsch«, »Feuchte Löcher fickbereit«, »Bundes-Jungfern-Spiele«, »Mund auf, ich pisse« oder »Porno Privat – Wer hat die geilste Sau zu Hause« ist nur eine kleine Auswahl aktueller Pornos. Die Pornoindustrie ist fleißig, sie produziert mehr Filme als Hollywood. »Adult-movies«, Erwachsenenfilme, wie Pornofilme in den USA neutralisierend genannt werden, beliefern einen schier unersättlichen Markt. Die Pornoszene ist ein Eldorado für sexuelle Fantasien, in dem jede noch so bizarre Neigung erfüllt wird: von Teen- bis Oma-Pornos, Entjungferungsszenen bis Hardcoresex mit schwangeren Milfs (Mothers I would like to fuck), Vanilla- oder Blümchensex-Amateurpornos bis zu harten Sado-Maso-Szenen in Form von BDSM- oder Fetisch-Pornos, von Idealmaß-Darstellerinnen bis zu extrem fettleibigen, homo- und heterosexuellen Paardarstellungen bis hin zu Orgien mit unzähligen Partnern – es ist alles dabei. Beliebte Praktiken sind derzeit Standard (vaginal), anal, oral, Penetration einer Frau von mehreren Männern gleichzeitig, Würgen (und Erbrechen), ATM (Ass-to-Mouth), Gangbang und Bukkake.[50] Der neue Trend sind sogenannte Gonzo-Movies, eine Aneinanderreihung von Hardcoreszenen, in deren Zentrum Praktiken wie Analverkehr, Deep Throating mit Würgen, das Verabreichen von Schlägen und die Aufnahme von Kör-

50 Ass-to-Mouth bedeutet übersetzt Arsch-zu-Mund-Verkehr, bei einem Gangbang verkehrt eine Frau mit vielen Männern nacheinander, beim Bukkake ejakulieren viele Männer gemeinsam oder nacheinander auf eine Frau.

perflüssigkeiten (Sperma, Urin, Kot) stehen.[51] Max Hardcore, ein bekannter Produzent von Gonzo-Pornografie, in der Männer auf Frauen urinieren und Frauen beim Deep Throating auf Männer kotzen, sagt: »Wir unterhalten. Und wir schauen, wie weit wir gehen können.«

Der typische Hetero-Porno-Plot ist denkbar schlicht: Mindestens zwei Personen treffen aufeinander und haben mechanischen Sex in verschiedenen Stellungen und Variationen. Die Frau stöhnt durchgehend und ist die meiste Zeit im Bild, vom Mann sieht man vor allem sein erigiertes Geschlechtsteil. Am Ende ejakuliert der Mann für den Zuschauer deutlich sichtbar auf die Frau: auf ihren Bauch, auf ihren Po, ihre Brüste oder – besonders beliebt – in ihr Gesicht. Der britischen Journalistin Caitlin Moran gelingt es, zumindest der tristen End-Szene des Standard-Pornos etwas Komisches abzugewinnen: »Kurz darauf spritzt er ihr dann volle Suppe ins Gesicht, kreuz und quer, wie ein wild gewordener Konditor, der die Kontrolle über die Tülle mit der Deko-Sahne verloren hat. Ende.« Dieser sogenannte Cum- oder Money-Shot und die mit Sperma beschmierte Frau, die mit einem »Ich bin angeekelt, aber glücklich, weil du gekommen bist«-Ausdruck in die Kamera blickt, ist das Happy End des Pornos.

Die für den Porno typische verbissene Hochleistungs-Sexakrobatik macht deutlich, von wem und für wen da gefilmt wird: Es ist die männliche Perspektive, die das

51 Während laut Medienwissenschaftlerin Nicola Steffen in älteren Produktionen noch eine Geschichte und Zärtlichkeiten zu finden sind, fehlt dies in den neuen Produktionen meist völlig. »Verbundenheit, Empathie und Zärtlichkeit werden in der Gonzo-Pornografie durch Angst, Ekel, Wut, Abneigung und Verachtung ersetzt.«

Geschehen bestimmt. Und so orientiert sich die Kameraeinstellung am männlichen Blick, damit der Konsument in die Rolle des männlichen, hyperpotenten Darstellers schlüpfen kann. Der Konsument wird vom Zuschauer zum Teilnehmer, zum Akteur und letztlich: zum Penis. Dieser Penis bestimmt als Protagonist, wohin die Reise im Porno geht, also, welche Körperöffnung wann wie penetriert wird. Denn das ist es, worauf der Mann und die Frau im Porno reduziert werden: auf seinen Penis und ihre Aufnahmefähigkeit von Penissen.

Wie eine Hochleistungssportlerin dient die Frau der Befriedigung des Mannes, und sei es, dass sie zwei oder sogar drei Penisse gleichzeitig in ihre olympisch gedehnten Körperöffnungen aufnimmt. An diesen Stereotypien (Mann = dominanter Penis; Frau = williges Loch) entzündet sich die wichtige Debatte: Darf es sein, dass Frauen in einer nach Gleichberechtigung strebenden Gesellschaft als reine Sexualobjekte gezeigt werden?

Und welche Auswirkungen hat diese Darstellung? Schauen wir uns zunächst die Männer an, die laut Studien weitaus häufiger Pornos konsumieren als Frauen. Vielen anderslautenden Untersuchungsergebnissen zum Trotz wird immer wieder befürchtet, dass der typische männliche Konsument von den tendenziell gewalttätigen Pornoszenen angesteckt werden und diese eins zu eins in die Tat umsetzen wollen könnte. Die Argumentation der Porno-Kritiker ähnelt denen der Video-Gewaltspiel-Kritiker: Wer gewalttätige Spiele spielt, werde aggressiv und lebe seine Aggressionen irgendwann in der Realität aus. Beide Befürchtungen sind übertrieben, wenngleich es natürlich vereinzelte Ego-Shooter-Spieler gibt, die im echten Leben Amok laufen, und/oder Pornokonsumenten, die Frauen sexuelle Gewalt antun. Aber ganz so einfach und kausal ist die »direkt vom Film (oder Spiel) in die Realität«-Rechnung nicht. Studien fanden heraus, dass gewalthaltige Pornografie zwar mehr Aggressionen als Pornografie ohne Gewaltdarstellungen weckt, aber vor allem bei Risikogruppen, nämlich bei Männern, die ohnehin zu sexueller Gewalt neigen.[52] Bei Männern ohne entsprechende Veranlagung bleiben sie wirkungslos – abgesehen davon, dass sie solche Filme ohnehin meist ablehnen und deshalb auch nicht konsumieren.

Doch auch wenn die »Eins-zu-eins«-Gewalthypothese für Max Mustermann wissenschaftlich nicht haltbar ist, so belegen Studien wiederholt: Pornografie fördert eine problematische Haltung zu (sexueller) Gewalt gegen Frauen. Zum einen kann lang anhaltender und intensiver Pornokonsum bei Männern zu misogynen Einstellungen und Emotionslosigkeit gegenüber Frauen führen, zum anderen kann es sowohl bei männlichen als auch bei weiblichen Pornografiekonsumenten zum Verharmlosen von sexueller Gewalt kommen. So zeigten Untersuchungen beispielsweise, dass intensiver Pornokonsum das Unrechtsbewusstsein von Männern und Frauen schwächen kann. Studienteilnehmer und -teilnehmerinnen, die viele Pornos geschaut hatten, urteilten milder über einen Vergewaltiger und plädierten für kürzere Haftstrafen als eine

---

52 Negative Auswirkungen von Gewaltpornografie ist laut Studien am deutlichsten bei Männern mit niedrigem Intelligenzquotienten und ausgeprägten sexuellen Aggressionen sowie einer feindseligen Einstellung gegenüber Frauen zu beobachten. Besonders gefährdet seien Männer mit psychotischen Störungen, bei sozial kompetenten und einfühlsamen Menschen hingegen sei kein Einfluss von sozial unverträglichen Botschaften aus Pornos auf ihr Verhalten festzustellen.

Kontrollgruppe. Das traf sogar bei Tätern zu, die Kinder missbraucht hatten, sofern sie nicht brutal vorgegangen waren.

Hier liegt die größte Gefahr von Pornografie, die heute über 60 Prozent aller Männer und über 10 Prozent aller Frauen regelmäßig konsumieren mit einem Einstiegsalter in der frühen Jugend: dass sich Normen verschieben und die gesellschaftliche Akzeptanz von Gewalt gegen Frauen sich langsam, aber sicher wieder erhöht.

Und doch gilt: Wer einen Porno schaut, wird nicht zwangsläufig zum Vergewaltiger. Pornografie kann zwar frauenfeindliche und gewaltbejahende Einstellungen fördern, hat aber auf die meisten Konsumenten keine messbaren negativen Auswirkungen. Auch die Befürchtung, andauernder Pornografiekonsum könne zu einer Art Porno-Spirale führen, in der sich ein Gewöhnungseffekt einstellt und der Konsument nach immer härteren und gewalthaltigeren Inhalten verlangt, konnte in Studien nicht bestätigt werden.[53] Grundsätzlich scheinen Nutzer sich das Material zu suchen, das ihnen Erregung und Befriedigung verspricht, und Reize zu vermeiden, die Ablehnung oder Ekel hervorrufen wie beispielsweise Filme mit sadomasochistischen Inhalten und Vergewaltigungsdarstellungen.

Allerdings ist auch die Mainstream-Pornografie von Gewalt gegen Frauen durchzogen: Aktuelle Analysen beliebter Pornofilme zeigen auf, dass verbale oder körperliche Aggressionen (am häufigsten leichtes Schlagen und Würgen) von Männern gegen Frauen in knapp 90 Prozent der

53 Allerdings flachen bei anhaltendem Pornokonsum sowohl positive Erregungsgefühle wie auch negative Gefühle wie Ekel oder Scham ab.

pornografischen Szenen vorkommen. Weil die Frau im Porno aber Lust bei den herabwürdigenden Handlungen vorspielt, werden sowohl Opfer- als auch Täterrollen negiert, und die Darstellungen scheinen den Konsumenten akzeptabler, als sie es in Wirklichkeit sind. Hinzu kommt, dass die Grenzen zwischen Mainstream-Pornografie und gewalttätiger Pornografie fließend sind: Vergewaltigungs- oder Folterszenen können in beiden Genres (in zunehmender Heftigkeit) gefunden werden. Joe Gallant, eine Größe in der US-amerikanischen Pornoszene, wird ganz deutlich: »Ich hasse es zu sagen, aber ich glaube, die Zukunft der amerikanischen Pornografie ist Gewalt.«

Die Radikalisierung des Porno-Genres lässt sich nicht von der Hand weisen, und sie mag in uns Wut, Ekel oder Angst hervorrufen, doch egal, wie fest wir die Augen davor verschließen oder wie gern wir Pornos unter Androhung hoher Strafen verbieten würden: Pornografie spiegelt die Fantasien, das Verdrängte und die Tabus einer Gesellschaft wider. Sie ist gewissermaßen die andere Seite der Medaille einer auf Konsens beruhenden partnerschaftlichen Sexualität. Und in Anbetracht ihrer Entwicklung kann man sich fragen, ob sie immer gewaltvoller werden *muss*, um zumindest in der Fantasie ein Gegengewicht zur fortschreitenden Gleichberechtigung zwischen den Geschlechtern zu schaffen.

Die meisten Studien gehen davon aus, dass die Konsumenten durchaus zwischen filmischer Fiktionalität und Alltag unterscheiden können, mehr noch: Die Anziehungskraft von Pornografie bestünde für die Konsumenten gerade darin, dass sie Dinge in einer Fantasiewelt vorführt, die in der sexuellen Wirklichkeit nicht möglich oder nicht wünschenswert wären. »Es spricht vieles dafür, dass beide Welten koexistieren, ohne sich nachhaltig zu beeinflussen«, so der Hamburger Sexualwissenschaftler Gunter Schmidt. »Wir betrachten sie differenziert, unterscheidend. Wir betreten die symbolische Welt, weil sie Erlebnisse ohne Kosten und Risiken verspricht, ohne Investitionen und ohne böse Folgen. Die beiden Sexwelten sind in vieler Hinsicht unabhängig voneinander, und die reale soll keineswegs so sein wie die virtuelle.«

In seiner langweiligen und trotzdem erregenden Vorhersehbarkeit wird dem Konsumenten im Porno das geboten, was es in der realen Welt nicht gibt: ein sexuelles Schlaraffenland, in dem Lust, Potenz und Befriedigung im Überfluss vorhanden sind. Pornografie ermöglicht den gezielten sexuellen Eskapismus und das egozentrische Vergnügen, Sexualität ohne Rücksicht auf einen Partner ausleben zu können und sich dabei trotzdem wie ein begehrenswerter Liebhaber zu fühlen. Und plötzlich steht nicht mehr die Erniedrigung der Frau im Vordergrund, sondern die Aufwertung des Mannes: Er kann immer. Er kriegt jede. Er befriedigt jede.

Einen Porno zu schauen bedeutet einsamen, aber hedonistischen sexuellen Genuss ohne jede Verantwortung einer anderen Person gegenüber. Nichts muss verhandelt, alles kann allein entschieden werden. Aus psychoanalytischer Sicht dient ein Ausflug ins Pornoland also der Stabilisierung einer brüchigen Männlichkeit, denn in der typischen pornografischen Szene wird die Urangst des Mannes vor der sexuell übermächtigen Frau gebannt: Er bestimmt, sie folgt ihm willig. Da mag die Frau im realen Alltag den ganzen Tag nörgeln, zurückweisen, vielleicht sogar intellektuell oder finanziell überlegen sein: In der

Pornografie herrscht wieder heile Welt und noch altes Recht und Ordnung.[54]

Nun mag man(n) sich beruhigt zurücklehnen: Pornografie ist nur Fantasie und verhilft Männern, die (im 21. Jahrhundert) real an Macht verloren haben, sich zumindest für ein paar Minuten am Bildschirm wieder mächtig zu fühlen. Und doch stellt sich die Frage, was die wahnwitzige Menge an Pornografie mit uns als Gesellschaft und unserer Sexualität macht. Denn es sind bei Weitem nicht mehr nur Erwachsene, die Pornos schauen. Kinder und Jugendliche beiderlei Geschlechts werden von der Pornoindustrie früh als Zielgruppe ins Visier genommen. Der leichte Zugriff auf Internetpornografie und das damit verbundene sinkende Einstiegsalter führen zu neuen Fragen und Sorgen: Welchen Einfluss hat Pornografie auf die Sexualität der jungen Nutzer? Sind Sodom und Gomorrha zu erwarten und die Porno-gestählten Jugendlichen für alle Zeiten sexuell verloren? Müssen wir uns, wie die Medien immer wieder warnen, auf eine verwahrloste und verrohte »Generation Porno« einstellen?

---

54 Pornos sind so gesehen »Märchen für Erwachsene«, wie es der Sexualwissenschaftler Jakob Pastötter treffend formulierte, die dem Konsumenten helfen können, Spannungen abzubauen, die aufgrund von kindlichen oder akuten Unterlegenheitsgefühlen entstanden sind, denn je mehr Frauen zu Objekten degradiert werden, desto mehr Handlungsmacht erhält der Konsument. Allerdings hat Pornografie nur eine temporäre Wirkung, sie ermöglicht nicht, dass Unterlegenheitsgefühle akzeptiert und bewältigt – also integriert – werden können.

Voll Porno! Was Pornografie mit Jugendlichen macht und umgekehrt

»Pornos sind total normal. Ich kenne niemanden, der sie nicht ab und zu guckt.«

Diese Einschätzung teilten alle meine Gesprächspartnerinnen unter 25. Je jünger die jungen Erwachsenen sind, desto normaler ist für sie ein Alltag mit Porno.

»Pornos sind überall. Da musst du gar nicht erst nach suchen«, klärt mich die 18-jährige Johanna auf. »Du willst einen Film – also eine Komödie oder so – streamen, plopp, geht ein Fenster auf, und das Gestöhne geht los. Da reagiert man schon gar nicht mehr drauf.«

Die Sexindustrie ist clever. Sie überflutet ihre jüngste Zielgruppe auf neutralen Seiten im Internet mit pornografischen Inhalten und führt sie so schleichend an eine Normalität heran, in der Pornos dazugehören. Die unterschwellige körperliche Erregung, die durch die Clips ausgelöst wird, wird entweder sofort oder zu einem späteren Zeitpunkt über Selbstbefriedigung abgebaut – oft während des Konsums eines nun bewusst ausgesuchten Pornos.

Laut der amerikanischen Sextherapeutin Wendy Maltz sind Teenager die größte Konsumentengruppe für Internetpornografie. Eine Studie von 2009 befragte 1000 13- bis 16-Jährige in Großbritannien und fand heraus, dass die Teenager im Durchschnitt eine Stunde und 40 Minuten pro Woche Internetpornografie konsumierten. Eine niederländische Studie aus dem Jahr 2006 stellte fest, dass 80 Prozent aller Jungen und 75 Prozent aller Mädchen unter 18 Jahren bereits einen Porno im Internet angeschaut hatten. Eine Umfrage unter 1200 deutschen Jugendlichen, die 2009 von der Zeitschrift *Bravo* in Auftrag gegeben wurde, zeigte, dass 30 Prozent der Mädchen und 40 Prozent der Jungen im Alter von 12 Jahren schon einmal pornografische Bilder oder Filme gesehen hatten. Mit 17 Jahren waren es bereits 80 Prozent der Mädchen und 93 Prozent der Jungen. Die britische Soziologin und Anti-Porn-Aktivistin Gail Dines warnt, dass wir uns »mitten in einem gewaltigen sozialen Experiment« befinden, »nur dass das Labor unsere Welt ist und die Auswirkungen auf Kosten von Menschen gehen, die nie mitmachen wollten«.

Was bedeutet es für eine Generation, wenn sie in einer hoch sexualisierten Umgebung aufwächst und die ersten sexuellen Erfahrungen nicht mit einem Partner, sondern mit Pornografie macht? Was passiert mit sexuellen Fantasien von Teenagern, wenn Frauen als stöhnende Objekte inszeniert werden, die jederzeit bereitwillig zur Verfügung stehen, während Männer in Form von erigierten Penissen die seelenlose Rein-raus-Handlung dirigieren? Was macht es mit Sexanfängern, wenn Praktiken wie Deep Throating oder Analverkehr zum Standard gehören, bevor eigene Vorlieben überhaupt erkundet werden konnten? Kann eine 16-Jährige ihre Bedürfnisse erkennen und artikulieren, wenn Pornos sowohl ihre Idee von Sexualität als auch die ihres Partners geprägt haben?

»Ich dachte, es gehört irgendwie dazu, beim Blasen zu würgen«, gesteht die 19-jährige Emma.

»Ich hab mit Freundinnen darüber geredet, die dachten das auch. Irgendwann hat mir dann ein Junge nach dem Sex gesagt, dass das Quatsch ist. Er fand die Geräusche eher abtörnend. Und dann hab ich aufgehört damit, weil das auch total unangenehm war. Aber können würde ich es schon gern.«

»Was genau?«, frage ich nach.

»Also den Penis bis zum Anschlag in den Mund zu nehmen. Aber eben ohne Würgen.«

Es gibt viele Beispiele, wie Pornos sich in die sexuelle Normalität von Teenagern einschleichen. Dass Geschlechtsbehaarung als eklig empfunden wird. Dass sowohl weibliche als auch männliche Geschlechtsteile einer bestimmten Ästhetik und bestimmten Maßen genügen müssen. Dass sexuelle Praktiken nicht graduell miteinander ausprobiert werden, sondern nicht selten in gegenseitigen Überforderungen enden.

»Ich hab es schon häufig erlebt, dass Männer mir ins Gesicht spritzen wollen. Viele fragen nicht einmal.« (Julia, 27)

»Ich hab einem Typen beim ersten Mal Analverkehr vorgeschlagen, weil ich dachte, dass das normal ist und er das gut finden würde, und dann hat er das mit ›Voll eklig, wie bist du denn drauf‹ abgelehnt und allen seinen Freunden erzählt. Das war mir so peinlich.« (Jenny, 21)

»Ein Freund hat mal mittendrin, also während er mit mir geschlafen hat, sein Handy rausgeholt und unsere Genitalien fotografiert, einfach so, ohne mich zu fragen. Der war richtig abwesend für einen Moment.« (Alina, 29)

»Ich hab immer ganz laut gestöhnt beim Sex und dachte, dass Männer das geil finden, bis mir mein jetziger Freund gesagt hat, dass ihn das eher abtörnt, weil es sich so unecht und pornomäßig anhört.« (Lena, 19)

Auch der deutsche Sexualwissenschaftler Jakob Pastötter stellt fest, dass die pornografischen Stereotype bei Mädchen dazu führen, die eigenen Vorlieben zu ignorieren und Sexualpraktiken auszuüben, die sie eigentlich ablehnen.[55] Aber nicht nur Mädchen, auch Jungs fühlten sich unter Druck, bestimmten Erwartungen zu entsprechen, wie etwa eine »pornomäßige Penislänge und Erektion« vorzuweisen. Pastötter fand heraus, dass nicht wenige junge Männer sogar Viagra einnehmen, um ihre Versagensängste zu bekämpfen. Tatsächlich erzählten auch mir junge Frauen immer wieder von Sexualpartnern, die Probleme hatten, ihre Erektion zu halten. »Das war ihm superpeinlich. Erst hab ich mich gefragt, ob das an mir liegt. Aber dann hab ich rausgefunden, dass der jeden Tag Pornos guckt. Und ich glaub, das liegt daran, dass der einfach viel zu viele Pornos guckt.« Auch Sexualtherapeut*innen berichten vermehrt von Erektionsstörungen junger Männer beim Geschlechtsverkehr, die sie einem exzessiven Pornokonsum zuschreiben, denn: Die sexuellen Stimuli beim realen Geschlechtsverkehr sind vergleichsweise schwächer als die der Pornografie. Auch würde Porno-Akrobatik in Form von diversen Stellungen und Praktiken heute oftmals als Gütekriterium für Qualität verstanden – ein weiterer Beweis dafür, wie stark Pornos das Sexualleben der jungen Generation beeinflussen.

Ist die Sorge von Erwachsenen, was Pornografie mit kindlichen und jugendlichen Hirnen und Körpern anstellt, also berechtigt? Die Angst vor Sittenverfall und Verrohung wird nicht zum ersten Mal geäußert – man denke an die »verderbende« Wirkung von Rock 'n' Roll oder den lange Zeit geächteten Sex vor der Ehe. Und doch sind die

---

55 Pornografie kann auch auf Frauen – vermutlich durch die sexuelle Aufladung von Aggressionen – desensibilisierend wirken: Laut Studien schreiten weibliche Konsumentinnen weniger als Nichtkonsumentinnen ein, wenn andere Frauen von sexueller Gewalt betroffen waren, und bemerkten es später, wenn sie selbst betroffen waren.

Horrorszenarien der Erwachsenen bisher nie eingetreten – selbst die einst gefürchtete Masturbation führte weder zu Blödheit noch zu Unfruchtbarkeit oder dem Tod. Eigentlich scheint die Jugend im Großen und Ganzen recht verantwortungsvoll mit dem Thema Sexualität umzugehen, denn weder das Alter, in dem die Jungfräulichkeit verloren wird, noch die Zahl der Jugendschwangerschaften, die häufig als Indiz für die sexuelle Verwahrlosung Jugendlicher genannt wird, haben sich in den letzten Jahrzehnten wesentlich verändert.

Pornografie gehört heute offensichtlich zum Erwachsenwerden dazu, und es lässt sich noch nicht abschätzen, ob und wie das unsere Gesellschaft und unseren Umgang mit Sexualität in Zukunft prägen wird. Immerhin scheinen bereits Jugendliche klar auszuwählen zwischen Mainstreampornos, die sie erregen, und harter Gewaltpornografie, die sie ablehnen, und zwar nicht aus moralischen, sondern aus emotionalen Gründen: Gewaltvideos rufen oftmals Wut, Ekel und Angst hervor. Diese Art von Pornografie wird von Jungen häufig zusammen mit Gleichaltrigen und aus ähnlichen Gründen geschaut wie Horrorfilme: Es geht dabei nicht um sexuelle Erregung, sondern um Neugier, Grenzüberschreitung und Provokation. Man lacht gemeinsam über die bizarren Szenen, grenzt sich auf diese Weise davon ab und versichert sich seiner Normalität und dass man selbst im Rahmen bleibt.

Auch meine Gesprächspartnerinnen berichteten von Clips, die sie als eklig und abstoßend empfunden hatten. »Kennst du facial abuse?«, fragte mich die 22-jährige Antonia. »Da muss die Frau das Sperma vom Fußboden auflecken. Das finde ich richtig schlimm. Ich hab so was mal mit Freundinnen geguckt, und das war echt krass. Das macht hoffentlich niemand wirklich!«

Und so geben viele Forscher*innen Entwarnung: Porno habe längst nicht den teuflischen Einfluss auf die Jugend, wie man landläufig vermuten könnte, denn jeder Mensch trage eine »Blaupause des Begehrens« in sich, weit bevor diese in der Pubertät – beispielsweise durch Pornografie – sexualisiert wird. Diese Blaupause, auch sexuelles Skript oder Lovemap (Liebeslandkarte) genannt, existiert laut Wissenschaftlern*innen schon in uns, bevor wir das erste Mal masturbieren, das erste Mal Sex haben, sogar bevor wir die ersten expliziten sexuellen Fantasien haben. Ein Jugendlicher, der sich einen Porno ansieht, ist also keine leere Festplatte, in die die pornografischen Szenen einprogrammiert werden. Die pornografischen Stimuli treffen vielmehr auf eine schon vorhandene »Struktur des Begehrens« und unterstützen die ganz persönliche sexuelle Aufladung der Lovemap. Genau hier liegt aber auch die Gefahr, denn sexuelle Skripte sind nicht in Stein gemeißelt, sie können im Laufe des Lebens fort- und umgeschrieben werden – durch neue sexuelle Erfahrungen und Erlebnisse, in neuen Liebesbeziehungen oder durch gesellschaftliche Veränderungen.

Inwieweit Pornos sexuelle Skripte verändern und fortschreiben, wenn pornografische Geschlechterklischees und latent gewalthaltige Bilder schon sehr früh und regelmäßig konsumiert werden, bleibt abzuwarten. Wie so oft in der widersprüchlichen Welt der Pornografie gibt es hierzu erste sich widersprechende Studien. Die einen weisen einen Zusammenhang zwischen Pornografie und dem Verhalten von Jugendlichen nach. Sie haben festgestellt, dass Geschlechterrollen aus Pornos in die Realität übernommen und in der partnerschaftlichen Sexualität ausgelebt werden; dass männliche jugendliche Pornokonsumenten eher zu sexueller Gewalt neigen und weibliche Jugendliche eher dazu, Opfer von sexuellen Grenzverletzungen zu werden; dass junge Frauen erzählen, sich aufgrund ihrer Prägung durch Pornografie auf Praktiken eingelassen zu haben, die sie unangenehm fanden. Andere Studien berichten dagegen davon, dass Jugendliche äußerst kompetent, also verantwortungsvoll mit Pornos umgehen und dass Pornokonsum weder zu Verwahrlosung noch zu Verrohung führt, sondern eher zu einer Gelassenheit im Umgang mit pornografischem Material und darüber hinaus sogar zu einer »sexuellen Zivilisierung«.

Im Vergleich zu früheren Generationen, die kaum Bilder über den Ablauf intimer, sexueller Szenen hatten, ist die heutige Jugend geradezu überinformiert, was die Gestaltung einer intimen Beziehung anbelangt: Während Jungen vor allem von Pornografie beeinflusst werden, sind es bei Mädchen eher Jugendzeitschriften oder Soaps, die ihre Vorstellungen davon prägen, wie eine Beziehung anfängt und weitergeht. In diesen Zusammenhang passt folgender Witz: »Warum gucken Frauen Pornos immer bis zum Ende?« – »Weil sie darauf warten, dass noch geheiratet wird.«

Allerdings konnte ich diese romantische Sichtweise bei meinen Interviewpartnerinnen nicht finden, sondern eher einen »männlichen«, zweckgebundenen Gebrauch von Pornografie. Während eine groß angelegte deutsche Jugend-Pornostudie aus dem Jahre 2011 ergab, dass Mädchen alleine nur selten Pornos schauten und die Forscher feststellten: »Für die meisten jungen Frauen sind Pornos nicht erregend«, ergab sich für mich ein anderes Bild: Je jünger die Frauen waren, desto höher, normaler und genussvoller war der Pornokonsum für sie und desto weniger hinterfragten sie, was sie dort sahen.[56]

Die Mehrzahl meiner Interviewpartnerinnen unter 25 berichtete mir davon, regelmäßig Pornos zu schauen, »um sich zu entspannen« oder »wenn es mal schnell gehen muss« mit der Selbstbefriedigung. Viele junge Mädchen und Frauen nutzen Pornos auch zur Vorbereitung auf sexuelle Kontakte:

»Das hört sich jetzt vielleicht blöd an, weil ich ja aufgeklärt bin«, erzählt die 19-jährige Emilia, »aber ich schau mir im Porno auch an, wie bestimmte Dinge gehen und wie man das am besten macht, zum Beispiel wie man einem Jungen am besten einen bläst. Meine Freundinnen machen das auch.«

Pornografie hat für viele Mädchen also auch einen aufklärenden Charakter, besonders Blowjob-Techniken, also aktive Praktiken, mit denen das Mädchen den Jungen befriedigt, werden zu »Weiterbildungszwecken« geschaut.

Je älter mein Gegenüber, desto schambesetzter schien jedoch das Thema Pornografie und desto mehr Wert wurde auf schöne Bilder und eine hinführende Rahmenhandlung gelegt, falls Pornografie nicht restlos abgelehnt wurde: »Das bringt mir nichts.« Nicht wenige der vor 1970 geborenen Frauen haben ohnehin wenig bis gar keine Erfahrungen mit Pornografie: Berührungsängste,

---

56 Über die Unterschiede kann man spekulieren: Vielleicht ist die Pornofizierung der Jugend in fünf Jahren erheblich vorangeschritten, sodass Mädchen sich heute noch weniger schämen zuzugeben, dass sie Pornos schauen.

Scham, Ekel und Abscheu oder grundsätzliches Desinteresse wurden immer wieder geäußert.

Es gibt also deutliche Anzeichen dafür, dass sich die Haltung von Frauen zu Pornografie in den letzten Jahrzehnten verändert hat. Liegt es daran, dass die Gesellschaft liberaler geworden ist und Pornos schlichtweg zum Alltag von jungen Frauen gehören? Oder ist etwas im Inneren der Frauen geschehen, dass sie Pornografie für ihre eigenen Bedürfnisse nutzen? Und ist diese Entwicklung für sie gut oder schlecht, also befreiend oder normierend?

»Igitt« oder »Oh Gott« – Frauen und Porno

Frauen mögen keine Pornos. So weit die Legende. Studien und intime Gespräche mit Frauen vermitteln allerdings ein anderes, ein vielschichtigeres Bild: Frauen sind extrem leicht durch unterschiedlichstes erotisches und pornografisches Material zu stimulieren. Tatsächlich springt weibliche Lust bei pornografischen Reizen relativ wahllos an, auch wenn Frauen dies nicht wahrhaben oder nicht zugeben wollen. Die US-amerikanische Sexologin Meredith Chivers führte eine Reihe von Studien durch, in denen Probandinnen sich pornografische Videoclips ansahen, während ein Pletysmograf (eine etwa fünf Zentimeter lange, durchsichtige Röhre) im Inneren ihrer Vagina die Durchblutung und Feuchtigkeit maß. Die Frauen wurden gebeten, ihre Erregung per Mouseclick mitzuteilen, und überraschenderweise geschah Folgendes: »Nicht erregt«, befanden die Probandinnen, oft im absoluten Gegensatz zum tatsächlichen Grad ihrer genitalen Erregung. Die Übereinstimmung von psychischer und physischer Erregung war mit nur 10 Prozent erschreckend gering.

Woran liegt es, dass zwischen körperlicher Erregung und »gefühlter« Erregung eine derart große Lücke klafft? Lügt der Körper, oder lügt die Frau? Sind weibliches Geschlecht und weibliches Gehirn nicht miteinander verbunden? Wissenschaftler*innen vermuten, dass es eine Form der körperlichen Erregung gibt, die unter dem mentalen Radar von Frauen verläuft, die sie also gar nicht bewusst wahrnehmen. Warum dem so ist, darüber lässt sich nur spekulieren: Ein Grund mag sein, dass Frauen seit Jahrhunderten dazu erzogen worden sind, ihre sexuelle Lust zu unterdrücken und zu verleugnen.

Bei den Studien wurden den Probandinnen neutrale, erotische und eindeutig pornografische Clips gezeigt, und man stellte fest, dass die Genitalien von Frauen sexuelle Allesfresser sind – sie reagieren auf jeden sexuell relevanten Reiz, unabhängig davon, ob er sexuell ansprechend ist: Ein nackter Mann am Strand? Sexuell relevant. Eine homosexuelle Pornoszene? Sexuell relevant. Kopulierende Bonobos? Sexuell relevant. Ob die Reize ansprechend sind, wird erst im weiblichen Gehirn geklärt, das im Vergleich zu den Genitalien äußerst sensibel auf den Kontext reagiert. Diese widersprüchliche Reiz-Reaktions-Verbindung könnte erklären, warum vor allem ältere Frauen, die ohne Pornografie und sexuell weniger liberal sozialisiert wurden, häufig angeben, Pornos nicht zu mögen: Selbst wenn ihre Genitalien erregt reagieren, sagt der Kopf, der kontextabhängig (also nach den Regeln dessen, was sozial erwünscht ist) auswählt, ganz klar Nein.

»Pornos lassen mich kalt und machen mich geil«, so beschreibt es die Autorin Ariadne von Schirach. Sie fasst die Widersprüchlichkeit zusammen: »Es ist fast unmöglich, einen Porno anzusehen und davon nicht erregt zu werden. (...) Doch diese Erregung hat etwas Kaltes, Unpersönliches. Es ist so, als würden die primären Geschlechtsmerkmale miteinander kommunizieren, unter völliger Umgehung der Persönlichkeit.«

Unterm Strich hat Pornografie auf Frauen eine ähnliche Wirkung wie auf Männer: Sie erregt. Sie stößt ab. Sie führt zu Schamgefühlen. Sie führt dazu, dass sexuelle Gewalt gegen Frauen als weniger gravierend eingeschätzt wird. Und sie ist von einem erheblichen Maß an Spaltung begleitet, was sich bei Frauen beispielsweise in der Leugnung körperlicher Erregung zeigt. Je älter die Konsumentinnen sind, desto schambesetzter ist das Thema Porno, je jünger, desto entspannter gehen sie damit um. Obwohl die jüngere Generation, wie schon beschrieben, grundsätzlich weniger Hemmungen hat, Pornografie für die eigene sexuelle Stimulierung zu konsumieren und zu genießen, stehen ihr viele nach wie vor auch ambivalent gegenüber: Sie finden Pornos zwar sexuell erregend, aber auch »erschreckend«, »geschmacklos« oder »dämlich«.

Im Vergleich zu Männern erleben Frauen Pornografie deutlich konfliktbehafteter, und so werden Themen wie Geschlechterbilder, Sexualpraktiken und die Pornoindustrie durchaus kritisch reflektiert. Um das Dilemma zwischen sexueller Erregung und emotionaler oder kognitiver Abwehr zu beenden, verzichten Frauen entweder ganz auf Pornos, sie konzentrieren sich auf ausgewähltes, bekanntes Filmmaterial, oder sie machen sich auf die Suche nach alternativer Pornografie, die den eigenen Ansprüchen besser entspricht. Oder – und diese Entwicklung sollte man vor allem bei den jüngeren Frauen nicht unterschätzen:

Sie gewöhnen sich an die pornografischen Inhalte, die angeboten werden und die zu neuen unbewussten Normen führen. Viele – besonders jüngere – Frauen, selbst diejenigen, die keine Pornos schauen, stehen dem Pornokonsum von Männern sehr verständnisvoll gegenüber. »Das ist doch normal, alle Männer gucken Pornos.« Pornografie-Konsum wird oftmals mit Masturbation gleichgesetzt und dementsprechend nicht als Betrug, sondern sogar als eine akzeptable Alternative zum Fremdgehen gewertet.

Ältere Frauen, mit denen ich Interviews führte, reagierten hingegen auf den Pornokonsum ihres Partners eher ablehnend.

»Das würde mich sehr stören«, sagt die 41-jährige Tanja. »Auch wenn ich weiß, dass das die meisten Männer zumindest heimlich machen, fühlt es sich an wie Betrügen.«

»Mich würde das auch total verunsichern«, stimmt Nicola zu. Die 45-Jährige erklärt weiter: »Weil ich dann immer das Gefühl hätte, er würde mich und unseren Sex mit den Pornos vergleichen.«

Unsicherheit und Eifersucht in Bezug auf Pornos spielten bei Frauen über 40 Jahren eine viel größere Rolle als bei den jüngeren Frauen. Fragen, die durch den Feminismus ausgelöst wurden und die sich ältere Frauen weitaus häufiger stellen – »Wie kann ich etwas erregend finden, das mich eigentlich abstößt?«, »Unter welchen Bedingungen arbeiten Pornodarsteller*innen?«, »Was macht es mit meinem Partner/Sohn – oder aber mit mir selbst –, diesen frauenverachtenden Bildern ausgesetzt zu sein?« –, beschäftigen jüngere Frauen kaum.

Egal, ob alt oder jung, Mann oder Frau: Wer Pornografie genießen möchte, muss spalten. Die unweigerliche körperliche Erregung, die pornografische Bilder bei Menschen hervorrufen, sollte besser nicht von störenden Fragen oder Gedanken begleitet werden. Nur allzu gern übernimmt die geneigte Pornokonsumentin deshalb das Argument, dass Pornografie ausschließlich Fantasie sei – ein Hollywood-Machwerk, vergleichbar mit einem Western oder Science-Fiction-Film.[57]

Einen weiteren Ausweg aus der unangenehmen Mischung aus Scham- und Schuldgefühlen bieten neuerdings auch Sexfilme mit dem Gütezeichen »Feministischer Porno«. Aber kann es diese auf den ersten Blick widersprüchliche Kombination überhaupt geben, und wie sähe sie aus, diese Art von Pornografie, die frauen- oder besser menschenfreundlich ist und sexuelle Gleichberechtigung auf der Leinwand zelebriert?

Sexuelle Befreiung oder Erniedrigung – Zwischen Sasha Grey und »Shades of Grey«, oder gibt es feministische Pornografie?

Eine junge, nackte Frau liegt mit dem Kopf nach unten auf einem Sofa. Ein Penis ist in ihrem Mund, zwei weitere in ihren Händen. Die Nahaufnahme zeigt, wie ein erigiertes Glied bis zum Schaft in ihrem Mund verschwindet. Sie würgt. Ihre Augäpfel treten hervor. Sie scheint zu ersti-

57 Selbstverständlich hinkt der Vergleich, denn im Western werden die Personen nur mit Platzpatronen erschossen, im Science-Fiction-Roman nur virtuell in eine andere Welt versetzt – im Porno aber haben die Darsteller realen Sex, der Geschlechtsverkehr ist nicht nur gespielt: Während also das Drehbuch alles andere als authentisch ist – das Eindringen von Penis in Vagina oder andere Körperöffnungen ist es sehr wohl.

cken. »Tiefer« und »Lass bloß meinen Schwanz nicht los«, befiehlt einer der Männer, und sie gehorcht.

Die junge Frau heißt Sasha Grey und gilt als einer der bekanntesten Pornostars der Neuzeit, die das *Rolling Stones Magazine* mit dem Titel »The dirtiest girl in the world« rühmte. Als Grey mit 18 Jahren in die Pornobranche einstieg, schrieb sie in einer Art Bewerbungsschreiben an einen Pornoagenten: »Es gibt nur wenige Pornostars, die die Grenzen dessen verschieben, was man als Frau im Bett mögen soll oder wie man zu sein hat. Ich will eine dieser Frauen sein.« Während der fünf Jahre in der Pornoindustrie, in denen sie Hunderte von Filmen drehte, deckte die junge Amerikanerin bewusst die dunkleren Seiten des Pornos ab – sie war der Gewalt nicht nur ausgesetzt, sie forderte sie sogar ein. »Fick mich härter«, »Schlag mich«, »Spuck mich an«. Grey betonte immer wieder, dass sie »physisch und verbal bereit war, Dinge zu tun, vor denen selbst viele Männer zurückschrecken«, und dass sie vor der Kamera wirklich alles machen würde, außer Sex mit Tieren und Sex mit Kindern.

Sasha Grey war weder die Erste noch wird sie die Letzte sein, die im Pornobusiness bis an ihre Grenzen geht. Aber wie andere prominente Pornodarstellerinnen hat auch sie eine besondere Rahmengeschichte für ihre Persona erfunden: die der feministischen jungen Frau, die Sexualität aggressiv auslotet, weil sie auf Gewalt, Sex und Unterordnung steht, und die bei allem, was sie tut, nie die Kontrolle verliert – egal, ob sie geschlagen, in alle Körperöffnungen gleichzeitig penetriert oder ihr von mehreren Männern ins Gesicht ejakuliert wird.

Sasha Grey erzählt die beliebte Mär vom Mädchen aus gutem Hause, das – gerade volljährig geworden – einzig und allein aus Lust in die Sexbranche einsteigt und dort freiwillig und selbstbestimmt Karriere macht. Also eigentlich ein Lebensweg, der ganz im Sinne von Feministinnen sein sollte. Auch wenn viele Szenen, in denen Grey mitspielt, auf den/die unerfahrenen Pornokonsumenten/in verstörend wirken, zählt das Genre, in dem sie zum Star wurde, nicht zur Gewaltpornografie. Denn Frauen mehr oder weniger grob zur männlichen Befriedigung zu benutzen ist in Pornos Normalität. Grey jedoch verweigert sich der traditionell feministischen Porno-Deutung von männlichem Subjekt und weiblichem Objekt. Sie wird nicht müde, der Öffentlichkeit zu erklären, dass jemand, der sich freiwillig unterwirft, nicht zu einem Objekt, sondern zu einem handelnden Subjekt werde.

Dass sich Frauen in der Sexindustrie Gewalt zufügen lassen und sich gleichzeitig als Herrin der Lage bezeichnen, ist nichts Neues. Neu ist allein die Kritiklosigkeit, mit der diese Theorie hingenommen wird. Denn an dieser Bruchstelle zwischen hilfloser Opfer- und Objekterfahrung und Selbstermächtigung durch eigens eingeforderte Gewalt bewegt sich die Pornografie, seit sie in den 1970er-Jahren Eingang in den Mainstream fand. Damals entstand – wie schon erwähnt – die PorNO-Bewegung, in der sich viele bekannte Feministinnen sammelten und sich gegen sexistische und demütigende Darstellungen von Frauen im Porno aussprachen und das Verbot jeglicher Pornografie forderten. Die aufsehenerregende Wandlung des ersten Porno-Megastars Linda Lovelace, die mit »Deep Throat« zum Pornoliebling der Allgemeinheit aufgestiegen war und zunächst ihr Recht auf Porno verteidigt hatte, bis sie öffentlich zugab, in die Sexindustrie von ihrem ersten Mann gezwungen worden zu sein, bestärkte die aufgebrachten Anti-Porno-Feministinnen.

Die Bewegung erregte großes Aufsehen, aber es dauerte nicht lang, bis sich innerhalb der Gruppe unterschiedliche Meinungen formierten, die mal mehr, mal weniger militant vertreten wurden. In Abgrenzung zu den Anti-Porno-Aktivistinnen bildete sich in den 1980er-Jahren die feministische PorYes-Bewegung, der sich auch bekannte Pornodarstellerinnen wie Candida Royalle oder Annie Sprinkle anschlossen. So standen sich bei den sogenannten Sexkriegen Feministinnen gegenüber, die Pornografie verurteilten, und Feministinnen, die Pornografie verteidigten, weil sie der Meinung waren, dass ein Verbot auch Frauen und andere Minderheiten in ihrer Freiheit einschränken würde. Ariel Levy, die Autorin von »Female Chauvinist Pigs« (2005), fasst 30 Jahre nach den Sexkriegen zusammen: »Jeder kämpfte für Freiheit, aber wenn es um Sex ging, bedeutete Freiheit verschiedene Dinge für verschiedene Leute.«

Ein wichtiges Argument der PorYes-Feministinnen lautete: Wer Gewalt an Frauen verbietet, verbiete auch masochistische Neigungen und unterstütze eine Norm, die Andersdenkende und -fühlende ausschließt. Feministinnen stritten also für das Recht der Frau, sich erniedrigen zu lassen, wenn sie sich erniedrigen lassen wollte – eine Haltung, die auch Sasha Grey vertritt.

Man könnte meinen, wir wären über diese Diskussion längst hinweg, denn statt Moral bestimmt heute eher Toleranz die gesellschaftliche Sicht auf Sexualität, und die Grenzen des sexuell Verträglichen haben sich in der westlichen Kultur seit geraumer Zeit weiter verschoben. Die Konsensmoral des 21. Jahrhunderts hat das, was bislang als pervers galt, für normal erklärt: Solange beide Partner einverstanden sind und keiner von beiden Leidensdruck verspürt, ist alles in Ordnung.

So hat man sexuelle Neigungen oder Praktiken wie beispielsweise Sadomaso – heute Bondage oder auch BDSM genannt –, die bis vor Kurzem noch als krankhaft verurteilt wurden, zu einer Spielart des normalen Sexualverhaltens erklärt, die stark an Popularität gewonnen hat. Allerdings gibt es einen Unterschied zwischen roher, unvermittelter sexueller Gewalt, wie sie auch in der Mainstream-Pornografie häufig zu sehen ist, und inszenierten, ritualisierten SM-Spielen, die auf Vertrauen und genauer Absprache zwischen den teilnehmenden Partnern beruhen, die zudem oft außerhalb der sexuellen Szene und des erotischen Spiels gleichberechtigt zusammenleben.

Selbstverständlich kann sich auch eine selbstbewusste, starke Frau selbstbestimmt und gern unterwerfen. Natürlich kann Sadomaso für alle einvernehmlich Beteiligten eine lustvolle Variante ihrer Sexualität sein. Aber in einer Pornowelt, die Frauen die längste Zeit in der Geschichte als Objekte für die männliche Befriedigung und nicht als Subjekte ihrer eigenen Lust gezeigt hat, ist es schwer zu differenzieren, ob es wirklich einen Paradigmenwechsel gegeben hat oder ob die Frau, die Gewalt einfordert, nicht lediglich am Stockholm-Syndrom leidet und sich nicht aus Lust und Selbstbestimmung, sondern aus einem Überlebenstrieb heraus mit dem männlichen Aggressor identifiziert.[58]

---

58 Ohne Frage balancieren wir auf einem schmalen Grat, wenn wir einem Menschen Würde zusprechen wollen, indem wir sein Recht auf freie Entscheidung einschränken. Aber wir sollten uns hüten, die Lust einer Frau an der Unterwerfung automatisch mit Feminismus gleichzusetzen. Denn ob jemand auf Unterwerfung, Dominanz, das eigene oder das andere Geschlecht, auf Oral- oder Vaginalverkehr steht, ist lediglich eine Frage der sexuellen Neigung, nicht mehr und nicht weniger.

Es wird nur im Einzelfall zu klären sein, ob weibliche Rufe nach Unterwerfung ein Zeichen von befreiter und selbstbestimmter Sexualität oder verinnerlichten patriarchalischen Ideologien und Rollenklischees sind. Es bleibt fraglich, ob sexuelle Gewaltfantasien Ausdruck einer gesellschaftlichen Fehlkonditionierung sind, die Frauen seit Ewigkeiten auf eine passive und masochistische Rolle festlegen, oder im Gegenteil ein postfeministisches Bedürfnis nach Hingabe und Loslassen, um dem verantwortungsvollen Alltag zumindest für ein paar Stunden zu entgehen.

Denn obwohl Bondage & Co-Verkehr seit »Shades of Grey« gerade »in« ist, können wir getrost davon ausgehen, dass der Anstieg des Verkaufs von Fesseln und Peitschen nur ein vorübergehendes Modephänomen ist und dass die meisten nach einem kurzen Ausflug in eine mit rosa Plüsch überzogene Pseudo-Sadomaso-Welt, wieder in ihre sexuelle Heimat des Blümchensex zurückkehren werden. Kerzenwachs und Peitschenhiebe auf nackter Haut, Brustwarzen- und Klitorisklemmen, überdimensionierte Vaginal- oder Analplugs sind nämlich nur etwas für Hartgesottene – jene Menschen, die nicht nur auf ein bisschen Dominanz und Hingabe, sondern auch auf körperlichen Schmerz stehen. Und deren sexuelles Skript durchzogen ist von Schmerz- und Erniedrigungsfantasien.

Auch wenn nur ein geringer Prozentsatz der Männer und Frauen seine sadomasochistischen Wünsche tatsächlich auslebt, hat doch mehr als die Hälfte aller Frauen laut Studien erotische Unterwerfungsfantasien. Wohlgemerkt: Fantasien. Denn die berühmt-berüchtigte weibliche Vergewaltigungsfantasie, die Frauen immer wieder äußern, muss im Kontext eines Kontrollbedürfnisses verstanden werden: Diese auf den ersten Blick devote Fantasie ist bei näherem Hinsehen eine sehr kontrollierte Hingebungsszene, denn die Frau entscheidet in ihren Gedanken ja sehr genau, wer sie wann wie nimmt, sie ist im Gegensatz zu einer realen Vergewaltigung sicher, kann die Fantasie in jede Richtung lenken oder gar beenden. Der vermeintliche Täter wird zum Wohltäter, denn er macht genau das, was die Frau sich wünscht, er ist ihr eigenes Gedankengeschöpf, das sie gleichermaßen entstehen lassen und zerstören kann, und der sexuelle Akt unterliegt zu 100 Prozent ihren Wünschen und Träumen. Frauen genießen die Fantasie, »genommen« zu werden, nur, wenn sie den Mann ebenfalls begehren und sie absolute Kontrolle über die Situation haben, während eine reale Vergewaltigung keine Lust, sondern traumatische Angst und Ohnmacht auslöst.[59]

So absurd und politisch unkorrekt sexuelle Fantasien mitunter erscheinen mögen, sie sagen eine ganze Menge über uns aus – sowohl über unsere Urkonflikte als auch über unsere Lösungsversuche. Nehmen wir zum Beispiel zwei meiner Klientinnen: Die 33-jährige Julia, die sich in der Kindheit von ihren Eltern vernachlässigt fühlte und in starker Konkurrenz zu ihren Geschwistern stand, erregt sich an der Vorstellung, in einem Verlies eingesperrt und nur zu besonderen Anlässen befreit, schön gekleidet und frisiert zu werden und schließlich auf einem Sklavenmarkt, nachdem sie von allen bewundert wurde, zum

59 Diese wichtige Voraussetzung, jederzeit die Kontrolle zu haben, erklärt auch, warum Frauen Vergewaltigungsszenen in Pornos nur dann als erregend empfinden, wenn das weibliche Opfer die Tat sichtlich genießt und zum Höhepunkt kommt, während Szenen, in denen die Frauen leiden, weil sie zu sexuellen Handlungen gezwungen werden, abstoßend auf die Zuschauerinnen wirken.

Höchstpreis verkauft zu werden. Anschließend wird sie auf ein Fest entführt, wo alle Anwesenden mit ihr schlafen möchten. In dieser Fantasie deutet Julia die alte Erfahrung, zwischen ihren Geschwistern unterzugehen, um in eine narzisstisch befriedigende Szene, auserwählt und von allen begehrt zu werden. Als Julia mir das erste Mal von ihren Fantasien erzählte, schämte sie sich. »Das ist irgendwie total peinlich. Das ist wie eine andere Seite von mir, wie ein Abgrund, den ich nicht verstehe.« Je mehr sie den Hintergrund ihres erotischen Kopfkinos aber durchschaut, desto mehr kann sie sich damit versöhnen und die kreative Leistung ihres Unbewussten sogar wertschätzen.

Die 25-jährige Anna träumt beim Sex mit ihrem langjährigen Freund davon, dass andere Männer hinzukommen und sie gemeinsam Sex haben. »Das würde ich in echt nie wollen! Aber es törnt mich an, mehr noch, ich brauche diese Fantasie richtig, wenn ich mich auf Sex mit meinem Freund einlassen will. Komisch, oder?« In Anbetracht von Annas Erfahrungen mit einer übergriffigen Mutter, die ihre Grenzen nicht achtete und zu viel Nähe einforderte, ergibt Annas erotische Fantasie durchaus Sinn, denn sie hilft ihr, den Zustand der Verschmelzung, der körperlich beim Geschlechtsverkehr geschieht, gedanklich aufzubrechen, indem sie Fremde hinzuzieht, die die Symbiose stören und somit erst möglich machen.

Egal ob Rivalität, erdrückende oder mangelnde Nähe, Einsamkeit, Verlustängste oder aufgestaute Aggressionen in der Fantasie verarbeitet werden, unsere erotischen Gedankenspiele können wie eine Selbstmedikation wirken, oder wie die Sexualtherapeutin Esther Perel zusammenfasst: »Eine gute Fantasie zeigt das Problem und bietet die Lösung an.« Und so findet sich in der fantastischen Reinszenierung von Konflikten, Ängsten oder alten Verletzungen oft das Herzstück der eigenen Erotik – mit der Möglichkeit, für einen Moment Heilung zu erfahren: endlich gesehen zu werden, endlich mächtig zu sein, endlich frei zu sein von quälenden Gefühlen.

Obwohl Fantasien eine sehr individuelle Angelegenheit sind, sind sie gleichzeitig auch von der jeweiligen (auch geschlechtsspezifischen) Sozialisierung beeinflusst, knüpfen also oft an kollektive, kulturell vorgeprägte Bilder an, und so kommt es, dass verpönte männliche Pornofantasien und verborgene weibliche Fantasien oft gar nicht so weit voneinander entfernt liegen: Der dominante Mann besorgt es der devoten, geilen Frau.

Wir werden nie herausfinden, ob sexuelle Unterwerfungsfantasien schon von Natur aus zur erotischen DNA der Frau gehören oder ob sie in das weibliche Geschlecht hineinsozialisiert werden; ob sie eine jeweils individuelle Neigung oder lediglich ein prickelndes Gegengewicht zur gleichberechtigten Realität darstellen. Aber wir können uns damit auseinandersetzen, ob Pornografie weiterhin der Unterdrückung der Frau dienen oder eher zu ihrer Freiheit und Selbstbestimmung beitragen könnte. Wir könnten Frauen, die endlich Wissen und Macht über ihre eigene Lust und Sexualität haben, an Sexdrehbüchern mitschreiben lassen. Wir könnten uns gewissenhaft fragen: Ist es möglich, sinnvoll und vielleicht sogar nötig, eine frauen- oder besser menschenfreundliche Pornografie zu erschaffen?

Doch bevor man sich dem Inhalt der Bilder zuwendet, müsste man in einer ernst zu nehmenden Debatte um Pornografie zunächst einmal eine verbindlich geltende Produktionsethik etablieren, denn immer wieder berichten Pornodarstellerinnen davon, dass sie am Set dazu überredet werden, Szenen zu drehen, mit denen sie eigentlich nicht einverstanden sind.

Um die bisher dominante männliche Erzählweise zu erweitern, bräuchte es neben dem männlichen auch den weiblichen Blick auf das Geschehen, also das maßgebliche Mitwirken von Frauen bei der Filmproduktion, hinter der Kamera und in der Regie. Anstelle einer sexistischen und rassistischen Bildersprache könnten neue Bilder in Umlauf gebracht werden: idealerweise sex-positive Darstellungen weiblicher Lust und menschlicher Sexualität, die einvernehmlich, respektvoll und lustfördernd sind. Statt Leistungsdruck und allmächtiger Phallusrepräsentationen wäre der Fokus auf die Freude des gemeinsamen Aktes gerichtet – die Agierenden würden in Beziehung zueinander gezeigt und nicht als reine Triebkörper.

Aus einer Porno-Monokultur könnte eine Mischkultur werden, die sowohl Männer als auch Frauen aus ihren klischeehaften Rollen und somit den Sex an sich befreien würden. Auf diese Weise könnte auch in der Märchenwelt der Pornografie ein Kaleidoskop männlicher und weiblicher Fantasien entstehen, das die Konsumenten*innen nicht nur einseitig männlich prägt. Sehr wahrscheinlich ginge es immer noch um Macht und Ohnmacht, um Nähe und Distanz, um Autonomie und Verschmelzung, aber idealerweise auch um darum, dass beide Geschlechter spielerisch zwischen Subjekt- und Objektpositionen hin- und herwandeln könnten.

Wenn wir nun aber die traditionelle Pornografie als Parallelwelt zur fortschreitenden Gleichberechtigung verstehen, die dem männlichen Konsumenten hilft, seine Ohnmacht und seine Angst vor der übermächtigen Frau zu bannen, und die es der weiblichen Konsumentin ermöglicht, sich in eine passive Rolle hineinzufantasieren, dann bleibt die Frage, ob eine politisch korrekte Pornografie überhaupt noch erregend wäre und welche Auswirkungen sie auf die reale Welt hätte: Würden wir über diese neue gleichberechtigtere Porno-Sozialisierung eher zu neuen Rollen finden? Würden Männer sich ihres Leistungsdrucks und Frauen sich ihres dienenden und befriedigenden Objektstatus entledigen? Würden die neuen Bilder in unsere Art zu begehren einfließen und uns verändern? Oder – der ketzerische Gedanke sei an dieser Stelle erlaubt – brauchen wir die traditionelle Pornografie nicht vielleicht unbedingt als Übergangsobjekt, als Erholungszone des Gutmenschen?

Die Antworten werden sich erst finden, wenn menschenfreundlichere Pornoproduktionen dem Massenmarkt zugänglich gemacht werden. Ob es feministischer Pornografie gelingt, die alte, klischeehafte Bildsprache zu revolutionieren und dabei gleichzeitig ein Massenpublikum anzusprechen, wird sich zeigen. Das Einzige, wovon man wohl sicher ausgehen kann, ist, dass die Auswirkungen von Pornografie auch in der Zukunft sowohl unter- als auch überschätzt werden.

Das älteste Gewerbe der Welt – Die »andere« Frau

»Prostitution reduziert die Frau zur ›Fotze‹, sie ist eine Form der Sklaverei, ein Exempel für die soziale Situation der Frau, wie sie im Grunde besteht.«

Sheila Jeffreys 2014

Am Ende kommt der Prinz und hält um ihre Hand an: Pretty Women und Irma La Douce gelingt der Sprung aus der Prostitution in ein bürgerliches Leben ohne Probleme. Die Hure mit Herz ist die Idealversion der Prostituierten und eine Geschichte, die gern erzählt wird, glättet und verschönert sie doch die biografischen Brüche der Betroffenen, ihre Lebenssituation und ihre Zukunftschancen.

Die Realität sieht deutlich anders aus, denn Frauen, die als Prostituierte arbeiten, werden seit jeher stigmatisiert, diskriminiert und oft genug kriminalisiert. Prostitution lebt seit Jahrtausenden mit ihren Widersprüchen: Sie wurde verboten und gefördert, sie fand auf der Straße und im Geheimen statt, sie wurde geächtet und genossen und hat bis heute viele Fürsprecher und einige Gegner, viele Nutznießer und viele Opfer.

»Prostitution gab es doch schon immer.«

»Es würde mehr Vergewaltigungen geben, wenn es keine Huren mehr geben würde.«

»Prostituierte machen aus ihrem Hobby einen Beruf, und viele verdienen sich sogar ihr Studium damit. Und das auch noch leichter als bei Aldi an der Kasse.«

Diese oder ähnliche Behauptungen fallen in wohl jeder Diskussion über Prostitution. Jede einzelne von ihnen bagatellisiert und normalisiert die Tatsache, dass wir in einer Gesellschaft leben, in der Männer Frauen kaufen können und in der Sexualität bis zur Unkenntlichkeit verdinglicht werden kann. Das ist die Realität des Kapitalismus, mag man einwenden. Männer und Frauen verkaufen ihre körperliche oder geistige Kraft, sie arbeiten in Fabriken, auf Feldern, in Minen – und manche von ihnen verkaufen eben ihren Körper für Sex. Ist es prüde oder reaktionär, den Handel mit Sexualität zu hinterfragen, wo doch allen klar ist, dass »sex sells«? Wo doch jeder frei wählen kann, was er mit seinem Körper anstellt und was nicht? Wo es doch ein Job wie jeder andere ist?

Auch wenn es gern anders dargestellt wird: Das sogenannte »älteste Gewerbe der Welt« war nie weder eine naturgegebene soziale Institution noch basierte es je auf einer geschäftlichen Beziehung zwischen gleichberechtigten Vertragspartnern. Tatsächlich begann die Geschichte der Prostitution vor etwa 3000 Jahren in patriarchalen Gesellschaften, und es waren meist Sklavinnen, die ihren Körper verkaufen mussten. Selbst wenn es vereinzelt angesehene Hetären oder Kurtisanen gab – Prostituierte waren immer »die anderen« Frauen, die jenseits von Recht, Moral und Ansehen standen, im Gegensatz zu den guten, anständigen Frauen, den braven Ehefrauen und Müttern, die kein ausgeprägtes Interesse an Sexualität haben sollten, außer zum Zweck der Fortpflanzung.

»Als pervers und liederlich gelten die Mädchen, die von ihrem Körper leben, nicht aber die Männer, die sich ihrer bedienen«, schrieb Simone de Beauvoir Mitte der 1950er-Jahre in »Das andere Geschlecht«. Während also die Frauen, die ihren Körper verkauften, geächtet wurden, interessierte sich niemand für ihre männlichen Kunden, denn es gab einen entscheidenden Unterschied zwischen der »verdorbenen« Person, die sich prostituierte, und der »unschuldigen« Person, die Prostitution in Anspruch nahm: das Geschlecht.

Wie kam es zu dieser Ungerechtigkeit? Und wieso existiert sie nach wie vor? Die Abwertung der Prostituierten hing damit zusammen, dass Prostitution lange Zeit vor dem Gesetz als eine »sitten- und sozialwidrige« Tätigkeit eingestuft wurde. Dies führte dazu, dass Prostituierte quasi rechtlos waren: Weigerte sich beispielsweise ein Freier, die Prostituierte nach empfangener sexueller Dienstleistung zu bezahlen, machte er sich nicht des Betrugs strafbar, weil der Prostituierten kein Vermögensschaden entstanden war. Im umgekehrten Fall – verweigerte also eine Prostituierte die sexuelle Dienstleistung, nachdem der Freier sie bezahlt hatte – lag rechtlich ein Betrug vor. Ein Freier konnte also um seine sexuelle Dienstleistung betrogen werden, eine Prostituierte jedoch nicht um ihren Lohn. Diese ungerechte Gesetzgebung untermauerte die bürgerliche Doppelmoral, die den Freier schützte und die Prostituierte kriminalisierte.

Die Gesetzgebung und deren Auslegung basierte lange Zeit ausschließlich auf männlichem Ermessen – Männer hatten die Macht zu entscheiden, was richtig und falsch, moralisch und unmoralisch war, und konnten sich gleichzeitig die Freiheit herausnehmen, selbst geschaffene gesellschaftliche Normen zu unterwandern. So war beispielsweise die »Dirnensteuer«, an der der Staat und die Oberschicht verdienten, schon im alten Rom eingeführt worden – Huren wurden benutzt und gleichzeitig geächtet, und wer konnte, profitierte von ihnen. Und in Deutschland galt Prostitution noch bis ins Jahr 2002 als sittenwidrig, was bedeutete, dass Prostituierte sich weder kranken- noch sozialversichern konnten, während sie ihren »Schandlohn« trotzdem versteuern mussten.

Doch wie ist es heute? Hat die Aufhebung der Sittenwidrigkeit der Prostitution dazu geführt, aus »leichten Mädchen« und »gefallenen Frauen« angesehene Mitglieder der Gesellschaft zu machen? Werden Prostituierte heute mit Respekt und Hochachtung behandelt, angemessen bezahlt und haben keine Stigmatisierung mehr zu fürchten?

Leider nicht. Bei allen Versuchen, die Rechte von Prostituierten zu stärken und sie aus der illegalen, schmuddeligen Halbwelt herauszuholen – nirgendwo zeigt sich die diskriminierende Geschlechterhierarchie unerbittlicher als in der Prostitution. Die Prostitution führt den traurigen Beweis für eine eklatante Doppelmoral, die Männern immer noch mehr Rechte und Freiheiten zugesteht als Frauen.

Und doch hat sich einiges geändert. Weibliche Lust ist heute kein Tabuthema mehr, Sexualität wird sehr viel freier und vor allem in der Paarbeziehung gelebt, und auch Singles haben vielfach die Möglichkeit zu Gelegenheitssex ohne anschließende Verpflichtungen. Es stellt sich die Frage, wofür man bezahlten Sex überhaupt noch braucht. Erübrigt sich die Prostitution nicht ohnehin mit wachsender Gleichberechtigung?

Bei etwa 1,2 Millionen Männern, die allein in Deutschland täglich Prostituierte aufsuchen, wird deutlich, dass die Nachfrage ungebrochen ist. Aktuelle Schätzungen gehen davon aus, dass jeder vierte deutsche Mann einmal in seinem Leben bei einer Prostituierten war und jeder fünfte regelmäßig zu Prostituierten geht. [60]

---

60 Der typische Freier ist 30 bis 40 Jahre alt, in fester Beziehung oder verheiratet.

Wieso gibt es nach wie vor ein derart starkes Bedürfnis nach kommerziellem Sex? Welchen Einfluss hat die fortschreitende Sexualisierung der Kultur im Allgemeinen und das Phänomen Prostitution im Besonderen auf die gängige Vorstellung von Männlichkeit und Weiblichkeit? Und was spielt sich in der Prostitution zwischen Männern und Frauen wirklich ab?

Je genauer wir hinschauen, desto deutlicher wird, dass es sich bei der Prostitution weniger um männliches Begehren oder geschlechtsunabhängige sexuelle Freiheit handelt als vielmehr um eine der letzten Bastionen des Patriarchats, in dem der Mann über die Sexualität der Frau bestimmt, egal um welchen und zu welchem Preis.

Die dreckige Hure – Das notwendige Übel

In Stuttgart war im Sommer 2016 die Hölle los. Eltern und Grundschullehrer beschwerten sich mit anderen pikierten Bürgern beim Oberbürgermeister über Plakate, die die Stadtverwaltung in ganz Stuttgart hatte aufhängen lassen. Auf ihnen standen folgende Sätze: »Die Würde des Menschen ist auch beim Ficken unantastbar«, »Willst du der Mann ihrer Albträume sein?«, »Kondome benutzt man, Frauen nicht« oder »Nutten sind Menschen«. Die bundesweit einzigartige Aktion fand im Rahmen einer Kampagne gegen Zwangs- und Armutsprostitution statt und sollte eine Wertediskussion über das Frauenbild in der Gesellschaft anstoßen. Tatsächlich jedoch sorgten sich die Bürger wegen des provokanten Vokabulars, das ihnen und ihren Kindern auf offener Straße zugemutet wurde. Auch Politiker meldeten sich zu Wort und kritisierten eine Verrohung der Sprache. Das eigentliche Thema – die Verrohung der Moral, sichtbar daran, dass Zwangs- und Armutsprostitution auch in Deutschland gang und gäbe sind – war kein Thema mehr.

An dieser kleinen Anekdote kann man den Umgang mit Prostitution ablesen, der noch immer gilt, nämlich den Unwillen der anständigen Bürger, mit dem Thema konfrontiert zu werden. Aus diesem Grund wurde im Lauf der Geschichte immer wieder gefordert, Prostituierte, die »unschuldige Männer« verführen, »solide Frauen« vom rechten Weg abbringen und Kinder verderben könnten, aus der sichtbaren Öffentlichkeit zu verbannen. Nun ist es verständlich, dass Anwohnern nicht wohl dabei ist, wenn der Straßenstrich vor ihrer Haustür verläuft, wenn eine Model-Wohnung oder ein Bordell direkt nebenan liegt, wenn also das Geschäft mit käuflicher Sexualität unmittelbar vor den eigenen Augen stattfindet. Aber anstatt die Strukturen, die zu Prostitution führen, oder die Kunden, die Prostitution in Anspruch nehmen, zu kritisieren, lautet die häufigste Forderung, das sichtbare Übel, also die Prostituierte, aus der Öffentlichkeit zu entfernen.

Aber wo soll sie hin? Soll sie nur von der Bildfläche verschwinden oder ganz abgeschafft werden? Und wie sähe eine Welt ohne Prostituierte aus?

»Ohne Prostituierte würde es mehr Vergewaltigungen geben«, diese Überzeugung ist weit verbreitet und wird seit nunmehr Jahrhunderten kritiklos und unhinterfragt weitergetragen, obwohl sie sexistisch ist, weil sie jeden vierten Mann zum »Triebtäter« abstempelt. Sie stammt aus Zeiten, in denen Sexualität eingeschränkt und unterdrückt wurde und in denen man glaubte, Männer seien ihren Trieben ausgeliefert und Frauen hätten keine Libido – bis auf die Huren, die anders seien als normale, anständige Frauen. »Entferne den Abfluss, und du wirst den Palast mit Gestank erfüllen … entferne die Huren aus der Welt, und du wirst sie mit Unzucht erfüllen«, so lautete ein Sprichwort im Mittelalter. Prostituierte waren so gesehen das Bollwerk der Zivilisation – oder die bezahlten Vergewaltigungsopfer von Männern, die ihre Triebe nicht im Griff hatten.

Man war sich früh einig, Prostituierte und »Freudenhäuser so dringend wie Klohäuschen« zu brauchen, denn nur, wenn man die totale sexuelle Ausbeutung dieser ohnehin verdorbenen Frauen gestattete, würde die Sicherheit der übrigen gewährt. Also »opferte man einen Teil der Frauen, um den andern zu erhalten und eine Sittenverderbnis noch scheußlicherer Art zu verhindern«, wie der bekannte Mediziner und Sozialtheoretiker Bernard Mandelville Anfang des 18. Jahrhunderts erklärte. Mitte des 18. Jahrhunderts stimmten auch Geistliche und Richter der allgemeinen Auffassung zu, dass Prostitution unvermeidlich und sogar nützlich sei, denn sie könne Selbstbefleckung, Homosexualität, Verführung, Ehebruch, Vergewaltigung und sogar Mord verhindern.

Und doch begegnete man dem Gewerbe schon immer mit Verachtung. Je strikter die Sexualmoral, desto kompromissloser wird die Prostitution verdammt – und desto unentbehrlicher wird sie gleichzeitig. Lange Zeit wurde die Prostitution als sogenannte »Ventilsitte« für Männer geduldet, die ihnen die Gelegenheit verschaffte, »der Stimme der Natur zu folgen«. Frauen, die genauso wie Männer unter den hohen Moralanforderungen und den damit einhergehenden sexuellen Repressionen litten, blieb oft nur die Wahl zwischen asexuellem Gehorsam und hysterischen Erkrankungen. Diejenigen, die sich nicht an die

Regeln hielten und unehelichen Geschlechtsverkehr hatten, wurden als »gefallene Mädchen« stigmatisiert, von der Gesellschaft ausgeschlossen und landeten nicht selten aus Mangel an Alternativen und ökonomischer Not in der Prostitution.

Um die Hure grundsätzlich und deutlich von der »normalen« Frau abzugrenzen, wurden Frauen, die sich prostituierten, diffamiert: Sie galten als schmutzig, amoralisch, deviant, krank, nymphoman, geldgierig, verlogen und kriminell. Prostituierte waren in den Augen vieler nicht mehr als Unrat und Abfall. Noch im 19. Jahrhundert nannten einige Ärzte sie »Samenkloake«, andere setzten sie gar mit »Leichenfleisch« gleich.

Als sich in Europa im 19. Jahrhundert die Prostitution aufgrund der niedrigen Frauenlöhne und der generellen Armut weiter ausbreitete, wurden immer wieder neue Gesetze erlassen, die Frauen in ihrer Freiheit einschränkten und die dem Staat erlaubten, jede Frau festzunehmen, die der Prostitution verdächtigt wurde. Die Betroffenen wurden in Anstalten interniert, wo sie gezwungen wurden, sich einer gynäkologischen Untersuchung zu unterziehen – vorgeblich, um die Ausbreitung von Syphilis, Tripper und anderen Geschlechtskrankheiten zu verhindern. Ohne Gerichtsverfahren wurden die Frauen zum Teil monatelang eingesperrt und gegen ihren Willen medizinisch behandelt.

Auch in Deutschland fanden bis ins 20. Jahrhundert wöchentliche Zwangsuntersuchungen von Prostituierten statt. »Mädchen, die sich nicht fügen, werden festgeschnallt«, so beschreibt ein Arzt die Zustände um die Jahrhundertwende in Berlin. »Ob diese Mädchen mit dem Glüheisen gebrannt, mit Messern geschnitten, mit Ätzmitteln bestreut, mit Quecksilber geschmiert werden sollen, entscheidet der leitende Arzt des Krankenhauses. Ob sie betäubt werden sollen, ob sie die Schmerzen mit Bewußtsein zu ertragen haben, entscheiden nicht die Kranken, sondern die Ärzte. Als Richter entscheidet der Verwaltungsinspektor, ob ein Mädchen in dunkeln Arrest zu legen ist, ob es mit Nahrungsentziehung bestraft werden soll, ob Hungerkuren zur Bändigung des Mädchens eingeführt werden sollen. Am Ende der Leidenszeit wird das Mädchen mit einer Rechnung beglückt, Tag für Tag 2,50 Mark. (...) Das alles – zur Sicherung der Gesundheit, der öffentlichen Ordnung und des öffentlichen Anstandes.«

Hysterie, Nymphomanie oder Prostitution – die Frau wurde immer wieder schmerzhaft daran erinnert, dass sie, ihr Körper und ihre Sexualität Eigentum des Mannes waren und unter seiner Herrschaft standen. Denn nicht nur die sittenwidrigen Prostituierten, sondern alle Frauen wurden kontrolliert und in ihrem Sexualverhalten strikt reglementiert mithilfe des sogenannten »Unzuchtsverdachts«, der jederzeit ausgesprochen werden konnte, wenn eine Frau nachts allein unterwegs war oder sich anderweitig »undamenhaft« verhielt.

Im Dritten Reich liefen Frauen, die sich ohne männliche Begleiter in Gaststätten aufhielten, Gefahr, von der nationalsozialistischen Sittenpolizei inhaftiert und in Konzentrationslager deportiert zu werden – viele von ihnen wurden entmündigt und zwangssterilisiert. So »asozial«, »gefühlskalt«, »schwachsinnig«, »geistig und moralisch minderwertig« die Prostituierte nach nationalsozialistischem Gedankengut auch sein mochte – man brauchte sie, da man ohne sie einen Anstieg der Homosexualität befürchtete. Also wurde Prostitution im Dritten Reich generalstabsmäßig organisiert: Staatliche Bordelle wurden errichtet, die polizeilich und ärztlich überwacht wurden. Nach Kriegsausbruch betrieb die Wehrmacht in besetzten Gebieten Hunderte von Bordellen mit Zwangsprostituierten – mit der Vorgabe, dass Soldaten Kondome benutzen und ihre Genitalien nach dem Verkehr in eigens dafür vorgesehenen Räumlichkeiten desinfizieren mussten. Zwangsprostituierte in KZ-Bordellen waren einer permanenten organisierten Vergewaltigung von SS-Wachmannschaften ausgesetzt.

Nach Ende des Zweiten Weltkriegs herrschten Armut und Hunger. Um zu überleben, gingen viele auf sich allein gestellte Frauen prostitutionsartige sexuelle Beziehungen mit den Besatzern ein und wurden als »Amizonen«, »Soldatenflittchen« oder »Veronika-Dankeschön« beschimpft. Man unterscheidet rückblickend in der Nachkriegszeit zwischen Überlebensprostitution und Besatzungsprostitution, was durchaus zynisch anmutet, denn auch die Frauen, die Besatzungssoldaten den Haushalt führten und ihnen darüber hinaus sexuell zur Verfügung standen, taten dies aus ökonomischer Not. Schätzungen zufolge sollen im Jahr 1949 zwischen 100 000 und 150 000 Frauen als Prostituierte gearbeitet haben. Häufig rutschten Frauen, die zuvor »Amiliebchen« gewesen waren, später in die gewerbliche Prostitution ab.

Obwohl die SS bereits in den letzten Kriegsjahren das »Absinken« der weiblichen Sexualmoral beklagt hatte und sich die Obrigkeit auch nach 1945 einig war, dass man etwas dagegen unternehmen musste, sei es doch »eine Nachkriegsaufgabe von ungeheurer, ja lebensentscheidender Wichtigkeit«, schien man der »Verwahrlosung« der weiblichen Jugend nicht Herr zu werden. »Streunende Mädchen« und Prostituierte wurden mit dem amtlichen Kürzel »hwG« für »Frauenperson mit häufig wechselnden Geschlechtspartnern« versehen. Die »hwG-Mädchen« waren laut Ärzten »anlagebedingte Asoziale«,[61] die wie auch schon zu früheren Zeiten allein für den immensen Anstieg von Geschlechtskrankheiten nach Kriegsende verantwortlich gemacht wurden.

Wie zuvor wurde wieder die Frau hysterisiert, kriminalisiert und kontrolliert. Sie galt als Krankheitsherd und sie war schuldig, weil sie den Mann verführte, seinem »natürlichen« Sexualtrieb nachzugeben. Und so richteten sich alle Kontrollen und Maßnahmen zur Durchsetzung von Sitte und Anstand nur auf die Prostituierten. Immer wieder wurden »Herumtreiberinnen« von der Militär- und der Sittenpolizei abgeführt und für Zwangsuntersuchungen in sogenannte »Geschlechtskrankenhäuser« eingeliefert.

Die Schuldzuschreibung »Prostituierte verbreiten Geschlechtskrankheiten« diente nicht zuletzt als Regulativ für alle Frauen: Die Gefahren von Geschlechtskrankheiten wurden (wie später auch die Gefahr einer HIV-Ansteckung) überzeichnet, um gesellschaftliche Vorstellungen von anständiger Sexualität durchzusetzen. Selbst als die Polizeikontrollen Mitte der 1950er-Jahre endlich abgeschafft wurden und Prostituierte fortan straffrei blieben, hielt man an der Untersuchungspflicht fest, die bei Verweigerung auch zwangsweise durchgeführt werden konnte. Bis heute besteht für angemeldete Prostituierte eine Untersuchungspflicht. Bis ins Jahr 2002 waren sie gezwungen,

61 Befund der Spezialisten auf der ersten Sexualwissenschaftlichen Arbeitstagung in Frankfurt am Main im April 1950.

Gesundheitszeugnisse – den sogenannten Bockschein – immer bei sich zu führen, um ihre »Reinheit« jederzeit beweisen zu können. Das aktuelle und umstrittene Prostitutionsschutzgesetz von 2017 verpflichtet Prostituierte erneut, einen »Hurenschein« stets bei sich zu tragen.

Die jahrhundertelange Schmutzkampagne gegen Prostitutierte färbte zu keiner Zeit auf die Freier ab: Denn während der Mann das horizontale Gewerbe als Kunde betritt und anschließend wieder in sein bürgerlich-anständiges Leben zurückkehrt, bleibt die Frau, die sich prostituiert, in den Augen der Gesellschaft für immer beschmutzt, egal, ob sie sich Hure, Prostituierte oder Sexarbeiterin nennt. Der Blick auf Prostitution ist so geprägt von patriarchalen Denkweisen, dass die Doppelmoral oft einfach hingenommen und unbewusst reproduziert wird. Noch immer verachtet man die Hure und normalisiert den Freier, man will Prostitution nicht sehen, sie aber nutzen.

»Wir haben Hetären für unser Vergnügen, Konkubinen für unsere tägliche Befriedigung und eine Gemahlin, die uns Kinder zur Welt bringt und in ergebener Treue das Haus hütet«, so erklärte es der griechische Staatsmann Demosthenes im 4. Jahrhundert. In Anbetracht der Tatsache, dass nicht nur Singles, sondern größtenteils verheiratete Familienväter Prostituierte aufsuchen, kann man sich fragen, ob sich in den letzten 3000 Jahren überhaupt etwas verändert hat. Die Prostitution ist nach wie vor von geschlechtsspezifischer Ungerechtigkeit geprägt, die Hure dient wie eh und je als notwendiges Übel – und jeder Forderung, sie abzuschaffen, steht ein müdes bis entschiedenes »Das wird nie passieren« gegenüber.

Vielleicht ist es mit der Prostitution ähnlich wie mit der Pornografie – in Anbetracht der wachsenden Gleichberechtigung findet im Kontakt mit einer Prostituierten das statt, was im Bett mit der Partnerin immer seltener möglich ist: Die Hure muss das machen, was der Mann will.

Geiz ist geil oder Straßenstrich und Flatrate-Bumsen – Die billige Frau

»Links sind die Geschäfte, rechts ist das Elend«, sagt der Taxifahrer, der mir auf der Fahrt durch Berlins Zentrum die vorbeiziehenden Sehenswürdigkeiten zeigt.

»Was für ein Elend?«, frage ich nach.

»Der Straßenstrich, haben Sie noch nie was davon gehört? Grauenhaft. Junge, osteuropäische Mädchen, die für 'n Appel und 'n Ei alles mit sich machen lassen müssen. Da kann ich mich richtig aufregen, dass jemand das ausnutzt. Da sind auch oft Drogen im Spiel. Furchtbare Sache. Da stehen die Ärmsten der Armen, auch Zwangsprostituierte. Und die Politik? Macht gar nichts. Die legalisiert das sogar. Weil die feinen Herren und Damen sich gar nicht vorstellen können, was hier los ist.«

Der Berliner Straßenstrich um die Kurfürstenstraße ist ein Politikum, denn Anwohner fordern eine Sperrzone für Prostitution, damit ihr Alltag vom Sexgewerbe unbehelligt bleibt, während die Stadt argumentiert, dass eine Auslagerung der Prostitution in Randzonen Kontrollen schwieriger machen und die Arbeit so für die Prostituierten noch gefährlicher werden könnte.

In vielen deutschen Großstädten gibt es diese öffentliche Form der Prostitution, die mal geduldet, mal sanktioniert wird. Auf der Straße stehen Gelegenheitsprostituierte, aber auch Zwangsprostituierte und Drogenabhängige, die sexuelle Dienste für sehr wenig Geld verrichten – beginnend bei 10 Euro für Oralverkehr, 20 Euro für vaginalen Geschlechtsverkehr und 40 Euro für Analverkehr. Die Straßenmädchen oder Bordsteinschwalben, wie sie früher genannt wurden, haben unter Prostituierten den niedrigsten sozialen Status – sie arbeiten unter höchsten Gewalt- und Gesundheitsrisiken, da die Freier ihre Not oft bewusst ausnutzen, indem sie sexuelle Kontakte ohne Präservativ einfordern, die ohnehin niedrigen Preise nach unten verhandeln, den Prostituierten Gewalt antun oder sie um ihren Lohn prellen.[62]

Aber nicht nur in der Straßenprostitution wird die Geringschätzung gegenüber der sich prostituierenden Frau durch ein geringes Honorar zum Ausdruck gebracht – Ausbeutung ist Teil des Sexgeschäfts, denn auch in Bordellen, Laufhäusern oder Saunaclubs gilt mittlerweile: Geiz ist geil. Sex wird oftmals zu Discounterpreisen angeboten, im Hamburger Bordell Geizhaus gibt es 30 Minuten Sex für 38,50 Euro, das Kölner Großbordell Pascha wirbt mit Angeboten wie »Express-Etage, Verkehr oder Oral für nur 30 Euro«, darüber hinaus gibt es Flatrate-Bordelle, in denen Freiern »unbegrenzte« sexuelle Dienstleistungen garantiert werden, nachdem sie einen Eintrittspreis zwischen 30 und 100 Euro bezahlt haben.[63] Die Leidtragenden des Preisdumpings sind die Frauen, die

62 Laut Studien erleben über 40 Prozent der Straßenprostituierten im Rahmen ihrer Tätigkeit Gewalt, ein Viertel von ihnen leidet unter sexuell übertragbaren Infektionen.

63 Außer bei der Callgirl- oder Eskortprostitution, wo die Prostituierten auf Stundenbasis bezahlt werden, werden die Leistungen und das Honorar vorab ausgehandelt. Oft wird im 30-Minuten-Takt abgerechnet, der Freier bezahlt beispielsweise für eine halbe Stunde mit Fellatio, vaginalem Geschlechtsverkehr mit Stellungswechsel 50 Euro. Weitere Praktiken müssen extra bezahlt werden.

ihren Körper und sexuelle Dienstleistungen verkaufen. Da sie ihre Zimmer meist vorab bezahlen müssen, sind sie oftmals gezwungen, auch Freier anzunehmen und Praktiken anzubieten, die ihnen zuwider sind, um keine Schulden zu machen.

Wie viel sind der Körper und die Leistung einer Hure wert, mag man sich fragen. Antwort findet man auf diversen Freierportalen im Internet, auf denen Freier sich zum Teil äußerst detailliert darüber austauschen, wie gut ihnen die Dienste bestimmter Prostituierter gefallen haben. Die Berichte reichen von sachlichen Beschreibungen (»Guter Fick, hohe Wiederholungsgefahr«) bis zu entwertenden Schilderungen, was ein Freier mit einer Prostituierten machen kann. Das, was Menschen hier über andere Menschen schreiben, ist schwer zu verdauen, das Maß der Verachtung oftmals unerträglich. Die Recherche auf den Freierportalen war wie ein Ausflug in eine abstoßende Unterwelt, in der Menschlichkeit und Mitgefühl Fremdworte sind. Die folgenden Zitate sind ein Teil der Realität, der den meisten – auch oder gerade denjenigen, die mit scheinbar besten Intentionen das Prostitutionsgeschäft verteidigen – verborgen bleibt.

»Kaum waren wir auf dem Bett gelandet, ging das Theater los«, schreibt der Freier »sample 30« am 22.10.2016 auf dem Onlineportal Huren-Test-Forum-Lusthaus. »ZK (Zungenküsse) mache sie nicht, Blasen ohne Kondom macht sie nicht usw. Das Einzige, was sie machte, war grobmotorisch meinen Schwanz zu wichsen. (...) Nebenbei beantwortete sie irgendwelche SMS an ihrem Handy. War mir aber ehrlich gesagt scheißegal, Hauptsache, sie hält die Schnauze und nörgelt nicht rum.«

Bereits in dieser kurzen Sequenz erkennt man die

Dynamik der gegenseitigen Entwertung und Frustration – die bezahlte Hure setzt Grenzen, die den Fantasien und realen Wünschen des Freiers entgegenstehen, sie verrichtet ihre Tätigkeit nicht leidenschaftlich, sondern demonstrativ lustlos, während der Freier versucht, Herr der Lage zu werden. »Dann wollte ich, dass sie mir den Schwanz lutscht (mit Gummi), das wollte sie dann auch nicht und fing wieder mit dem Gewichse an. Langsam wurde mir der Scheiß zu dumm (...) Einlochen in ihren Arsch ging natürlich angeblich nicht und ich merkte, wie sie mit der Hand meinen Schwanz in die Pussy umstöpseln wollte. Sie dachte wohl, ich merke das nicht. Und nicht mal so wollte sie sich gescheit ficken lassen und hatte immer noch die Abstandshand dazwischen. Diese habe ich dann freundlich, aber bestimmt zur Seite geschoben, sie missio gefickt und konnte so dann wenigstens noch nach ein paar Augenblicken das Gummi füllen.«

Die Illusion, dass die Prostituierte dem Freier alle Wünsche von den Augen abliest und sich so folgsam verhält, wie er es sich vorstellt, kann in der Realität schnell zerstört werden. Denn auch wenn der Freier sich zwar die Schönheit und Jugend einer Prostituierten kaufen kann, so wird keine reale Person seine Traumfrau- und Traumnummer-Fantasie vollständig erfüllen können.

Wie Frauen in der Prostitution entmenschlicht und zum reinen Lustobjekt erniedrigt werden, lässt sich in einer Bewertung des Freiers »Südschwede« vom 4.10.2010 über eine »Anfängerin« erkennen: »Ich übergab also Sarah die geforderten 80,– € und küsste sie noch im Stehen vor dem Bett mit Zunge. Aber irgendwie war die Kleine komisch! Sie lächelte mich zwar an, war aber ziemlich steif, ungelenk und distanziert. Ich streichelte sie, küsste sie, sie hielt aber nur still und war wie eine große Puppe! (...) Ich glaubte mich auf einem guten Weg und sagte ihr, dass ich sie nun vögeln wolle. Sie sah mich an, als verstehe sie kein Deutsch, also nahm ich mir das eingepackte Kondom, das auf dem Nachttisch lag, öffnete es und zog es über meinen Samenspender. Sarah hatte sich auf den Rücken fallen lassen und lag nun mit gespreizten Beinen und ›offner Wunde‹ vor mir. Alles klar, dachte ich, willst also in der Missionarsstellung gefickt werden.« Der Freier deutet das Verhalten der jungen (Zwangs?-)Prostituierten konsequent passend zu seinen Fantasien um, in denen er Macht und Kontrolle hat und »die Kleine« das will, was er will. Über die Rechtfertigung, für den Sex bezahlt zu haben, blendet er die Menschlichkeit seines Gegenübers aus, er allein ist bestimmendes Subjekt der prostitutiven Szene. So gelingt es ihm ohne Probleme, sein eigenes – von außen betrachtet unempathisches und rücksichtsloses – Verhalten gemäß seinem Selbstbild als guter Liebhaber zu integrieren: »Ich begann erst ganz, ganz langsam und vorsichtig zu stoßen, wobei ich meinen Penis fast, aber auch nur fast aus ihr herauszog, wurde dann schneller und schneller, um dann mit harten Stößen die Kleine zu bearbeiten. Diese lag mit geschlossenen Augen da und schien es ganz offensichtlich zu genießen, ja sie machte sogar mit, drückte rhythmisch dagegen und atmete schneller und wimmerte leise! (...) Ich spürte meinen Höhepunkt auf mich zurasen, forderte Sarah auf, sich auf den Rücken zu legen. Ich kniete mich neben ihr kleines Mädchengesicht und nach wenigen Handgriffen entleerte ich meinen gesamten Beutelinhalt in ihr Gesicht. Sarah lag sehr tapfer und ergeben mit zusammengekniffenen Augen da und hatte meine Samenspende demütig entgegengenommen.«

Der Freier erotisiert die Unterlegenheit und Unbeteiligtheit der Prostituierten – sie wird zur Puppe, ihr Geschlecht zur offenen Wunde und jegliche ihrer besorgniserregenden, Mitleid hervorrufenden Reaktionen (sie hält still, versteht kein Deutsch, sie wimmert, liegt mit zusammengekniffenen Augen da) wird passend zu den Bedürfnissen und dem Drehbuch des Freiers interpretiert, der sie großzügig in die Welt seiner Sexualität einführt. Bei einer Prostituierten will der Freier seine Fantasien möglichst konkret in die Tat umgesetzt sehen, wie die folgende Schilderung eines Freiers zeigt: »Sie war die ganze Zeit mit voller Hingabe bei ihrem Job, ließ sich von mir dirigieren, kam sofort allen Wünschen nach und war dabei sehr bescheiden und natürlich, schon fast ein wenig devot. So mag ich das! Ich hasse es, wenn die Mädchen bestimmen wollen, wo es langgeht und wie und was ich machen soll!«

Die auf den Freierportalen beschriebenen Praktiken folgen oft dem modernen Mainstreamporno-Skript: Zungenküsse, Oralverkehr, vaginal, anal, Gesichtsbesamung. Auch Prostituierte berichten immer wieder, dass Männer heute Dinge ausprobieren wollen, die sie im Internet gesehen haben, wie Gewalt und Vergewaltigung: »Was vor fünf Jahren extrem war, ist heute alltäglich. Sie wollen gefesselt und gewürgt werden, sie wollen dich fesseln, sie wollen Dreier. Ich kriege allmählich den Eindruck, dass es manche Männer anmacht, wenn die Frau es nicht will. Im Prinzip lässt man sich manchmal gegen Geld vergewaltigen.« Pornografische Normen fließen deutlich in prostitutive Sexualität mit ein, im 21. Jahrhundert gilt offensichtlich: Porno ist die Theorie – Prostitution die Praxis.

Der deutsche Sozialwissenschaftler Udo Gerheim, der

eine der wenigen Studien mit Freiern durchgeführt hat, vermutet, dass die meisten Männer, die Prostituierte aufsuchen, Gewalt und Zwang ablehnen.[64] Allerdings gäbe es durchaus auch Männer, die ihre Frauenverachtung mit Prostituierten ausleben: »Sie erotisieren oft das Elend, gehen bewusst auf den Drogenstrich, wo sie Frauen finden, die unter elenden Bedingungen arbeiten.«

Dem gegenüber steht, dass Kunden immer häufiger den Sex mit einer Prostituierten emotional »authentisch« aufladen und eng angelehnt an eine private Sexualität gestalten wollen. Der Mann, der sich »Girlfriend-Sex« wünscht, verlangt von der Prostituierten ein doppeltes Schauspiel: Sie soll nicht nur Lust vortäuschen, weil er ein so guter Liebhaber ist, sondern auch das vorgeben, was traditionell aus der Prostitution herausgehalten wurde – echte Gefühle. Was auf den ersten Blick nach einer Forderung klingt, die den prostitutiven Kontakt vermenschlicht, ist in Wirklichkeit eine doppelte Ausbeutung der Frau, die in der totalitären Unterwerfung des Subjekts unter die Ansprüche des Mannes gipfelt – der Mann fordert nicht

---

64 Es gibt viele Gründe, warum Männer Prostituierte aufsuchen: sexuelle Lust und Neugierde, Druck der Peergroup, persönliche oder Ehekrisen und um neurotische Konflikte, Scham- und Schuldgefühle ausagieren zu können. Liierte Männer suchen Prostituierte mitunter auf, um sexuelle Neigungen auszuleben, die ihre Partnerinnen ablehnen (könnten). Manche Männer fühlen sich von der Prostitution als geheimnisvoller, unbekannter Subkultur und vom Normverstoß angezogen. Einige gehen, weil sie das Geld-gegen-Sex-Geschäft einem One-Night-Stand vorziehen. Andere, weil sie keine Frau für Gelegenheitssex finden oder weil sie frauenfeindliche Neigungen legitimiert ausleben wollen. Die Mehrzahl geht, weil die Koppelung Frau-Geld-Sex einerseits normal erscheint und andererseits einen Reiz des Verbotenen und Geheimen ausübt und weil sie für einen Moment ermächtigt fühlen, wenn sie ganz allein bestimmen können, wie eine sexuelle Begegnung aussieht.

nur das Recht, den Körper der Frau zu benutzen, sondern sie soll ihm darüber hinaus auch Gefühle entgegenbringen. Der Freier durchbricht mit diesen Forderungen das ehemals eiserne Gesetz der Prostitution: die wechselseitig vereinbarte Trennung von Sexualität und Liebe.

Die veränderten Ansprüche von Männern an Prostituierte zeigen sich auch in einer deutlichen Ausweitung des Angebotsspektrums. Eine 49-jährige Sexarbeiterin mit über 30-jähriger Berufserfahrung berichtet, dass Frauen früher »alle dasselbe« gemacht hätten. »Und heute macht die eine Analverkehr, die andere macht ohne Gummi, die lässt sich vollspritzen von jedem Gast – die haben überhaupt keine Grenzen mehr. Und das gab's früher alles nicht. Früher hat es jede Frau mit Gummi gemacht, es gab kein Knutschen, es gab nur das eine, da ist 'ne Frau angelernt worden, bei uns wird nur das und das gemacht, wenn du das nicht machst, dann fliegst du raus.«

Die immer wieder geforderte Kondompflicht für Freier, die 2015 gesetzlich verabschiedet wurde, ist auch der Entwicklung geschuldet, dass immer mehr Männer darauf bestehen, Oral- und Geschlechtsverkehr ohne Kondom durchzusetzen. Was bringt einen Mann dazu, auf einer tendenziell auch für ihn gefährlichen Praktik zu bestehen? Ist es der Thrill, ob er heil (also ohne Geschlechtskrankheit) davonkommt, ist es der Wunsch, der Prostituierten näher zu sein, als er es mit Präservativ wäre, oder geht es auch hier um eine Durchsetzung seiner Macht?

Fakt ist, dass Prostituierte sich heute darauf einstellen müssen, dass die ehemals klaren Regeln und die professionelle Distanz zum Kunden (gekennzeichnet durch: keine Küsse, keine Intimität, Konzentration auf sexuelle Praktiken, Kondomzwang) keinen Bestand mehr haben in einem Markt, der mehr und mehr vom Käufer bestimmt wird. Die einzige Kontrolle, die Prostituierten bleibt, ist die Festsetzung des Preises.

Aber selbst wenn der Mann für Zungenküsse, Analverkehr und die Illusion einer emotionalen Bindung bezahlt – die Frau zahlt letztendlich den höheren Preis. Denn der kurze Machtvorsprung des Vorab-Bezahltwerdens kehrt sich schlussendlich gegen die Prostituierte. Weil der Mann um seiner selbst willen gewollt werden will, aber selbst beim besten Schauspiel nicht vergessen kann, dass er die Frau bezahlt hat, muss er ihr diese Kränkung heimzahlen. Und so findet im Rahmen der Prostitution sowohl gesamtgesellschaftlich als auch individuell immer wieder eine der ältesten männlichen Aufwertungstaktiken statt: die Abwertung der Frau.

Prostitution ist nicht nur ein entemotionalisiertes Geschäft mit käuflicher Sexualität, sondern immer auch eine Begegnung der Geschlechter und der jeweiligen Ohnmacht, die um jeden Preis abgewehrt werden muss. Geld und Sexualität sind die zwei Mangelprodukte, die in der Prostitution getauscht werden, wobei das Bezahlen zugleich Macht und Ohnmacht bedeuten kann: Es markiert die männliche finanzielle Potenz, aber auch die Bedürftigkeit des Kunden und sein Unvermögen, ohne Geld bei Frauen erfolgreich zu sein. Die Frau, die sich prostituiert, besitzt zwar die Macht der Verführung und ihren Körper als Ware, muss aber beim prostitutiven Tauschgeschäft ihre Emotionen abspalten und sich für den bezahlten Zeitraum als Objekt zur Verfügung stellen, das die Bedürfnisse des Mannes befriedigt.

Auch wenn Prostituierte eine Spannbreite von Begegnungen erleben – von Geringschätzung, Erniedrigung und Gewalt bis hin zu freundschaftlichen, wertschätzenden Beziehungen zu Stammkunden, die regelmäßig ihre Dienste in Anspruch nehmen –, Prostitution basiert allein auf der Sexualität des Käufers: Er bezahlt und bestimmt, was in der sexuellen Interaktion geschieht. Er bezahlt dafür, dass die Prostituierte ihren Körper zur Verfügung stellt, ohne Ansprüche zu äußern.

Ist diese Art von Geschäft in einer gleichberechtigten Gesellschaft vertretbar? Vergrößert sie nicht eine längst überwunden geglaubte Kluft zwischen den Geschlechtern? Oder kann die Bezahlung der Prostituierten das Machtungleichgewicht ausgleichen oder zumindest annehmbarer machen? Es bleibt die Frage, ob und wie die Frau als »Sexarbeiterin« ein selbstbestimmtes Subjekt sein kann, wie es Pro-Prostitutionsvertreter immer wieder behaupten.

Sterne oder Staub? Die Illusion der Wahl – Die (ohn)mächtige Frau

»Man bezahlt die Frauen, damit sie kommen, und man bezahlt sie, damit sie verschwinden; das ist ihr Schicksal.«

Henry de Montherlant, »Die Aussätzigen«

Kambodscha, 2001. Etwa 30 junge Mädchen sitzen vor dem Nachbarhaus unseres Hostels. Aus einem kleinen Fernseher dröhnt eine der obligatorischen Soaps. Die Mädchen kichern und lachen, zupfen an sich und ihren Freundinnen herum. Mir fällt auf, dass sie in der einbrechenden Dunkelheit grell angeleuchtet sind, dass sie für ihr Alter zu stark geschminkt und trotz der Wärme zu leicht bekleidet sind.

»Ist das eine Schule?«, fragt mein Mann. Ich schüttele ernüchtert den Kopf.

»Das sind Mädchen, die ihre Körper an Männer verkaufen müssen.« Kinder-Zwangsprostituierte. Drei Worte, die nicht in einem Zusammenhang genannt werden sollten.

»Du spinnst«, sagt mein Mann und wirft mir vor, immer gleich den Teufel an die Wand zu malen. Er fragt den Rezeptionisten unseres Hostels. »No school! Girls are prostitutes. You here with wife. You still wanna buy?«, antwortet dieser feixend. Mein Mann wirft mir einen entsetzten Blick zu. Wir beide wünschten, ich hätte nicht recht gehabt.

Minderjährige und erwachsene Zwangsprostituierte haben keine Wahl. Sie werden gezwungen, zahlende Männer zu befriedigen.[65] Aber es gibt weltweit auch zahlreiche volljährige Frauen, die sich auf den ersten Blick freiwillig dazu entscheiden, im Sexgewerbe zu arbeiten, sei es in der Pornobranche oder der Prostitution. Was sind die Gründe, in dieses Milieu einzusteigen? Unter welchen sozialen, ökonomischen, gesundheitlichen und psychischen Umständen gehen Prostituierte und Pornodarstellerinnen ihrer Tätigkeit nach? Ist Sexarbeit, wie der Job neutralisierend genannt wird, wirklich ein Beruf wie jeder andere? Ist es gar ein feministischer Akt, das ultimative Symbol einer befreiten weiblichen Sexualität, wenn eine Frau sich entscheidet, ihren Körper zu verkaufen?

---

65 Laut Schätzungen von UNICEF prostituieren sich weltweit drei bis vier Millionen Kinder und Jugendliche.

In Anbetracht des Jahrtausende währenden Patriarchats, das Männern ermöglichte, Frauen zu besitzen, zu benutzen und zu kaufen, kommen wir um ein paar kritische Fragen nicht herum: Wie freiwillig ist der Einstieg in das Sexgewerbe wirklich? Haben die Frauen eine Wahl, und wie leicht ist es, den einmal eingeschlagenen Weg wieder zu verlassen? Dabei sollten wir bei allen Berichten über Einzelschicksale das große Ganze nicht aus dem Auge verlieren: einen extrem lukrativen Wirtschaftszweig, der Frauen als Anbieterinnen und Männer als Käufer braucht und deren Profiteure gezielte Werbung für das Geschäft mit dem käuflichen Sex machen – und die ihre Macht skrupellos einsetzen, um es am Laufen zu halten.

Ein Beruf wie jeder andere? Der schmale Grat der Freiwilligkeit

Eine junge, schöne Frau folgt einem Mann in sein Hotelzimmer. Er legt einen Umschlag auf den Tisch. Sie zählt die darin enthaltenen Banknoten diskret. Dann setzen sie sich, trinken ein Glas Wein und sprechen über seine Wünsche. Die Frau, die sich Chelsea nennt, heißt eigentlich Christine, studiert Jura und arbeitet tagsüber als Praktikantin in einer Anwaltskanzlei. Sie ist ehrgeizig, sie will unabhängig sein und sie mag Sex. Die TV-Serie »The Girlfriend Experience« zeigt die glamouröse Seite der Prostitution, in der junge, gebildete Frauen sich für viel Geld an reiche Männer verkaufen. Christine entscheidet sich aus freien Stücken, als Callgirl zu arbeiten, und sie tut, was der Job von ihr verlangt: Sie wird zu einem Produkt, das sich dem Markt und der Nachfrage vollständig anpasst. Ihre Persönlichkeit tritt dabei vollkommen in den Hintergrund, und hier liegt vielleicht eine der wenigen Parallelen der aalglatten Inszenierung zur Realität: Wer seinen Körper und seine Sexualität verkauft, muss sich emotional reduzieren, innerlich vereisen. Spaltung gehört untrennbar zur Prostitution, erkennbar in den Künstlernamen, der Überwindung von Ekelgefühlen und der sexuellen Selbstaufgabe, um den Kunden zu befriedigen.

TV-Formate wie »The Girlfriend Experience« oder »Secret Diaries of a London Callgirl« verharmlosen und beschönigen das Geschäft mit dem Sex, indem sie selbst die Schattenseiten elegant ausleuchten. Statt kritischer Nachfragen oder einer differenzierten Darstellung wird kühl bis neutral beobachtet. Christines Entwicklung zum Highclass-Callgirl und die damit verbundene Selbstaufgabe wird nicht verurteilt, sondern als emanzipatorischer Akt der vollständigen Freiheit und Kontrolle über das eigene Leben beschrieben.

Eine ganz andere Geschichte erzählt Huschke Mau, eine ehemalige Prostituierte, die nach ihrem Ausstieg dafür kämpft, dass Prostitution verboten wird. In einem offenen Brief mit der Überschrift »Alle Freier sind Täter« beschreibt sie, wie sie in die Prostitution gerutscht ist – aus einer zerrütteten Familie stammend, in der körperliche und sexuelle Gewalt an der Tagesordnung war, ohne finanzielle Mittel, naiv und ohne Unterstützung beginnt sie mit 18 Jahren ihren Körper zu verkaufen. Sie kratzt am Mythos der gut verdienenden Hure, indem sie die Abhängigkeitsstrukturen aufdeckt: von den Abgaben der Einnahmen an den Vermieter oder den Zuhälter, den Strafzahlungen bei Fehlverhalten (beispielsweise bei Kunden auf ein Kondom zu bestehen) über die Ablösesummen, wenn die Frau von einem Bordell in ein anderes wechseln möchte, bis hin zu der kostspieligen »Medizin«, die es ihr und ihren Kolleginnen erst ermöglichte, anschaffen zu gehen. »Ich habe in zehn Jahren im Milieu keine Prostituierte kennengelernt, die nicht gesoffen, gekifft oder gekokst hat.« Als Mau anfing, ihre Lage und ihr Leben zu reflektieren, wurde ihr das Ausmaß der Misshandlungen bewusst, denen sie sich tagtäglich aussetzte, und als sie dann noch mit dem Trinken und den Drogen aufhörte, erwischte sie die Realität mit voller Härte: »Damit hatte ich nichts mehr, was dämpft, und die Stunden mit den Freiern waren die pure Hölle.«

Sie beschreibt, wie die Freier sie entwerteten und zum reinen Lustobjekt degradierten, indem sie sie mit einer Gummipuppe verglichen, und wie sie so tat, als ob ihr der bezahlte Sex Spaß machte und der Mann der beste Liebhaber aller Zeiten sei. Der düstere Blick auf die Zeit in der Prostitution ist erst im Nachhinein möglich, denn: »Eine, die in einer beschissenen Situation steckt und kein Entkommen sieht, muss sie sich schönreden. Sonst erträgt sie es nicht. Also trank ich, nahm Drogen und zog mit den anderen Mädchen über Freier und Zuhälter her. Ich glaubte, eine stolze Hure zu sein.«

Huschke Mau demontiert auch den Freiwilligkeitsmythos, der der Gesellschaft und vor allem Männern das schlechte Gewissen nehmen soll. »Eine Prostituierte steckt in einem kriminellen System aus Druck, Sucht und finanzieller Abhängigkeit. Saubere Prostitution gibt es nicht. Ich bin kein Menschenhandelsopfer, und niemand hat mich mit gezogener Waffe dazu gezwungen, meinen Körper zu verkaufen. Man würde mich wohl als ›freiwillige‹ Prostituierte bezeichnen, womit ich zu einer privilegierten Minderheit unter den Huren gehörte. Dennoch bin ich der Meinung, dass bei meiner Geschichte von Freiwilligkeit keine Rede sein kann.«

»Die Frauen haben sich den Job doch ausgesucht« – diese Aussage hört man häufig, wenn über Prostitution gesprochen wird. Aber die Sklavinnen, die vor 3000 Jahren zur Prostitution gezwungen wurden, hatten keine Wahl. Ihre Töchter, die in die Prostitution hineingeboren wurden, hatten keine Wahl. Die von ihren Herren vergewaltigten und geschwängerten Dienstmädchen, die uneheliche Kinder zur Welt brachten und unehrenhaft entlassen wurden, hatten keine Wahl. All die Frauen, die seit Menschengedenken aus bitterer Armut ihren Körper verkauften, um zu überleben – wie viele Alternativen mögen sie gehabt haben?

Auch heute müssen wir das Konzept der Freiwilligkeit hinterfragen, denn sowohl freier Wille als auch die daraus resultierende Freiheit sind abhängig vom jeweiligen Handlungs- und Entscheidungsspielraum, den jemand hat. Viele Faktoren spielen eine Rolle bei der Frage, wie frei wir unser Leben gestalten können: in welche Zeit, Nation, Familie oder Gesellschaftsschicht wir geboren wurden, welche Farbe unsere Haut hat, wie arm oder reich wir sind, wie intelligent wir sind, und nicht zuletzt, welches Geschlecht wir haben und welche Chancen uns somit zur Verfügung stehen.

Während sich noch bis in die 1970er-Jahre die Überzeugung von der »anlagebedingten Hure« hielt, die als weibliches Äquivalent zum »geborenen Verbrecher« galt, hat sich heute die Erkenntnis durchgesetzt, dass wirtschaftliche Not das entscheidende Kriterium war, das Frauen zu jedem Zeitpunkt der Geschichte in die Prostitution trieb. Prostitution war und ist weniger eine Wunschkarriere als eine Möglichkeit, Arbeitslosigkeit oder finanzielle Krisen zu überbrücken. Die übergroße Mehrheit der Prostituierten schafft an, um über die Runden zu kommen oder um Schulden zu bezahlen – oft die ihres Partners. Von den in Deutschland als Prostituierte tätigen Frauen sind weitaus weniger als die Hälfte Deutsche,[66] und auch die Migrantinnen sind nicht hier, weil sie »geborene Dirnen« sind oder sich keine bessere Arbeit vorstellen können, sondern weil sie den falschen Versprechungen von Menschenhändlern glaubten, die ihre Chancenlosigkeit und ihre Sehnsucht nach einem besseren Leben ausgenutzt haben. Nicht wenige von ihnen werden von Zuhältern, ihren Lebensgefährten oder gar ihren Familien ins Rotlichtgewerbe gezwungen – oft mit unvorstellbarer Gewalt.

»Die typische Prostituierte auf dem deutschen Markt ist das totale Gegenteil der selbstbestimmten Sexarbeiterin, die Sie alle aus einschlägigen Talkshows kennen«, so die Vorsitzende der SPD Baden-Württemberg Leni Breymaier. Ein Großteil der Prostituierten komme aus den ärmsten Regionen Südeuropas und arbeite weder selbstständig noch selbstbestimmt. Die Stuttgarter Sozialarbeiterin Sabine Constabel, die seit 20 Jahren Prostituierte betreut, schätzt, dass über 80 Prozent der Prostituierten aus dem osteuropäischen Ausland stammen, viele von ihnen seien Analphabetinnen und der deutschen Sprache nicht mächtig. Armuts- und Zwangsprostitution seien in

---

66 Nach Schätzungen des Bündnisses der Fachberatungsstellen für Sexarbeiterinnen und Sexarbeiter (bufas) hatten im Jahre 2007 60 bis 70 Prozent der Prostituierten einen (zumeist südeuropäischen) Migrationshintergrund; in Österreich und Italien soll die Quote sogar bei 80 Prozent liegen.

Deutschland weit verbreitet, die Prostituierten seien wie menschliche »Geldautomaten«, an denen sich ihre Familien bedienten. Um den Kunden »Frischfleisch« zu garantieren, werden die Frauen von Menschenhändlern Woche für Woche in andere deutsche Städte gebracht, wo sie in bereitstehenden Wohnungen ihre Körper verkaufen müssen. Die Sozialarbeiterin kritisiert die Konsequenzen des seit 2002 geltenden Prostitutionsgesetzes in Deutschland, das es Bordellbesitzern und Vermietern ermögliche, sich an den Prostituierten zu bereichern, denen oft nur 10 Prozent ihres Lohnes bliebe. »Der Großteil ihrer Einnahmen fließt direkt zu den Bordellbetreibern, Wohnungsbesitzern und Pächtern. Die stehen am Ende einer Kette aus unsäglichen Verbrechen an jeder einzelnen Frau, waschen sich die Hände in Unschuld, weil sie sich straffrei und legal die Armut in den Herkunftsländern, die dort herrschenden gewalttätigen Strukturen in den unterprivilegierten Familien, die dort herrschende Benachteiligung der Frau zunutze machen und schamlos ihren Profit daraus schlagen.«

Armut und Zwang sind die beiden Hauptfaktoren für den Einstieg in die Prostitution, aber es gibt auch Frauen, die ins Milieu einsteigen, um möglichst schnell viel Geld zu verdienen, und die kurze Zeit später ernüchtert feststellen, dass sie sowohl unrealistische Vorstellungen von den Arbeitsbedingungen als auch den Verdienstmöglichkeiten hatten. Und dann wären da noch Frauen wie Huschke Mau, die in ihrem Leben Gewalt und Missbrauch erfahren haben und für die ein Einstieg in die Prostitution als tragisch-logische Fortsetzung erscheint. Die traumatisierte Frau, die sich vermeintlich freiwillig prostituiert, reinszeniert ihre zurückliegenden Gewalterfahrungen, diesmal jedoch in der Absicht, kein Opfer mehr zu sein. Sie versucht, Gefühle der Ohnmacht abzuwehren und in Macht umzuwandeln, denn jetzt hat sie die Kontrolle, schließlich wird sie begehrt und bezahlt.

Prostitution kann in diesem Zusammenhang als Möglichkeit der Krisenbewältigung und der schrittweisen emotionalen Verarbeitung verdrängter traumatischer Erlebnisse gedeutet werden. Dieser spezielle Versuch der Bewältigung wird jedoch oft begleitet von vielfältigen Nebenwirkungen wie Angststörungen, Depressionen, Scham- und Schuldgefühlen, Panikattacken, Ekelgefühlen, Hass auf Männer, Beeinträchtigungen der privaten Sexualität, einem veränderten Körpergefühl, dem Verlust von Urvertrauen in die Welt und posttraumatischen Belastungsstörungen. Um psychisch überleben zu können, spalten Prostituierte – ähnlich wie Vergewaltigungsopfer – ihre Gefühle und Körperwahrnehmungen ab. Durch das sogenannte Dissoziieren gelingt es ihnen, emotional aus der traumatischen Situation herauszutreten. Dieser Schutzmechanismus verhindert aber auch die Verarbeitung. Denn in der Wiederholung der einstmals traumatischen Situation liegt keine Heilung, solange schmerzhafte Gefühle und Erfahrungen nicht einbezogen und hinter sich gelassen werden können. Dieser Prozess der inneren Vereisung und Entfremdung erklärt auch, warum Frauen oftmals erst nach ihrem Ausstieg differenziert auf ihre Zeit in der Prostitution blicken und ihre vermeintlich freiwilligen Gründe kritisch reflektieren können. Während der Prostitution wird die Freiwilligkeit oft verteidigt, nicht zuletzt weil die gesellschaftliche Stigmatisierung nachvollziehbaren Widerstand hervorruft.

Die Frage nach der Freiwilligkeit führt uns also auf

einen schmalen Grat, denn jede Frau, die sich prostituiert, hat eine Vorgeschichte – selbst die Bundesregierung erkannte 2007 offiziell an, dass es »eine soziale Realität (ist), dass viele Prostituierte sich in einer sozialen und psychischen Situation befinden, in der es fraglich ist, ob sie sich wirklich frei und autonom für oder gegen diese Tätigkeit entscheiden können«.

Auch wenn die alten, abwertenden Begriffe wie »leichtes Mädchen«, »Bordsteinschwalbe« oder »Nutte« durch die neue Bezeichnung »Sexarbeiterin« neutralisiert werden sollen – Prostitution ist und bleibt *kein* Beruf wie jeder andere. Prostituierte erfahren tagtäglich Stigmatisierung und diverse Formen von Gewalt. Immer wieder weisen Studien nach, dass Frauen, die sich prostituieren, dieselben Gefühle entwickeln wie vergewaltigte Frauen. Abgesehen davon, wurden einer UN-Studie zufolge zwei Drittel aller Prostituierten schon von einem oder mehreren Freiern vergewaltigt. Ebenfalls zwei Drittel wurden mindestens einmal schon mit einer Waffe bedroht. Drei von vier Prostituierten konsumieren Drogen oder Alkohol, um ihre Tätigkeit zu ertragen. Die Mehrheit der Frauen in der Prostitution ist schon als Kind sexuell missbraucht worden. Aus Scham und Angst vor Stigmatisierung verschweigen oder verschleiern sie ihre berufliche Tätigkeit, und obwohl Studien zeigen, dass 80 bis 90 Prozent der Prostituierten sofort aussteigen würden, wenn sie könnten, ist eine Rückkehr in den normalen Arbeitsmarkt für die meisten schwierig.

Huschke Mau hat den Ausstieg aus dem Rotlichtmilieu zwar geschafft, aber sie sagt ganz klar, dass es sehr schwierig war: »Ich war süchtig, hatte Phobien, Depressionen und eine posttraumatische Belastungsstörung. Ich hatte keine

Kontakte außerhalb des Milieus und dafür unendlich viele Probleme mit den Behörden. Der Ausstieg war echt hart.« Noch Jahre später versucht sie das Erlebte mithilfe von Psychotherapie zu verarbeiten. Um anderen Prostituierten den Ausstieg zu erleichtern, hat sie einen Verein mitgegründet, der Frauen ganz konkret beim Einstieg in ein anderes Lebens hilft. Sie plädiert für ein Sexkauf-Verbot: »Prostitution ist schädlich. (…) Was Freier einer Hure antun, ist krass. Aber dass unsere Gesellschaft so tut, als wäre Prostitution in Ordnung, ist fast noch schlimmer.«

Selbst in der Politik besteht mittlerweile Einigkeit darüber, dass Prostitution kein richtiger Beruf ist – und es auch nicht werden soll. Die ehemalige Familienministerin Ursula von der Leyen, die das Prostitutionsgesetz 2002 mit auf den Weg gebracht hat, betonte stets: »Ausstieg ist das Ziel.«

Prostitution ist kein Beruf wie jeder andere, denn weder Frauen, die sich prostituieren, noch Männer, die Prostituierte aufsuchen, wünschen sich eine Karriere als Prostituierte für ihre Töchter. Es gibt keine Ausbildung, keine Zulassungstests, keine Standards, die eingehalten werden müssen. Prostitution ist streng geschlechterhierarchisch strukturiert und spiegelt ein Mann-Frau-Herrschaftsverhältnis, das im 21. Jahrhundert theoretisch undenkbar und dennoch tagtäglich – in Deutschland sogar legal – praktiziert wird.

Prostitution ist kein Beruf wie jeder andere, weil einem fast ausschließlich weiblichen Angebot eine fast ausschließlich männliche Nachfrage gegenübersteht.[67] Trotz

67 Laut ver.di sind etwa 93 Prozent der Prostituierten in Deutschland weiblich, 4 Prozent männlich, der Anteil der Transsexuellen liegt bei 3 Prozent.

der vermeintlichen sexuellen Gleichberechtigung gibt es nur wenige männliche Prostituierte und wenige weibliche Kundinnen, sodass in der Prostitution bis heute alte Geschlechterrollen festgeschrieben werden: Die Frau gibt ihr sexuelles Selbstbestimmungsrecht auf und wird für 10 Euro aufwärts vorübergehend zum Eigentum des Mannes.

Wie ist es zu erklären, dass die Prostitution trotz allem nach wie vor Befürworter findet? Die einfache Antwort wäre, weil es trotz oder gerade wegen der fortschreitenden Gleichberechtigung eine Nachfrage gibt. Aber es sind nicht nur die männlichen Konsumenten, die sich für die Prostitution aussprechen. Seit den 1970er-Jahren plädiert die Hurenbewegung dafür, Prostitution als Beruf anzuerkennen und Frauen weder zu kriminalisieren noch zu viktimisieren. Hurenverbände betonen immer wieder, dass Prostituierte nicht nur Opfer gesellschaftlicher Strukturen seien, sondern auch bewusst handelnde Akteurinnen. Wie ist es möglich, dass selbst die betroffenen Frauen für den Erhalt der Prostitution kämpfen und sie sogar als Beruf legitimieren wollen? Ist der Kampf von Prostituierten für »Sexarbeit« ein feministisches Statement oder eher der verzweifelte Versuch, weibliche Ohnmacht in Macht umzukehren?

Fest steht, dass mit der stetigen Aufwertung des Sexgewerbes seit den 1980er-Jahren die Pornografisierung der westlichen Welt so weit fortgeschritten ist, dass käufliche Sexualität in ihren unterschiedlichen Formen mittlerweile gesellschaftsfähig geworden ist: Striptease und Pornografie sind ein normaler und akzeptierter Bestandteil der Freizeit- oder Unterhaltungsindustrie, Prostitution wird toleriert oder legalisiert und konnte so zu einer immens profitablen internationalen Industrie wachsen, während die kriminellen Strukturen des Milieus verharmlost oder gar verherrlicht werden. Uralte, längst widerlegte Argumente werden sowohl von Männern als auch von Frauen auch im 21. Jahrhundert noch gebetsmühlenartig und im Brustton der Überzeugung aufgesagt, gleichgültig, wie viel Ignoranz, Herablassung und Sexismus in ihnen mitschwingt – nicht zuletzt auch gegen Männer, die als tumbe Triebtäter dargestellt werden, die ohne Zugriff auf Prostituierte zu Vergewaltigern werden würden. Der Kampf der Hurenverbände erscheint dabei weniger als ein Zeichen von Autonomie und Selbstbewusstsein als vielmehr als ein fehlgeschlagener Selbstbehauptungsversuch.

Denn nehmen wir einmal an, die Prostituierte würde nicht mehr stigmatisiert, wäre rechtlich abgesichert und hätte einen höheren gesellschaftlichen Status, sie müsste sich ihrer Arbeit nicht mehr schämen und könnte offen darüber sprechen: Würde sich ihre Arbeit im Konkreten ändern? Bliebe Prostitution nicht weiterhin eine Tätigkeit, die von der Frau verlangt, sich zum Objekt zu machen und sich den Wünschen und Forderungen des Mannes zu unterwerfen?

Prostitution ist ein Ausdruck sexualisierter Macht, und wer sie verteidigt, muss sich – bewusst oder unbewusst – von der Prostituierten distanzieren. Nur wenn wir uns mit dem Freier und seiner Macht identifizieren, können wir zustimmen, dass die Prostituierte benutzt wird, wodurch wiederum traditionelle Geschlechterbilder weiter festgeschrieben werden: Männer kaufen und bestimmen, Frauen verkaufen und ordnen sich unter, sie bedienen und befriedigen die Wünsche des anderen. Dabei argumentieren diejenigen, die eine neutrale oder befürwortende Haltung zur Prostitution einnehmen, oft mit dem Verweis auf den »freien Willen« der Frau. Doch wie ehemalige Prostitutierte und Studien berichten, ist Freiwilligkeit eine Illusion, die sowohl die Prostituierte als auch der Freier schaffen, um ihre jeweiligen Rollen zu rechtfertigen und auszuhalten. »Freiheit« ist das höchste Gut, das auch die Debatte um die Prostitution bestimmt, selbst wenn diese Freiheit bedeutet, sich sexuell ausbeuten zu lassen oder sich selbst zu zerstören. Doch bei aller Vorsicht, der Frau einerseits ihre Rechte und ihren freien Willen nicht abzusprechen, sie nicht klein zu machen oder gar zu verurteilen, sollten wir uns andererseits nicht von Scheinargumenten täuschen lassen, denn die Prostituierte identifiziert sich mit dem Freier und seiner Macht, um ihre eigene Ohnmacht nicht fühlen zu müssen. Die Behauptung »Prostitution ist das älteste Gewerbe der Welt« entpuppt sich so besehen als die älteste Entschuldigung der Welt, patriarchalische Gesellschaftsstrukturen und die ausbeuterische Beziehung zwischen Männern und Frauen nicht hinterfragen, kritisieren oder verändern zu wollen. Eine ehemalige Prostituierte bringt die Absurdität auf den Punkt: »Prostatakrebs gab es auch schon immer, und man tut etwas dagegen.«

Sex oder Gewalt, Unterdrückung oder Ermächtigung, verbieten oder legalisieren?

»Frieden den Frauen«, so heißt das Gesetz, das seit 1999 in Schweden die Prostitution verbietet und erstmals nicht die Prostituierten, sondern die Freier zu Straftätern erklärt.[68] Drei Jahre später, im Januar 2002 wurde in

68 Auch Norwegen, Island und seit 2016 auch Frankreich haben sich dieser Rechtsprechung, die als Nordisches Modell bekannt ist, angeschlossen.

Deutschland Prostitution von der Sittenwidrigkeit befreit.[69]

Im 21. Jahrhundert stehen sich Forderungen gegenüber, die von einem totalen Verbot bis zur vollständigen Legalisierung und Anerkennung der Prostitution als Erwerbstätigkeit reichen. Beide – auf den ersten Blick sich widersprechende – Haltungen verfolgen dieselbe Absicht: die Prostituierte aus der Kriminalisierung und Stigmatisierung zu befreien und sie gleichzeitig zum Ausstieg zu motivieren.

Aber kann und sollte Prostitution tatsächlich abgeschafft werden, indem man sie gesetzlich verbietet und die Freier bestraft, oder verbannt man sie damit lediglich in die Illegalität und verschlechtert so die Bedingungen für die betroffenen Frauen? Und wenn man die Prostitution legalisiert und dabei versucht, menschenwürdigere Bedingungen zu schaffen, normalisiert und legitimiert man dann nicht eigentlich das, was man lieber abschaffen sollte?[70]

Ohnehin nimmt nur ein Bruchteil der Betroffenen die Legalisierungsangebote an: Seit der Aufhebung der Sittenwidrigkeit in Deutschland vor 15 Jahren hat nur etwa 1 Pro-

---

69 Menschenrechtsorganisationen wie Amnesty International verbinden mit der Legalisierung die Hoffnung, dass man die kriminellen Begleiterscheinungen der Prostitution verringern, mehr Kontrolle, weniger Gewalt sowie die Regelung von Bezahlung, Arbeitsschutz und Versicherung sicherstellen könne.

70 Immerhin werden seit Oktober 2016 die Kunden von Zwangsprostituierten strafrechtlich verfolgt. Wer heute wissentlich und willentlich die Zwangslage der Opfer von Menschenhandel und Zwangsprostitution ausnutzt und diese zu sexuellen Handlungen missbraucht, macht sich strafbar, wenngleich die Beweisführung schwierig ist. Verschiedene Studien weisen darauf hin, dass Freier dazu neigen, die Signale von Zwang zu ignorieren und von käuflichem Sex selbst dann nicht abzusehen, wenn sie wissen, dass die Prostituierte Opfer von Menschenhandel und Zwang ist.

zent der Prostituierten einen Anstellungsvertrag als Sexarbeiterin bekommen, und nur unwesentlich mehr ließen sich krankenversichern, auch geprellter Lohn wird nur in den seltensten Fällen eingeklagt. Es ist fragwürdig, ob das neue deutsche »Prostituiertenschutzgesetz« von 2017 die Lage von Prostituierten signifikant verbessert: Es verlangt zwar eine amtliche Erlaubnis und regelmäßige Zuverlässigkeitsprüfungen von Bordellbetreibern, aber auch die Anmeldepflicht für Prostituierte, samt einem bei sich zu führenden »Hurenausweis«. Prostituierte müssen sich künftig bei der zuständigen Behörde ihrer Kommune registrieren lassen und regelmäßig zur Gesundheitsberatung erscheinen. Der Widerwille gegen den Zwang, sich als Sexarbeiterin zu outen, und die Angst der Betroffenen, stigmatisiert zu werden, ist durchaus nachvollziehbar. Auch die neue Kondompflicht gibt zwar theoretisch ein wichtiges Signal, wird aber in der Praxis schwer durchzusetzen sein.

Bei allen guten Absichten: Die rechtliche Anerkennung der Prostitution als Beruf hat für die Betroffenen offensichtlich kaum Bedeutung. Wie es aussieht, hat die Legalisierung keine Besserstellung der Prostituierten gebracht, sondern eine Carte Blanche für den Freier. Laut Insiderberichten ist Deutschland durch die Legalisierung der Prostitution zum Eldorado für Menschenhändler, Zuhälter und Bordellbesitzer geworden, und die meist osteuropäischen Prostituierten sind Gefangene einer hochkriminellen Parallelgesellschaft.[71]

---

71 Eine internationale Vergleichsstudie zum erhöhten Aufkommen von Menschenhandel fand heraus, dass in Deutschland, wo Prostitution legal ist, der Markt 60 Mal größer ist als in Schweden und dass es hier rund 62 Mal so viele Opfer von Menschenhandel gibt, obwohl die Bevölkerung weniger als zehn Mal so groß ist wie in Schweden.

Legalisierung ist der gescheiterte Versuch, Prostitution für die Frauen erträglicher zu machen, indem ihnen mehr Rechte zugesprochen werden. Wer Legalisierung fordert, glaubt, dass Nachfrage immer ein Angebot schaffen wird, dass Prostitution immer weiterbestehen wird und dass man nichts daran ändern kann. Wer Legalisierung fordert, weil er die Würde der Frauen retten möchte, tut allerdings genau das Gegenteil – er schützt die Würde des Freiers. Denn Legalisierung bedeutet: Prostitution ist okay.

Auch wenn relative Einigkeit darüber besteht, dass Frauen in der Prostitution mehr Rechte haben sollten, so ist fraglich, ob es ausreicht, *innerhalb* der Prostitution etwas zu verändern, oder ob wir anfangen müssen, Prostitution *grundsätzlich* zu hinterfragen. Denn sie macht nicht nur etwas mit den Prostituierten, sondern mit uns allen: Die legitimierte Prostitution gewöhnt uns als Gesellschaft ähnlich wie die populäre Pornografie daran, dass man den weiblichen Körper benutzen darf. Wie verträgt sich diese Idee mit dem Wert der Gleichberechtigung? Die Bilder der allzeit verfügbaren Frau, die in der Pornografie transportiert werden, finden in der Prostitution ihren realen Niederschlag und lassen eine Parallelwelt entstehen, in der sich Abgründe auftun.

Betrachtet man Prostitution nicht länger als normale geschäftliche Transaktion zwischen zwei zustimmenden Erwachsenen, sondern eher als kommerzialisierte sexuelle Gewalt – also genau genommen als bezahlten Missbrauch –, dann ist die Idee der Legalisierung sowohl menschenunwürdig als auch gesetzeswidrig. Bereits 1949 befanden die Vereinten Nationen: »Die Prostitution und das sie begleitende Übel des Menschenhandels sind mit der Würde und dem Wert der menschlichen Person unvereinbar und gefährden das Wohl des Einzelnen, der Familie und der Gemeinschaft.«

Wie kann man etwas legalisieren, das die Grundrechte des Menschen verletzt? Ganz einfach, indem wir das Leid der Betroffenen abstreiten. Indem wir die Augen vor ihrer Realität verschließen. Indem wir die Betroffenen nicht als Opfer sehen, sondern ihre Stärke, ihre Selbstständigkeit und ihre Wahlfreiheit betonen. Indem wir so tun, als sei etwas normal und deshalb annehmbar. Um als Außenstehender eine Ahnung zu bekommen, was in der Prostitution heute normal ist, soll hier ein Ausschnitt populärer sexueller Dienstleistungen gegeben werden, die Freier sich wie ein À-la-carte-Menü zusammenstellen können:

AFF = Analer Faustfick (die ganze Hand rektal eingeführt), AO = alles ohne Gummi, Braun-weiß = Spiele mit Scheiße und Sperma, DP = Doppelpack (Sex mit zwei Frauen oder zwei Männer in einer Frau), EL = Eierlecken, FFT = Faustfick total, FP = Französisch pur (Blasen ohne Gummi und ohne Aufnahme), FT = Französisch total (Blasen ohne Gummi mit Spermaschlucken), GB = Gesichtsbesamung (manchmal auch Gangbang, also Gruppensex, aber mit deutlichem Männerüberschuss), Kvp = Kaviar Passiv (Frau lässt sich anscheißen), NS = Natursekt (Pinkelspiele), SW = Sandwich, eine Frau zwischen zwei Männern, tbl = tabulos, ALLES ist erlaubt, ZA = Zungenanal.

Ist es prüde, zu fragen, ob diese und andere Praktiken reine sexuelle Dienstleistungen oder bereits Formen der Gewalt darstellen? Mit der fortschreitenden Pornofizierung hat eine weitreichende Gewöhnung an bezahlte Sexualität stattgefunden, die es regelrecht altmodisch und unpassend macht, die zugrunde liegenden Strukturen zu hinterfragen. So fand auch die Mehrheit der jungen Frauen, mit denen ich Interviews führte, Prostitution »nicht so schlimm«. Einige von ihnen sagten, sie könnten sich diese Art von Job auch für sich selbst vorstellen, wenn sie in eine finanzielle Notlage kämen. Keine von ihnen stigmatisierte Prostituierte. Freier wurden entweder entwertet oder idealisiert. Bei konkreteren Nachfragen, wie sie sich Prostitution vorstellten, erzählten sie mir an »Pretty Woman« angelehnte Geschichten, in denen Begriffe wie »Edel-Prostitution«, »einsamer Geschäftsmann« und »viel Geld« fielen. An Gewalt, Erniedrigung, Traumatisierung dachte keine der Frauen.

Sozialarbeiterinnen, die mit Prostituierten arbeiten, und Studien sprechen aber eine andere Sprache: Über 80 Prozent der in Deutschland arbeitenden Prostituierten geben an, schon einmal psychische und körperliche Gewalt erlebt zu haben, über 90 Prozent werden Opfer sexueller Gewalt. Das erhöhte Gewaltpotenzial in der Prostitution setzt sich aus verschiedenen Faktoren zusammen: Zum einen bietet das Rotlichtmilieu einen heimlichen und (gesellschaftlich) geschützten Ort, wo Abgründe ausgelotet und bürgerliche Normvorstellungen verletzt werden können. Zum anderen nimmt die gesellschaftliche Doppelmoral, die Frauen diskriminiert und sie als rechtlose Figuren erscheinen lässt, Männern die Furcht, strafrechtlich verfolgt zu werden, und senkt somit auch die Hemmschwelle, eine potenziell vorhandene Frauenverachtung und Gewaltbereitschaft real auszuleben.

Prostitution dient als Fortführung patriarchalischer Geschlechterverhältnisse, in denen Frauen zu Opfern und Männer zu Tätern werden können. Sie fördert psychische, körperliche und sexuelle Gewalt, die tabuisiert, bagatellisiert oder verherrlicht und somit zu struktureller Gewalt wird, weil die Gesellschaft sie schon längst als normal verinnerlicht hat. Und so hat die Legalisierung die Lage für Prostituierte in Deutschland gemäß der Einschätzung vieler Experten nicht verbessert, sondern eher verschlechtert.

Wie sieht es im Gegensatz dazu mit dem nordischen Modell aus, das die Abschaffung von Prostitution anstrebt, indem es Freier strafrechtlich verfolgt und den Prostituierten Unterstützung beim Ausstieg bietet? Laut Statistiken ist die Prostitution in Schweden seit Einführung des Gesetzes enorm zurückgegangen. Auch wenn Prostitution nicht völlig verschwunden ist und weiterhin im Verborgenen stattfindet, vermittelt das schwedische Gesetz einen normativen Effekt und prägt auch Folgegenerationen. Die schwedische Sonderberaterin für Prostitution und Menschenhandel Gunilla Ekberg meint, es bereite »dem selbst erteilten Recht der Männer, Frauen und Kinder zu Prostitutionszwecken zu kaufen, ein Ende und stellt die Vorstellung infrage, dass es Männern möglich sein sollte, ihre Sexualität jederzeit und in jeder Form auszuleben«.

Ein Prostitutionsverbot, das den Freier bestraft und nicht die Prostituierte, zeigt eine ethische Richtung auf, die klarmacht, dass Frauen weder Objekte noch käuflich sind. Es hebt die Trennung zwischen der anständigen und der anderen Frau auf. Es gibt Männern die Verantwortung für ihr Handeln und im weiteren Sinne auch ihre Würde zurück, da es sie nicht länger als Opfer ihrer Triebe sieht.

In Schweden wird das Gesetz gegen Prostitution und Menschenhandel inzwischen von rund 80 Prozent der Bevölkerung unterstützt. Diese Entwicklung zeigt, dass Prostitution kein notwendiges Übel ist. Sie beweist, dass ein Umdenken möglich ist, dass Werte durchgesetzt werden können und dass wir Menschen in der Lage sind, uns und unser Verhalten zu ändern.

Drei

»Und bist du nicht willig, brauch ich Gewalt.«
Johann Wolfang von Goethe, »Der Erlkönig«

Sexualisierte Gewalt oder warum Frauen eigentlich selbst schuld sind

Ich habe ihre Namen und ihre Gesichter vergessen. Aber ich erinnere mich noch an ihre Geschichten, die sie mir auf einem Hügel im Schatten eines Baumes erzählten. Ich war Anfang 20 und einen Sommer in Uganda, irgendwo im Nirgendwo, wo man kilometerweit über die grüne, fruchtbare Landschaft schauen konnte, wo der Lehmboden die Füße rot färbte, wo Männer mehrere Frauen hatten, sie zum Sex zwangen, sie so oft wie möglich schwängerten und sie mit Geschlechtskrankheiten wie HIV ansteckten. »Wir haben Angst vor unseren Männern«, sagten die Frauen. »Aber wir können nichts daran ändern. Wir müssen bleiben.« Sie wollten wissen, wie es in Europa ist, ob Frauen dort ein besseres Leben hätten. Ich nickte mit schlechtem Gewissen. Eine der Frauen weinte. Eine andere klopfte ihr auf den Arm, wieder und wieder. »Erzähl unsere Geschichte«, forderte sie mich auf. Hier ist sie, zumindest in Ausschnitten: Die Geschichte der Unterdrückung und der Gewalt, die vor etwa 2000 Jahren begann und sich in vielen Ländern der Welt bis heute fortsetzt.

Was haben Hexenverfolgung, Genitalverstümmelung und Vergewaltigung gemeinsam? Es geht bei allem um Gewalt gegen Frauen. Es geht um sexualisierte Gewalt, die verbal oder körperlich verübt wird. Es geht um die Demonstration von männlicher Macht und die Abwertung der Frau. Es geht darum, die Freiheit und Würde der Frau zu beschneiden. Und immer wieder geht es auch um die Unterdrückung weiblicher Lust.

Sexuelle Gewalt hat viele Gesichter – von aufdringlichen Blicken und sexistischen Bemerkungen über virtuelle Gewalt bis hin zu körperlichen Grenzverletzungen wie sexueller Nötigung oder Vergewaltigung. Aber entgegen der landläufigen Meinung beruht sexuelle Gewalt weniger auf der sexuellen Lust des Mannes als vielmehr auf seiner Lust, die Frau zu beherrschen, und sei es in einem Moment der exzessiven Gewalt. Es geht darum, der Frau zu zeigen, wer der Herr ist. Im Haus, im World Wide Web und auf der Straße.

Die Verbrechen am weiblichen Geschlecht sind vielfältig: Weibliche Föten werden signifikant häufiger abgetrieben als männliche. Knapp 40 000 Mädchen werden täglich weltweit schon als Minderjährige verheiratet, in den meisten Fällen der derzeit mehr als 300 Millionen betroffenen Frauen handelt es sich nicht um Liebesentscheidungen, sondern um Zwangsheiraten. Über 6000 Mädchen werden jeden Tag an ihren Genitalien verstümmelt. Unzählige Mädchen und Frauen werden Opfer von sexuellem Missbrauch, Zwangsprostitution, Vergewaltigung und häuslicher Gewalt. Selbst in Ländern, in denen die Frau auf dem Papier die gleichen Rechte wie der Mann genießt, macht sie immer wieder die Erfahrung: Als Frau ist man nie sicher. Als Frau ist man verletzlich – einfach, weil man einen weiblichen Körper hat, der mit Gewalt gegen den eigenen Willen penetriert oder in der Öffentlichkeit entblößt werden kann.

Es ist die körperliche Unterlegenheit, die Frauen zu Opfern, und es sind fragwürdige männliche Werte, die Männer zu Tätern werden lassen. Es sind uralte Überzeugungen und Traditionen, die dem männlichen Geschlecht das Recht geben, über die Frau (und ihren Körper) zu verfügen und ihr gegebenenfalls Gewalt anzutun. Es ist die Gesellschaft, die schweigt und wegschaut und die Taten somit unterstützt und weitere Generationen von Opfern und Tätern heranzieht.

Auch Männer werden Opfer sexueller Gewalt. Jungen werden missbraucht, Männer in Gefängnissen oder im Krieg vergewaltigt. Die Täter sind in den meisten Fällen Männer, aber es gibt auch Frauen und Mütter, die sexuell übergriffig werden. Bis vor wenigen Jahren wurde sexuelle Gewalt gegenüber Jungen und Männern totgeschwiegen, einige mutige Betroffene wie beispielsweise Schüler des Odenwald-Internats haben dazu beigetragen, dieses Tabu zu brechen.[72]

Egal, welches Geschlecht das Opfer hat, es kann nach einer sexuellen Gewalttat zu schweren Langzeitfolgen kommen wie anhaltenden Schuld- und Schamgefühlen, Aggressionen, Angststörungen mit Panikattacken oder Phobien, Depressionen, Suizidalität, verringertem Selbstwertgefühl und Alkohol- und Drogenmissbrauch. Viele

72 Eine Metaanalyse von insgesamt 120 Studien kam 2009 zu dem Ergebnis, dass weltweit etwa 3 Prozent der Männer im Laufe ihres Lebens als Kinder oder Erwachsene vergewaltigt werden. In Deutschland geht man von 6 Prozent männlichen und 94 Prozent weiblichen Opfern von sexueller Gewalt aus.

Opfer sexueller Gewalt entwickeln eine posttraumatische Belastungsstörung. Auch emotionale Bindungen sind nach einer traumatischen Erfahrung oft erschwert und durch Misstrauen gekennzeichnet.

Die Geschichte der sexuellen Gewalt ist so alt wie die Menschheit. Sie ist weder individuelles Schicksal noch individuelle Tat, sondern kirchlich und politisch abgesegnet – seit der frühen Neuzeit und zur Schande der Menschheit setzt sie sich, wie wir feststellen werden, bis heute fort.

Die Hexe soll brennen – Die böse Frau

»Von der Hüfte herab sind sie Zentauren, obgleich von oben her ganz weiblich: Bis zum Gürtel wohnen lauter Götter; weiter unten ist alles mit Teufeln angefüllt. Hier ist die Hölle, hier ist Finsternis, hier ist der brennende, siedende Schwefelpfuhl – pfui, pfui!«

William Shakespeare, »König Lear«

»Gib mir Keuschheit und Enthaltsamkeit, nur nicht jetzt sofort«, betete einst der Mönch Augustinus im 4. Jahrhundert. Seinen Humor und seine Menschlichkeit scheint Augustinus von Hippo, der einer der einflussreichsten Philosophen und Theologen der Spätantike werden sollte, mit der Zeit verloren zu haben. Denn in seinen Schriften legte er den Grundstein für die in der frühen Neuzeit beginnende Hexenverfolgung: Er behauptete, dass sexuelle Begierde und Fleischeslust teuflisch seien – das Werk von unheiligen Mächten und Dämonen, mit denen man – oder eher Frau – sich willentlich einließ.

Die Kombination von christlichem Teufelsglauben mit Augustinus' Dämonenpaktlehre, Volksaberglauben und der Ketzerinquisition bereitete den Boden für die erste große Welle organisierter (sexueller) Gewalt gegen Frauen. Aus latenter Lust- und Frauenfeindlichkeit wurde eine reale Hexenjagd, nachdem der Dominikanermönch und Inquisitor Heinrich Kramer 1487 eines der unheilvollsten Bücher aller Zeiten veröffentlicht hatte: »Malleus Maleficarum«, auch »Hexenhammer« genannt. Auf rund 700 Seiten rief Kramer zur Verfolgung und Bestrafung von Hexen auf, jenen Weibern, die mit dem Teufel (geschlechtlich) verkehrten und die sich besonders durch die Laster »Ungläubigkeit, Ehrgeiz und Ueppigkeit« auszeichneten. Das frauenfeindliche Traktat beschreibt, wie Hexen sich der Teufelsbuhlschaft, also dem Geschlechtsverkehr mit Dämonen, der Tierverwandlung und der Opferung von Kindern an den Teufel strafbar machen, um magische Elixiere herzustellen.

Wenngleich Kramer darauf hinwies, dass es auch männliche Hexer gab, war das ganze Werk doch auf die weibliche Hexe und die weibliche Verderbtheit ausgerichtet und strotzte nur so vor frauenverachtenden Zitaten, Bildern und Zuschreibungen: Frauen seien »fehlerhafte Tiere«, »Übel der Natur« oder »Lieblingswerkzeuge des Teufels«. Die Frau sei im Gegensatz zum Mann »unfertig«, sie habe eine geringere intellektuelle Kapazität, sei wollüstig und leichtgläubig. Zudem hätte sie ihre »außergewöhnlichen Affekte und Leidenschaften« nicht im Griff und neige zur Rache, kurz: In weiblichen Herzen herrsche »unergründliche Bosheit«.

Im Mittelalter, als viele Menschen in Armut lebten und unter Existenzängsten litten, kam ein konkretes Feindbild gerade recht, und so sprachen sich selbst einflussreiche Gelehrte wie Calvin und Martin Luther für die konsequente Bestrafung der bösen »Zauberinnen« aus: »Die Zauberinnen«, so Luther, »sollen getötet werden, weil sie Diebe sind, Ehebrecher, Räuber, Mörder ... Sie schaden mannigfaltig. Also sollen sie getötet werden, nicht allein weil sie schaden, sondern auch, weil sie Umgang mit dem Satan haben.«[73]

Eine furchtbare Zeit nahm ihren Lauf. Hexerei galt als Ausnahmeverbrechen, zur Klageerhebung reichte eine Denunziation aus, und der Gebrauch von Folter war ohne Einschränkung erlaubt. Perfide »Hexenproben« kamen zum Einsatz wie beispielsweise die Kaltwasserprobe, auch als Hexenbad bekannt: Die nackte Verdächtige wurde gefesselt in kaltem Wasser versenkt – schwamm sie oben, galt sie als überführt. Die Angeklagte hatte also zwei Wahlmöglichkeiten: Entweder sie starb durch Ertrinken als (posthum) unschuldige Frau oder sie überlebte die Wasserprobe und wurde dann als Hexe verurteilt und lebenslang inhaftiert oder – noch wahrscheinlicher – zum Tode verurteilt. Besonders häufig kam die Nadelprobe während der Folter zum Einsatz: Die Angeklagten wurden kahl geschoren und am ganzen Körper rasiert und vom Richter hiernach auf sogenannte Hexenmale untersucht. Fand er Leberflecke, Warzen oder Ähnliches, stach man eine Nadel in diese auffällige Stelle, die vermeintlich der Teufel auf den Körpern seiner Verbündeten hinterlassen hatte. Man

---

73 Seriösen Schätzungen zufolge wurden in Deutschland zwischen 1600 und 1775 etwa 15- bis 40 000 sogenannte Hexen ermordet, in ganz Europa beläuft sich die Zahl der Ermordeten auf 70- bis 100 000.

ging davon aus, dass diese vom Teufel gezeichneten Stellen schmerzunempfindlich waren und dass aus ihnen kein Blut fließen könne. Diese Methode hätte wohl die meisten Angeklagten entlastet, wären nicht oft Werkzeuge benutzt worden, bei denen die Nadel bei Druck in den Schaft zurückwich, sodass beim Opfer keine Verletzung und dementsprechend weder Schmerzen noch Blutfluss ausgelöst werden konnten. Die Hexenproben hatten allesamt ein Ziel: die Angeklagten öffentlich zu »überführen« und zu verurteilen, wenn sie nicht im Rahmen der Folter schon jedes ihnen vorgeworfene Verbrechen gestanden hatten.

Aus heutiger Sicht ist es schwer zu verstehen, wie ein derartiger Wahn entstehen und sich halten konnte, aber im Mittelalter und der frühen Neuzeit gehörten Glauben, Aberglauben und Hexenglauben zum ganz normalen Alltag. Kaum jemand zweifelte an den abenteuerlichen Geschichten, die über Hexen verbreitet wurden: wie sie wilde Orgien mit dem Teufel feierten, Männer entmannten, indem sie ihre Penisse wegzauberten, Müttern ihre Kinder stahlen und dem Teufel opferten, Nachbarn die Ernte verdarben und überhaupt nur Unglück und Leid über die Erde brachten.

Die negative Verknüpfung von Weiblichkeit, Sexualität und (teuflischer) Macht schuf ein klares Feindbild. Die lustvolle, unabhängige Frau war böse und gefährlich und musste bekämpft werden. Das Paradoxe an der Geschichte: Obwohl das Oberhaupt der Unterwelt – der Teufel – männlich war, war es das *weibliche* Geschlecht, das dämonisiert, kontrolliert und bekämpft wurde.[74] Die

74 Vermutlich war es (aus dem männlichen Weltbild heraus) undenkbar, eine weibliche Gestalt – und sei sie auch noch so böse – mit so viel Macht zu versehen.

Hierarchie der Geschlechter blieb selbst im Bösen unantastbar.

Mit den vermeintlichen Hexen hatte man einen Sündenbock für das Elend der Bevölkerung gefunden und ihre Bestrafung oder Vernichtung versprach ein Ende der Not und stillte Rachegelüste. Zudem diente die sadistische Beschäftigung mit dem Leib der Frau der Kompensation der allgemeinen Lust- und Leibesfeindlichkeit und stellte die traditionellen Machtverhältnisse sicher: Die begehrenswerte Frau hatte nur so lange Macht über den Mann, bis er sie dafür bestrafte. Weibliche Macht wurde zu weiblicher Schuld und menschlichem Verderbnis, denn es war die Frau, die den Mann seit Eva in Versuchung führte.

Die Hexenverfolgung ist ein dunkles Kapitel in der Geschichte und eines der vielen grausamen Beispiele von Frauenfeindlichkeit. Aber die Hexenverfolgung ist nicht nur eine Geschichte von Männern gegen Frauen. Sie erzählt auch davon, wie gesellschaftliche Normen gestärkt werden, indem »das Andere« verdächtigt, ausgegrenzt und verfolgt wird. Fehlende Solidarität, Neid und Angst vor weiblicher Macht spielen ebenfalls eine große Rolle, denn Frauen denunzierten einander sogar häufiger als Männer. Auch wenn Frauen die Geschichte durchaus mitgestalteten, war ihr individueller Handlungsspielraum seit jeher eingeschränkt von gesellschaftlichen Erwartungen: Der männliche Auftrag, die Frau solle sich anpassen und unterwerfen, führte dazu, dass unabhängigere Frauen Angst und Unmut auslösten, zumal sie den braven Frauen zwar vor Augen führten, was möglich war, aber auch, welche Strafen dafür verhängt wurden.

Im Rückblick erkennt man auch hier wieder die uralte

Geschichte der Angst vor weiblicher Unabhängigkeit und Macht, und das bei Männern wie Frauen. Das Motto »Gute Mädchen kommen in den Himmel, böse Mädchen überallhin« ist noch in weiter Ferne. Stattdessen zeigt sich in der Geschichte der Hexenverfolgung wieder einmal das Bemühen, das gesellschaftlich erwünschte Stereotyp der anständigen, keuschen und gehorsamen Frau nachhaltig zu etablieren.

Erst in der zweiten Hälfte des 18. Jahrhunderts fanden die Hexenprozesse ein Ende, der letzte Hexenprozess Deutschlands fand 1775 im Fürststift Kempten statt. Endlich setzten sich Vernunft, die Humanisierung des Strafvollzugs und des Strafrechts gegen die unmenschlichen Machenschaften des Mittelalters und der frühen Neuzeit durch.

Was blieb, war die Angst vor der weiblichen Verführungsmacht, für die die Frau bis heute bestraft wird, indem ihr Körper benutzt und geschunden wird. Was blieb, war eine gesellschaftliche Haltung, die den Mann erhöhte und die Frau erniedrigte, was sich auch in der Gesetzgebung besonders hinsichtlich sexueller Gewalt ausdrückt. Was blieb, war die subtile bis gewaltvolle Unterdrückung der lustvollen Frau – durch Erziehung, Bestrafung oder die seit Jahrhunderten und bis heute in vielen Ländern praktizierte genitale Verstümmelung.

Sei still, sei still – Die verstümmelte Frau

»Es gibt keine Worte, die den Schmerz beschreiben könnten. (...) Und ich wollte, dass Mama stolz auf mich war.«

Waris Dirie, »Die Wüstenblume«

Gellende Schreie. Ein kleines Mädchen, vielleicht fünf, sechs Jahre alt. Die Mutter und eine Tante halten ihre Beine fest, eine Nachbarin ihre Arme. Eine weitere Frau beugt sich mit einer Rasierklinge über ihr Geschlecht. Das Mädchen heißt Amunet. Sie ist eines der etwa 6000 Mädchen, deren Klitoris am heutigen Tag entfernt wird. Klitoridektomie heißt der medizinische Ausdruck, der den Eingriff sprachlich neutralisiert und uns von der Tat distanziert – selbst das deutsche Wort Beschneidung drückt nicht aus, was den Mädchen angetan wird: die Verstümmelung ihres Genitals.

Der französische Arzt Jaques Lantier, der in den 1970er-Jahren in Somalia Zeuge einer »Beschneidungszeremonie« wurde, beschreibt, wie dabei die äußeren und inneren Schamlippen des Mädchens auseinandergezogen und »mit großen Dornen an den Oberschenkeln« befestigt wurden. Lantier berichtet weiter: »Mit ihrem Küchenmesser schnitt die Frau dann erst die Kappe der Klitoris ab und begann dann, sie ganz zu entfernen. Während eine andere Frau das Blut mit einem dreckigen Lappen abwischte, stach die Operateurin mit ihrem Fingernagel ein Loch in die Klitoris, um das gesamte Organ heraustrennen zu können. Das kleine Mädchen schrie vor Schmerzen, aber niemand kümmerte sich darum.« Nachdem die Klitoris und die umliegende Haut herausgeschnitten worden waren, griff die Beschneiderin tief in die heftig blutende Wunde. »Auch die Nachbarsfrauen, die an der Operation teilnahmen, steckten ihre Finger in das blutige Loch, um zu überprüfen, ob die Klitoris auch vollständig entfernt worden war.«

Manche afrikanischen Stämme gehen so weit, die Vagina nach der Klitoridektomie bis auf eine kleine Öffnung für Urin und Menstruationsblut zuzunähen. In der Hochzeitsnacht darf der Ehemann die Fäden auftrennen, um in die Frau eindringen zu können. Geht der Mann auf Reisen oder wird die Ehe geschieden, kann die Vagina wieder zugenäht werden. Das Geschlecht der Frau gehört nicht ihr, es gehört dem Mann.

Aber es sind nicht die Männer, Väter, Brüder oder Ärzte, die das weibliche Geschlecht unwiderruflich verletzen, es sind die Frauen, die Mütter, Tanten und Großmütter, die den verstümmelnden Eingriff unterstützen und durchführen.

Die Weitergabe der Gewalt – Wenn Traditionen traumatisieren

Die grausame Sitte der Beschneidung stammt vermutlich aus Afrika und wurde bereits zur Zeit der Pharaonen praktiziert. Bis heute werden in den Ländern Ägypten, Dschibuti, Guinea, Indonesien, Sierra Leone, und Somalia mehr als 90 Prozent der Mädchen verstümmelt, was meist mit den Gesetzen des Islam und der Notwendigkeit des Erhalts der Jungfräulichkeit der Frau begründet wird.

Man unterscheidet fünf Formen der Verstümmelung: die milde Sunna (arabisch für »Tradition«), bei der die Vorhaut der Klitoris entfernt, eingestochen oder eingeritzt wird; die modifizierte Sunna, bei der die äußere Klitoris teilweise oder vollständig entfernt wird; die Verstümmelung, bei der ein Teil oder die gesamten inneren Schamlippen sowie Teile der oder die gesamte Klitoris entfernt werden. Bei der Infibulation, die auch pharaonische sexuelle Verstümmelung genannt wird, werden die äußere Klitoris, die inneren Schamlippen und die inneren Schichten der äußeren Schamlippen entfernt. Die übrig gebliebenen Schamlippen werden zusammengenäht oder mit Dornen aneinander befestigt. Um den vollständigen Verschluss zu verhindern, wird ein kleines Holz- oder Strohstückchen in die Vagina eingeführt. Nach einer Infibulation werden Mädchen oft tagelang die Beine zusammengebunden, damit die Wunde gut verheilt. Die Betroffenen leiden oft lebenslang unter Schmerzen, weil weder Urin noch Blut ungehindert ausfließen können. Es kommt zu Fistelbildungen, Inkontinenz, starker Geruchsbildung nach Exkrementen, der die Frauen isoliert. Innere Verwachsungen führen dazu, dass die Geburt eines Kindes für die Mutter lebensbedrohlich werden kann, und viele verstümmelte Frauen sterben dabei. Bereits die Operation an sich birgt ein großes Gesundheitsrisiko, denn die Mädchen werden oft mit schmutzigen Schneidewerkzeugen beschnitten und auf diese Weise mit Hepatitis, HIV und anderen Krankheiten angesteckt.[75]

Auch wenn die Genitalverstümmelung mittlerweile als

75 Allein im Sudan und in Ägypten werden die Verstümmelungen zum Teil von Ärzten, Krankenschwestern oder Hebammen durchgeführt. Im Normalfall jedoch sind es medizinisch ungeschulte heimische Frauen, die die barbarische Operation wie im Mittelalter ohne Narkose und mit nicht desinfizierten Werkzeugen wie Rasierklingen, Glasscherben oder Scheren durchführen.

»Verletzung der körperlichen Unversehrtheit« und in den Staaten der Europäischen Union als Straftat gilt, werden jedes Jahr etwa drei Millionen Mädchen im Alter von zwei Monaten bis 12 Jahren Opfer einer Verstümmelung.[76]

Was steckt hinter dieser furchtbaren Tradition, die derzeit weltweit mehr als 140 Millionen Mädchen und Frauen betrifft?

Im afrikanischen Raum kursieren viele Mythen um die Klitoris: Sie berge große Gefahren für den Mann, berühre er sie, könne er krank oder impotent werden und schlimmstenfalls sterben. Die Klitoris erhöhe das Risiko, ein krankes Kind mit einem Wasserkopf zu gebären, sie könne die Muttermilch vergiften, außerdem könne eine unbeschnittene Klitoris sich zu einem Penis auswachsen und die Frau zu einem Zwitterwesen mutieren lassen, das an keinen Mann mehr vermittelt werden kann. Eine weit verbreitete Annahme besteht darin, dass ihre Entfernung die Fruchtbarkeit der Frau begünstige. Auch das Schönheitsideal eines glatten, schmalen weiblichen Geschlechts mag eine Rolle spielen – eine reduzierte oder infibulierte Vulva wird in afrikanischen Ländern mit ihrer Beschneidungstradition als normal angesehen, die nicht beschnittene Frau erscheint fremd und unästhetisch. In manchen Stämmen wie bei den Amhara in Äthiopien oder den Shaiqiya im Nordsudan gilt es als besonders männlich, wenn

---

76 In Deutschland ist weibliche Genitalverstümmelung seit 2013 ausdrücklich als Körperverletzung im Strafgesetzbuch aufgeführt. Wird eine Beschneidung allerdings im Ausland durchgeführt, können die Täter nicht angeklagt werden, weil Körperverletzung nicht unter eine »Auslandsstraftat« fällt. In Großbritannien ist Genitalverstümmelung seit 1985 unter Strafe gestellt. In Frankreich erhob eine 18-Jährige 1994 Anklage gegen ihre Eltern und die Beschneiderin, 1999 wurde die Beschneiderin zu acht Jahren Haft verurteilt.

Frauen bei der Penetration Schmerzen zugefügt werden, was bei beschnittenen Frauen meist unweigerlich der Fall ist. Häufig wird nach wie vor das Argument angeführt, dass die »enthemmte« weibliche Sexualität durch die Verstümmelung gebremst werden soll.

Aber: Es sind weniger die Männer, die in afrikanischen, arabischen und asiatischen Ländern die sexuelle Verstümmelung einfordern, es sind vielmehr die Frauen, die dafür sorgen, dass das grausame Ritual weitergeführt wird. Laut einer UNICEF-Umfrage von 2014 ist die Mehrzahl der befragten Männer zwischen 15 und 49 Jahren dafür, keine Beschneidungen mehr durchzuführen.[77] Tatsächlich handeln die Beschneiderinnen in den meisten Fällen auf Anweisungen der Mütter – nicht der Väter.

Beschneidungen haben den Charakter von Gruppenvergewaltigungen. Frauen – meist Mütter oder andere wichtige Bezugspersonen – halten das Mädchen fest, während die Beschneiderin dem Opfer schwere und nachhaltige Verletzungen zufügt. Wie kann eine Mutter ihrer Tochter das antun?

Indem sie sich traditionellen, patriarchalischen Argumenten unterordnet, die besagen: Eine Beschneidung hebt die Stellung in der Gemeinschaft, da sie ein Zeichen von Tapferkeit, Reife und der Fähigkeit ist, Schmerz zu ertragen. Die lebenslange Keuschheits-OP schützt die Tochter zudem vor Unehre und beruhigt ihre sexuelle

77 Im Irak, in Kenia, Liberia, Tansania und der Zentralafrikanischen Republik unterstützen immer weniger Frauen und Männer diese Tradition. In Mauretanien, Ägypten, Mali und Guinea sowie in der ländlichen Bevölkerung Afrikas jedoch bejaht eine Mehrheit die Beschneidung noch. Die niedrige Schulbildung in diesen Ländern führt dazu, dass vermehrt an Traditionen festgehalten wird.

Lust, wenn der Ehemann abwesend ist. Der Beschneidung liegt eine ähnliche Dynamik wie bei familiärem Missbrauch zugrunde: Die Mütter identifizieren sich stärker mit dem Täter als mit der Tochter – die Loyalität zur Gesellschaft und deren Regeln wiegt schwerer als der Schutz des eigenen Kindes. Hinzu kommt, dass die Mütter durch die am eigenen Leib erfahrene Beschneidung traumatisiert sind und von ihren Müttern selbst einst enttäuscht und im Stich gelassen wurden. Je weniger sie ihr eigenes Schicksal hinterfragen und emotional reflektieren (können), desto bereitwilliger führen sie das familiär und gesellschaftlich geforderte Verhalten fort.

Mütter, die ihre Töchter der gleichen Grausamkeit aussetzen, unter der sie selbst zu leiden hatten, sind Opfer und Täter zugleich. Als Vollstreckerinnen der Genitalverstümmelung an ihren Töchtern haben sie sich den Argumenten ihrer Männer und Mütter ergeben. Sie haben keine Empathie, weder für sich selbst noch für ihre Töchter. So wie ihre eigenen Mütter einst kein Mitgefühl für sie hatten, nachdem sie selbst Opfer des jahrtausendealten Rituals geworden waren, das gesunde Frauen verstümmelt, um die Angst der Männer zu besänftigen. Anstatt für die Unversehrtheit ihrer Töchter zu kämpfen, übernehmen sie die männliche Denkweise, dass nur eine beschnittene Frau einen Ehemann findet, dass nur eine unberührte Frau wertvoll ist, dass eine Frau ihre Jungfräulichkeit dem Mann beweisen muss, indem ihr Genital vor der ersten Nacht mit der Rasierklinge geöffnet werden muss. Zudem wird durch die weibliche Verstümmelung auch eine besondere – auf Leid basierende – Nähe zwischen den Generationen hergestellt. Die Tochter hat nun die gleiche Erfahrung wie die Mutter gemacht: Sie wurde

Opfer eines Initiationsritus, der auf eitlem männlichem Gedankengut beruht und der von an Körper und Seele beschädigten Frauen weiter- und weitergegeben wird.

Die Beschneidung der Lust – Die Beschneidung des Willens – Die Beschneidung der Freiheit

Es gehört zu den vergessenen und verdrängten Tatsachen, dass die barbarische Praktik der Geschlechtsverstümmelung nicht nur in muslimischen Ländern, sondern auch in Deutschland, England, Frankreich und den USA zum Teil bis in die 20er-Jahre des 20. Jahrhunderts praktiziert wurde und vereinzelt sogar darüber hinaus. Dabei waren es in den westlichen Ländern keine religiösen Gründe, die ausschlaggebend waren, sondern moralische: Masturbation, übermäßige Wollust oder die vermeintlich pathologische Vergrößerung der Schamlippen und/oder der Klitoris (die sogenannte »Hottentottenschürze«)[78] wurden üblicherweise als Rechtfertigung für das Wegschneiden oder Verätzen von Schamlippen oder Klitoris genannt mit dem Ziel, die Mädchen und Frauen von ihrer übertriebenen, »kranken« Lust zu heilen. Einzig der in Europa und

---

78 Die junge Khoisan-Frau Saartje Baartman gelangte als »Hottentotten-Venus« zu trauriger Berühmtheit, als sie Anfang des 19. Jahrhunderts aus ihrer Heimat Südafrika nach England gebracht wurde, wo man sie in einem Käfig wie ein wildes Tier ausstellte. Ihre herabhängenden Schamlippen wurden von Ärzten mit dem Fachbegriff »Hottentottenschürze« belegt. Der französische Chirurg Georges Couvier sah in Baartmans Vulva gar den Beweis für die vermeintliche Unterlegenheit der Schwarzen. Große Schamlippen waren seiner Meinung nach ein Zeichen von »rassischer und moralischer Degeneration«. Nur bei den zivilisierten – sprich: weißen – Frauen hätten sich die Schamlippen und damit ihre »bestialische Sexualität« im Laufe der Evolution zurückgebildet.

den USA verbreitete Fehlglaube, dass die Frau nur schwanger werden könne, wenn sie einen Orgasmus habe, ließ die Praktik nicht populärer werden. Stattdessen versuchte man dem »Problem« der weiblichen Sexualität durch disziplinierende Maßnahmen wie strenge Überwachung, Festbinden, Einsperren und asketische Diäten Herr zu werden. Es wurde unterdrückt und gleichzeitig an das Gewissen der Frauen appelliert: Verzichtet freiwillig auf eure sündige Sexualität, um keine Schuld auf euch zu laden!

Eigentlich gäbe es nun seit geraumer Zeit überhaupt keinen Grund mehr, an weiblichen Körpern herumzuoperieren – wären da nicht die Frauen selbst, die sich heutzutage freiwillig unters Messer legen, »was machen lassen«, wie es lapidar heißt. Sie suchen Ärzte auf, die ihre Vulvas »verschönern« sollen mit Labioplastik (Schamlippenverkleinerungen oder -aufpolsterungen), sogar Vagina-Verjüngungen (Verengungen) stehen auf dem Programm. Allein in Deutschland werden jährlich etwa 6000 solcher intimchirurgischer Eingriffe durchgeführt.

Noch weiter verbreitet als Genital-»Verschönerungen« sind Schönheitsoperationen, die am gesamten Körper ausgeführt werden: Facelifting, Fettabsaugungen an Bauch, Beinen oder Po und die fast schon obligatorische Brustvergrößerung. 2015 wurden weltweit knapp zwei Millionen Brustvergrößerungen oder »-liftings« durchgeführt, davon über 60 000 in Deutschland. Nur Brasilien mit 185 000 Eingriffen und die USA mit knapp 300 000 Eingriffen haben höhere Zahlen, die zudem Jahr für Jahr steigen.

Warum nehmen gesunde Frauen die Risiken einer nicht lebensnotwendigen und zudem schmerzhaften und teuren Operation auf sich?

Viele Frauen erhoffen sich mehr Selbstwertgefühl durch eine größere Körbchengröße.

»Ich finde mich hässlich so, wie ich bin. Mit neuen Brüsten werde ich ein neuer Mensch sein und mich von Grund auf besser fühlen«, sagt die 26-jährige Elena.

»Das machen doch alle. Also nicht alle, aber eben die, die mit sich nicht zufrieden sind. Ist ja auch keine große Sache. Und der Preis und die Schmerzen lohnen sich für das Resultat«, erklärt die 32-jährige Susanne, die sich zum 30. Geburtstag eine Brustvergrößerung gegönnt hat.

Schön zu sein verspricht Glück und Erfolg – auch beim anderen Geschlecht. Prominente Vorbilder machen das operative Körpertuning vor, und es scheint, als ob Frauen jeden Alters und aller sozialen Schichten anfällig für Schönheits-OPs wären – die Sehnsucht nach dem perfekten Körper ist demokratisch. Aber was als harmlose »Verschönerung« daherkommt, ist in Wirklichkeit eine selbst initiierte Verstümmelung: Frauen lassen sich ihre Brüste aufschneiden, ihre Brustwarzen abnehmen, ihre Nerven durchtrennen, Plastik in ihren Körper setzen – und gehen dabei das Risiko ein, in ihrer Sexualität beeinträchtigt zu werden, denn nach Brust-OPs bleiben die Brustwarzen oft gefühllos zurück.

Dass Frauen sich dem jeweils geltenden Schönheitsideal unterwerfen und dieses auch unter größten Qualen zu erreichen versuchen, ist keine neue Entwicklung. Während Frauen in Europa jahrhundertelang so eng in Korsetts geschnürt wurden, dass sich ihr Rückgrat verkrümmte und ihre Organe (bis zur Unfruchtbarkeit) verschoben, gab es in China die über 1000 Jahre währende Tradition des Füßeabbindens, die noch bis in die späten 1940er-Jahre praktiziert wurde. Als während der Tang-

Dynastie (um 975) eine Geliebte des Kaisers sich ihre Füße wie eine Ballerina mit Seidenbändern bandagierte, entstand ein Kult um kleine, spitz zulaufende Füße, der ein furchtbares Ausmaß annehmen sollte. Generationen von Mädchen wurden fortan die Füße abgebunden: Mütter und Großmütter umwickelten die Füße ihrer Töchter und Enkeltöchter so eng, dass die kleinen Zehen unter die Fußsohle gedrückt wurden und beim Gehen brachen. Dadurch wurden die Füße im Wachstum gehemmt, verformten sich und wurden in immer kleinere Schuhe gezwängt, bis die erwünschte Form einer geschlossenen Lotusblüte erreicht war. Kleine Füße in reich bestickten Schühchen galten als Inbegriff der Erotik und wichtigstes Schönheitsmerkmal, das eine Frau vorweisen konnte. Doch hinter der Fassade des schmückenden Schuhwerks lag die Realität verkrüppelter Füße, die die Frauen auch vor ihren Ehemännern meist versteckten: Entzündungen, abgestorbenes Gewebe und unangenehmer Geruch blieben besser hinter parfümierten Bandagen und kunstvoll verzierten Spezialschuhen verborgen.

Der tippelnde, kleinschrittige Gang weckte beim Mann den Beschützerinstinkt und versprach eine abhängige, unterwürfige und auch treue Gefährtin, denn: Die Lotusblütenfrau war aufgrund ihrer körperlichen Einschränkungen an den Mann und an das Haus gebunden, sie konnte im wahrsten Sinne des Wortes keine großen Sprünge machen. Die Leidensfähigkeit der Frau, die sich in ihr Schicksal und ihren körperlichen Schmerz fügte, um dem Mann zu gefallen, machte sie zur attraktiven Ehefrau – sie würde sich an die Traditionen halten, das Wort des Mannes nicht hinterfragen und überhaupt vieles klaglos hinnehmen.

Selbst als 1911 das Füßeabbinden verboten wurde, praktizierte man es heimlich weiter. Das Schönheitsideal der hilflosen Kindfrau hatte sich gesellschaftlich so eingeprägt, dass die Mütter schlechte Zukunfts- beziehungsweise Heiratsaussichten für ihre Töchter befürchteten, wenn sie die normale Entwicklung der Füße nicht behinderten. Wie so oft wurden die ehemaligen Opfer zu Täterinnen an der nächsten Generation. Denn die körperlichen Einbußen bedeuteten gesellschaftlichen Gewinn: Gebundene Füße waren in China lange Zeit ein Zeichen von Wohlstand, und nur die ärmsten Familien, die ihre Frauen und Töchter als Hilfe bei der Feldarbeit benötigten, ließen die Füße der Mädchen unangetastet. Erst nach Gründung der Volksrepublik China 1949 wurde der 1000-jährige Brauch gestoppt und das Verbot des Füßebindens unter Maos Kulturrevolution massiv durchgesetzt. Plötzlich wurde die alte Tradition geächtet – allerdings nicht aus Rücksicht auf die Frau, sondern weil Mao die Frauen als Arbeitskräfte brauchte.

Blicken wir zurück, erkennen wir, dass der weibliche Körper im Lauf der Geschichte immer wieder Gewalt erfuhr, um die Frau zu begrenzen: Die abgebundenen Füße nahmen ihr den festen Stand und den sicheren Schritt, die korsettgeschnürte Taille nahm ihr die Luft zum Atmen und Sprechen, die Verstümmelung ihres Geschlechts nahm ihr die Lust und das Recht auf eine freie Sexualität. Die Frau sollte nicht intakt bleiben, nicht zu viel Raum und Selbstbewusstsein bekommen.

»Warum lassen wir Frauen uns das gefallen, dass wir unser Leben für zwei Füße opfern, deren Knochen zerquetscht sind …?«, fragte die chinesische Frauenrechtlerin Qui Jin bereits Ende des 19. Jahrhunderts. Qui Jin appellierte an die Eigenverantwortung ihrer Geschlechtsgenossinnen: »Die Ursache liegt nur bei euch selbst, die ihr euch für wertlose Wesen haltet und die ihr nicht danach trachtet, euch beruflich zu qualifizieren, sodass ihr euren Lebensunterhalt selbst verdienen könnt. Es ist eure Schuld, dass ihr euch immer den Männern anvertraut und eure ganze Energie darauf verwendet, ihnen zu schmeicheln und tausend neue Wege zu finden, wie ihr euch bei ihnen lieb Kind machen könnt.«

Qui Lin sprach wahre Worte, aber sie blendete die Verantwortung und die Macht der Gesellschaft aus, die lange Zeit nicht wollte, dass sich in der Stellung der Frau etwas veränderte. So bezahlte Qui Lin den Mut, für ihre politischen Überzeugungen zu kämpfen, schließlich mit dem Leben: Sie wurde 1907, gerade 32 Jahre alt, hingerichtet.

Und heute? Heute wird der weibliche Körper häufig als Baustelle oder Problembereich verstanden, den es zu normalisieren und normieren gilt. Heute bedarf es keiner Männer und Mütter mehr, die Töchter und Frauen zu einer »Schönheits«-OP zu zwingen.[79] In vorauseilendem Gehorsam versucht die Frau selbst dem jeweils geltenden Schönheitsideal zu entsprechen – wenn nötig mit Gewalt. Die Selbstoptimierung geschieht freiwillig, nachdem ein mangelndes Selbstwertgefühl von Mutter zu Tochter weitergegeben wurde, das tagtäglich durch überfordernde gesellschaftliche Normen verfestigt wird.

Daran kann sich nur etwas ändern, wenn Frauen endlich innehalten und eigene Bilder entwickeln, die sie in

79 In Asien lassen Frauen sich heute die Beine brechen und mit Metallgestellen dehnen, um längere Beine zu bekommen, im Westen schmerzhafte Injektionen in den Po verabreichen, um ein pralleres Hinterteil vorweisen zu können, das gerade in Mode ist.

die Welt tragen, wo sie zu Vielfalt, Toleranz und Akzeptanz beitragen können. Solange sie weiterhin blind einem unerreichbaren Idealbild folgen, setzt sich die Gewalt, die weiblichen Körpern seit eh und je angetan wurde, weiter fort.

Kavaliersdelikt Vergewaltigung – Die aufreizende Frau

»Sex und Schmerz gehören manchmal zusammen.
Das ist nicht unbedingt etwas Schlechtes. (…)
Warum konnten Sie Ihre Beine nicht geschlossen halten?«

Richter Robin Camp in Calgary, Kanada, 2014
während einer Gerichtsverhandlung zu einem
Vergewaltigungsopfer

»So wie Sie aussehen? Da müssen Sie sich ja nicht wundern«, sagte der Polizist zu Pia, als sie die versuchte Vergewaltigung anzeigen wollte. Die 27-Jährige ist Monate später noch fassungslos und wütend. Eine Aufsichtsbeschwerde gegen den Beamten verläuft im Sand. Das Verfahren gegen den Bekannten, der Pia nach einer Party auf dem Nachhauseweg in einen Hauseingang zerrte, sie gegen ihren Willen küsste und »am ganzen Körper betatschte« und erst von ihr abließ, als Passanten zu Hilfe eilten, wird wegen Geringfügigkeit eingestellt. Es dauert lange, bis sie sich in der Welt wieder sicher fühlt. »Es ist dir doch eigentlich nichts passiert«, ist eine Reaktion, die ihr selbst von nahen Freunden mitunter entgegengebracht wird.

Nichts passiert: Pia ist Opfer eines sexuellen Übergriffes geworden, auch wenn es dem Täter nicht gelungen ist, die Vergewaltigung per Penetration zu vollziehen. Pia wurde anschließend Opfer einer sexistischen Bemerkung einer Amtsperson, und der Täter wurde nicht zur Rechenschaft gezogen.

Pias Geschichte ist kein Einzelfall. Seit Urzeiten wird sexuelle Gewalt an Frauen verübt. Tag für Tag, in jedem Teil der Welt, viele Male. Vergewaltigte Frauen werden meist mehr als einmal Opfer – nach der Gewalttat werden sie oft ein zweites Mal verletzt, diesmal von der Gesellschaft, die das Recht auf ihre Unversehrtheit nicht anerkennt. Laut einer aktuellen, repräsentativen Umfrage halten knapp 30 Prozent der Europäer nicht einvernehmlichen Sex in bestimmten Situationen für vertretbar – beispielsweise, wenn die Frau betrunken oder sexy gekleidet war, den Täter mit zu sich nach Hause nahm oder wenn sie in der Vergangenheit mehrere Sexualpartner hatte.

Seit jeher werden vergewaltigte Frauen in zwei Klassen unterteilt: unschuldige Jungfrauen und alle anderen. Je mehr sexuelle Erfahrung eine Frau vor der Tat hatte, desto weniger schwer wog der Vorwurf der Vergewaltigung – die Geschlechtsteile waren ja ohnehin »geweitet«.[80] In langwierigen Prozessen musste die Frau die Schuld des Täters beweisen, während mit allen Mitteln versucht wurde, ihre Mitschuld – durch ihr »unsittliches« Verhalten oder Aussehen, ihre sexuelle Vergangenheit und sogar das erfolglose Abwehren der Vergewaltigung – festzustel-

80 Eine unter Medizinern verbreitete Annahme war, dass nur unerfahrene Frauen beim Eindringen des Gliedes Schmerz statt Lust empfanden, während bei bereits »geweiteten« Frauen dem Genuss des – selbst erzwungenen – Koitus nichts im Wege stand.

len. Unzählige Mythen stützen bis heute das Konzept des aufreizenden Weibsbildes, das an der Vergewaltigung selbst schuld ist.

Die mangelnde Aussicht auf Gerechtigkeit und die zu erwartenden Demütigungen im Falle einer Verhandlung hielten viele Opfer davon ab, ihre Peiniger anzuzeigen. Weil die Bewertung der Tat stets einem *männlichen* (medizinischen, moralischen und juristischen) Blickwinkel unterlag, entstand ein Teufelskreis, der bis heute nicht durchbrochen wurde: Vergewaltigung ist nach wie vor ein Kavaliersdelikt, das nur in den seltensten Fällen verfolgt und bestraft wird, was der männlichen Täterschaft eine Legitimierung und Rechtfertigung für begangene und eine niedrige Schwelle für zukünftige Taten liefert. Während die Taten gesellschaftlich bagatellisiert werden, hinterlässt eine sexuelle Gewalterfahrung beim Opfer oft lebenslange traumatische Spuren, egal ob eine Frau im Krieg, von einem Fremden auf der Straße oder von ihrem Ehemann im eigenen Bett vergewaltigt wurde.

Vergewaltigung – Die doppelte Gewalt

September 2014. Eine junge Frau trägt eine dunkelblaue Matratze über den Campus der Columbia University in New York. Die junge Frau heißt Emma und ist Kunststudentin. Das Schleppen der Matratze ist Teil ihrer Abschlussarbeit mit dem Titel »Carry That Weight« (Trage diese Last) und dient auch der Bekanntmachung ihrer psychischen Last: »Seit ich in meinem eigenen Bett im Wohnheim der Universität vergewaltigt worden bin, ist dieser Ort für mich belastet. Und ich trage das, was dort passiert ist, überall mit mir herum.« Emma plant, die

Matratze so lange über den Campus zu tragen, bis »ihr Vergewaltiger«, ein Mitstudent, von der Universität geworfen wird oder sie von selbst verlässt.

Die Studentin tut etwas, was in vielen Ländern der Welt undenkbar ist: Sie macht die Gewalttat öffentlich. Und sie prangert mit ihrer »Matratzen-Performance« auch die Ungerechtigkeit an, die ihr und anderen Opfern sexueller Gewalt weltweit widerfährt – denn die Täter bekommen in den wenigsten Fällen die Auswirkungen ihrer Gewalt zu spüren. Sie werden nicht angezeigt, nicht strafrechtlich verfolgt oder verurteilt, nicht gesellschaftlich stigmatisiert. Ihr Leben geht einfach so weiter, während das der Opfer für immer gekennzeichnet ist von der traumatischen Erfahrung.

Paul, der beschuldigte Kommilitone, ist sich keiner Schuld bewusst. Er bestreitet Emmas Vorwürfe vehement: Sie hätten sowohl vor als auch nach der vermeintlichen Gewalttat in einer lockeren – auch sexuellen – Beziehung gestanden. Es habe sich zwischen den beiden stets um einvernehmlichen Geschlechtsverkehr gehandelt. Auch nach der mutmaßlichen Vergewaltigung hätten die beiden in unregelmäßigem, aber freundlichem Kontakt gestanden. Er kann SMS und Facebook-Nachrichten vorlegen, die seine Angaben bestätigen. Er sieht nicht Emma, sondern sich selbst als Opfer einer Verleumdung, die sein Leben zerstört. Die Universität spricht Paul nach einer Untersuchung frei.

Wie bei den meisten Vergewaltigungsvorwürfen steht hier Aussage gegen Aussage – und einer von beiden lügt. Viele Fragen stehen bei Vergewaltigungsvorwürfen im Raum: Wie kann es in einer einvernehmlichen sexuellen Beziehung plötzlich zu einer Vergewaltigung kommen?

Hat Emma nur undeutliche Zeichen ausgesendet, die Paul missverstanden hat? Wieso ist Emma nicht sofort zur Polizei gegangen, um Paul anzuzeigen, sondern erst Monate später? Wieso hat sie nach der Tat noch Kontakt zu Paul gehabt, der sogar von ihr selbst ausgegangen ist? Hat er sie vielleicht gekränkt oder zurückgewiesen, sodass sie sich die brutale Gewalttat ausgedacht hat, um sich an ihm zu rächen? Oder brauchte sie vielleicht nur ein spektakuläres Thema für ihre Abschlussarbeit?

Niemand außer Emma und Paul wird je wissen, was in jener Nacht *wirklich* geschah, aber die Fragen, die dazu gestellt werden, haben alle eins gemeinsam: Sie entlasten den Täter und belasten das Opfer. Das sogenannte »Victimblaming«, bei dem das Opfer beschuldigt wird, zumindest mitverantwortlich für die Tat zu sein, und die Täter-Opfer-Umkehr, die dabei stattfindet, ist oft im Rahmen von Gewalt gegen Frauen zu finden.[81]

Dazu kommen weit verbreitete Ansichten über sexuelle Gewalt an Frauen, die fest im kulturellen Gedächtnis verankert sind und die sich in den sogenannten Vergewaltigungsmythen ausdrücken:

Der Seltenheits-Mythos

Sexuelle Gewalt ist ein selten auftretendes Phänomen.

Fakt ist, dass in Deutschland jede 7. Frau im Laufe ihres Lebens Opfer einer sexuellen Gewalttat wird. Darunter fallen Vergewaltigung, versuchte Vergewaltigung oder sexuelle Nötigung.

---

81 Aktuelle Studien belegen: Je näher Opfer und Täter sich standen, desto mehr Schuld wird dem Opfer zugeschrieben. Gleiches gilt, wenn das Opfer betrunken war und/oder der Täter keine Gewalt anwendete.

Der Rache-Mythos

Frauen beschuldigen besonders dann einen Mann zu Unrecht einer Vergewaltigung, wenn er ihnen nicht genügend zugeneigt ist.

Fakt ist, dass es sich bei sexuellen Gewalttaten oft um unklare Sachverhalte handelt, da es keine Zeugen gibt. Studien und Schätzungen gehen von 3 bis 10 Prozent Fehlanschuldigungen aus. Genau wie bei Vergewaltigungen gilt: Jede Fehlanschuldigung ist eine zu viel. Während eine Vergewaltigung das Schlimmste ist, was ein Mann einer Frau antun kann, ist eine fälschliche Beschuldigung das Schlimmste, was eine Frau einem Mann antun kann.[82]

»Der Fremde hinter dem Baum«-Mythos

Vergewaltiger sind meist Unbekannte, die Frauen nachts in einsamen Parks oder dunklen Straßen überfallen.

Fakt ist, dass der Täter in den seltensten Fällen ein Fremder ist. In zwei Drittel aller Fälle kommt der Täter aus dem sozialen Umfeld der Frau. Die überwiegende Anzahl der Täter ist den Opfern zuvor (zumindest flüchtig) bekannt – es sind Freunde, Bekannte, Verwandte, Partner oder Expartner. Die psychologischen Folgen sind für das Opfer bei einer Vergewaltigung durch einen bekannten

---

82 Zuletzt wurde der Rache-Mythos durch den Schweizer Moderator Jörg Kachelmann befeuert, der 2011 nach mehreren Monaten Untersuchungshaft des Vorwurfs der Vergewaltigung an einer seiner zahlreichen Exfreundinnen aufgrund mangelnder Beweise freigesprochen wurde. Er prägte den Begriff des »Opfer-Abos«, der besagt, dass Frauen immer als Opfer wahrgenommen würden, selbst wenn sie Täterinnen seien. Tatsächlich jedoch steht bis heute in Gerichtsverfahren, in denen über Sittlichkeitsverbrechen verhandelt wird, die Glaubwürdigkeit weiblicher Belastungszeugen auf dem Prüfstand.

Täter genauso schwerwiegend wie die durch einen Fremden.

Der »Vergewaltigung ist Sex«-Mythos

Eine Frau kann, rein anatomisch gesehen, nicht gegen ihren Willen vergewaltigt werden; wenn also nur die Frauen vergewaltigt werden, die »mitspielen«, ist es eigentlich keine Vergewaltigung, sondern Sex.

Fakt ist, dass jede Form von sexueller Übergriffigkeit ein Akt der Gewalt ist. Fakt ist, dass Frauen ohne ihren Willen penetriert werden können und dass sie sich oft nicht wehren, um weitere Verletzungen durch den Täter zu verhindern. Sexuelle Gewalt verstört und traumatisiert, sie erzeugt keine Lust und/oder Befriedigung beim Opfer. Vergewaltigungen sind weniger sexuell motiviert als vielmehr aggressive Gewalttaten. Sexualität wird als Mittel eingesetzt, um das Opfer zu erniedrigen und Macht über es auszuüben.

Der »Nein heißt eigentlich Ja«-Mythos

Frauen zieren sich oft, obwohl sie es eigentlich auch wollen. Als Mann muss man die Frau überzeugen, und das kann dann schon mal etwas härter zur Sache gehen.

Fakt ist, dass Nein nicht Ja oder Vielleicht heißt. Nein heißt Nein. Auch abwehrende Körpersprache kann ein Signal sein, auf das Sexualpartner unbedingt eingehen, im Zweifel ansprechen und natürlich respektieren sollten.

Der »Selbst schuld«-Mythos

Wenn die Frau sich nicht so aufreizend gekleidet und verhalten hätte, wäre das gar nicht passiert. Wer Männer erst scharf macht durch sein Aussehen oder sein Verhalten, muss sich nicht wundern, wenn sie sich dann nicht beherrschen können. Streng genommen ist der willenlose, seinen Trieben ausgelieferte Mann das Opfer der verführerischen Frau.

Fakt ist, dass Opfer sexueller Gewalt keine Schuld dafür tragen, dass Täter ihre Grenzen überschreiten. Sexy Kleidung ist eine von vielen Formen sexueller Selbstbestimmung und keine Einladung zu einer Vergewaltigung. Abgesehen davon hat jeder Mensch das Recht, zu jedem Zeitpunkt Nein zu sagen. Sexuelle Handlungen sollten jederzeit gestoppt werden können, wenn einer von beiden sich nicht mehr wohl dabei fühlt.

Der »Typisches Opferverhalten«-Mythos

Einer Frau, die »wirklich« vergewaltigt wurde, sieht man das Erlebte an. Sie ist völlig aufgelöst und erzählt sofort von der Tat.

Fakt ist, dass jedes Opfer unterschiedlich reagiert, es gibt kein »typisches Opferverhalten«. Manche Opfer von sexueller Gewalt stehen unter Schock und funktionieren für die Außenwelt völlig normal weiter, andere sind verzweifelt und aufgelöst, wieder andere reagieren aggressiv. Die meisten Frauen schweigen über das, was ihnen zugefügt wurde. Oft hindern Scham und die Angst vor Schuldzuweisungen die Opfer daran, sich nahestehenden oder fremden Personen anzuvertrauen oder unmittelbar nach der Tat Anzeige zu erstatten.

Die meisten dieser Mythen sind haarsträubend, und doch haben sie sich hartnäckig in unseren Köpfen eingenistet. Vergewaltigungsmythen basieren auf traditionellen Genderstrukturen, Rollenerwartungen und patriarchalischen Machtverhältnissen: *Mann ist richtig, Frau ist falsch. Sollte*

Mann einen Fehler machen, ist die Frau schuld. Überschreitet ein Mann die Grenzen einer Frau, hat die Frau zuvor unklare Zeichen ausgesendet, zu dieser Grenzverletzung gar eingeladen. Diese Mythen sind gefährlich, denn die Akzeptanz von verharmlosenden und rechtfertigenden Vergewaltigungsmythen ist einer der Gründe für die Bereitschaft, selbst sexuelle Gewalt auszuüben.

Interessant ist, dass sowohl Männer als auch Frauen viele der obigen Thesen für zutreffend halten. Männer stimmen (bewusst oder unbewusst) zu, weil sie so als Teil der potenziellen Tätergruppe ihre Verantwortung herunterspielen und den potenziellen Opfern Verantwortung zuschieben können.

Warum aber billigen Frauen die frauenverachtenden Mythen? Weil sexuelle Gewalt Angst macht. Indem Frau dem Opfer Schuld oder eine Mitverantwortung zuschreibt, kann sie sich beruhigen und sich selbst in Sicherheit wiegen. Die vergewaltigte Frau gehört zu einer *anderen* Gruppe, während die (noch) unversehrte Frau sich die Illusion von Kontrolle und Schutz aufrechterhält: Wenn ich alles richtig mache, mich brav, sittsam, zurückhaltend verhalte, passiert mir so etwas nicht. Der vergewaltigten Frau wird somit erneut auch von ihrem eigenen Geschlecht Gewalt angetan. Das Stigma, die Scham, die Frage: »Was hätte ich tun können, damit das nicht passiert wäre?«, wird gefördert, anstatt die vergewaltigte Frau zu schützen, zu trösten und auf gesamtgesellschaftlicher Ebene dafür zu sorgen, dass Gewalt gegen Frauen moralisch verurteilt und juristisch streng geahndet wird.

Wie tief ungerechte Strukturen auch in unserer Gesellschaft noch verankert sind, wird auch deutlich in gut gemeinten Forderungen, Frauen sollten Selbstverteidigung lernen. In einer seriösen deutschen TV-Reportage über Vergewaltigungen hieß es: »Wenn Frauen sich heute frei im öffentlichen Raum bewegen, sollten sie sich stets bewusst sein, dass sie sexueller Gewalt ausgesetzt sein könnten.« Dieser Satz hinterlässt einen bitteren Nachgeschmack. *Heute. Frei. Im öffentlichen Raum bewegen.* Kehrt man die Bedeutung des Satzes um, heißt es, dass es sicherer wäre, wenn Frau sich nicht frei im öffentlichen Raum bewegen würde. Denn der öffentliche Raum wird offensichtlich von einigen Männern beherrscht, die sich selbst nicht beherrschen können. Prävention wird hier zur Sache der Frauen gemacht, die sich nicht in die Opferrolle begeben, sondern »als Gegnerin agieren« sollen, anstatt bei den (späteren) Tätern anzusetzen. Solange Frauen sich in ihrem Verhalten einschränken müssen, weil sie sich sonst der Gefahr aussetzen, vergewaltigt zu werden, sind alle Frauen potenzielle Opfer von potenzieller (männlicher) Gewalt – egal, ob im öffentlichen oder im privaten Raum.

Das risikolose Delikt und das männliche Gesetz

Es ist bereits dunkel in Delhi, als ein junges Paar am 16. Dezember 2012 aus dem Kino kommt. Sie wollen schnell nach Hause, denn in Indien ist es nach Einbruch der Dunkelheit auf den Straßen nicht mehr sicher für Frauen. Nachdem die beiden an einem belebten Platz in einen Bus gestiegen sind, nimmt ihr Leben eine brutale Wendung. Der junge Mann wird von den sechs Businsassen zusammengeschlagen. Seine Freundin, die 23-jährige Jyoti Singh Pandey wird mehrfach vergewaltigt. Die Täter im Alter zwischen 17 und 28 Jahren – darunter ein Schulbusfahrer, ein Obstverkäufer und ein Fitnesstrainer – sind wie im Blutrausch, sie quälen die junge Frau und pfählen sie mit einer rostigen Eisenstange, bis ihr Unterleib zerstört ist. Dann werfen sie ihre beiden Opfer nackt und schwer verletzt aus dem fahrenden Bus und versuchen, sie zu überfahren. Jyoti Singh Pandey stirbt wenige Tage später an ihren Verletzungen. Einer ihrer Vergewaltiger und Mörder verteidigt sich später in einem Fernsehinterview, dass keine anständige Frau abends um 21 Uhr noch auf der Straße sei und dass Frauen mehr Verantwortung für eine Vergewaltigung trügen als der Mann.[83]

Schätzungen zufolge wird in Indien alle 20 Minuten eine Frau vergewaltigt. Viele der Vergewaltigungen werden von Gruppen begangen und beschönigend »Eve teasing« (»Eva reizen«) genannt. Wie in den meisten anderen Ländern wird auch in Indien nur ein Bruchteil der Vergewaltigungen angezeigt, und von diesen kommt wiederum nur ein Bruchteil zur Anklage und Verurteilung. Der Grund für diesen Missstand liegt laut internationalen Studien darin, dass in männer- und gewaltdominierten Kulturen die Toleranz für Gewaltverbrechen an Frauen extrem hoch ist. Frauen sind also weder *vor* einer Vergewaltigung sicher, noch *danach*. Sexuelle Gewalt kennt keine Gerechtigkeit.

Seit ewigen Zeiten wird sexuelle Gewalt an Frauen ver-

---

83 Nach der grausamen Tat und den Massenprotesten danach wurde das Sexualstrafrecht in Indien verschärft. Seit 2013 kann für Vergewaltigungen, deren Opfer dauerhaft ins Koma fällt oder stirbt, die Todesstrafe verhängt werden, die Mindeststrafe beträgt 20 Jahre Haft. In Indien, wo Vergewaltigungen zum Alltag gehören und oft vor allem den Frauen die Schuld gegeben wird, ist die Zahl der Anzeigen wegen Vergewaltigung seit Jyotis Tod rapide gestiegen, in Delhi war sie 2013 etwa doppelt so hoch wie 2012.

übt, und es waren immer Männer, die die Strafen dafür festgelegt haben: In der Antike galt die Vergewaltigung einer Sklavin nicht als Straftat, da sie das Eigentum des Besitzers war und keine Rechte besaß. Wurde die Sklavin eines anderen missbraucht, konnte Anklage wegen »Sachbeschädigung« erhoben werden. Wer eine verheiratete Frau vergewaltigte, wurde mit niedrigeren Strafen belegt, als wenn er sie verführte, denn im Rahmen eines einvernehmlichen Techtelmechtels gewann der Nebenbuhler sowohl die Gefühle der Frau als auch Zugang zu den Besitztümern des Ehemannes, was als das schlimmere Verbrechen galt.[84]

Auch das Alte Testament beschreibt die Frau in Vergewaltigungsfällen als Objekt und Besitztum des Mannes, ähnlich einer Sklavin – und solange diese keinem anderen Herrn gehörte, konnte jedermann über sie (auch gewaltsam) verfügen. Wurde eine verheiratete Frau Opfer einer Vergewaltigung, war sie unrein oder böse, weil ihr per se eine Mitschuld zugesprochen wurde. Für ihren Ehemann war sie hiernach beschmutzt und wertlos.

Die Moral der Frau als entscheidendes Merkmal für die Schuld oder Unschuld des Vergewaltigers wurde im 16. Jahrhundert sogar gesetzlich festgeschrieben. Im ersten deutschen Strafgesetzbuch von 1532 ist vermerkt, dass nur eine Frau tadellosen Rufes, also eine Jungfrau oder eine verheiratete Frau die Tat anzeigen konnte. Prostitu-

---

84 In der mittelassyrischen Zeit wurden assyrische Vergewaltiger damit bestraft, dass ihre Frauen von den Vätern seiner Opfer vergewaltigt wurden – nicht der Mann, sondern seine Frau wurde bestraft, und zwar erneut mit sexueller Gewalt. Über 3000 Jahre später entschied im Juli 2017 ein Dorfrat in Pakistan, dass die Schwester eines Vergewaltigers von dem Bruder des Opfers vergewaltigt werden sollte. Die beiden Vergewaltigungsopfer waren 12 und 16 Jahre alt.

ierte und ledige oder verwitwete Frauen mit häufig wechselnden Geschlechtspartnern hatten rechtlich keinerlei Möglichkeit, eine Verurteilung des Täters zu erwirken.[85]

Genauso hartnäckig bewahrte sich die Mär vom Einverständnis der Frau mit der Vergewaltigung. Wenngleich ein paar wenige Ärzte wie beispielsweise der angesehene deutsche Rechtsmediziner Michael Alberti Ende des 17. Jahrhunderts auf die schwerwiegenden Folgen einer Vergewaltigung hinwiesen, hielten die meisten Mediziner doch an dem Mythos fest, dass Notzucht eines einzelnen Mannes an einer Frau eigentlich unmöglich sei, da diese das Eindringen des Penis leicht verhindern könne. Die Historikerin Maren Lorenz fand heraus, dass sich der weit bis ins 19. Jahrhundert – und zum Teil bis heute – anhaltende Irrglaube, die Frau könne eine Vergewaltigung immer verhindern, auf ein bestimmtes Präzedenzgutachten der Leipziger Medizinischen Fakultät aus dem 17. Jahrhundert stützte, das die Schuld der Vergewaltigung dem 17-jährigen Opfer und ihrer »geschwächten Jungfernschaft« zuschob. Die Frau sei immer mitschuldig an einer Vergewaltigung, denn: »Ohngeachtet der stärkeren Muskelkraft des Mannes kann er doch das minder starke Weib zu dieser Handlung nicht zwingen.«

Dieses Fazit war weder logisch noch wahrscheinlich. Umso erschreckender, dass es bis heute unhinterfragt übernommen wird und mitunter in der Unterstellung gipfelt, dass Frauen, die Opfer einer Vergewaltigung wurden, dabei »erregt« gewesen seien und sogar »Spaß« gehabt hätten, da eine Penetration sonst nicht möglich gewesen

---

85 Ein weiterer Skandal besteht darin, dass nicht-vaginale Formen der sexuellen Gewalt wie beispielsweise Anal- oder Oralverkehr bis ins späte 20. Jahrhundert nicht als Vergewaltigung begriffen wurden.

wäre. Der Mythos: »Nein heißt eigentlich Ja« wird somit verstärkt.

Die heute noch gültigen Vergewaltigungsmythen basieren auf jahrtausendealten Traditionen und Gesetzen, die von Männern geschaffen wurden, um ihre Ehre und ihre Vorherrschaft zu sichern. Die Frau war dem Manne untertan – weil sie körperlich schwächer war und weil sie gesellschaftlich weniger Macht hatte. Die vergewaltigte Frau war kein schützenswertes Opfer, es gehörte einfach zu ihrem Schicksal, dem Mann zu Diensten zu sein, auch sexuell. Machte sie Aufhebens und zeigte sie den Mann an, musste sie erst einmal ihre eigene Unschuld beweisen, was in den meisten Fällen unmöglich war. Die vergewaltigte Frau war entweder selbst schuld oder sie dachte sich die Vorwürfe aus. Und solange die Frau rechtlos war, solange sie in (existenzieller) Abhängigkeit vom Mann lebte, konnte sich an ihrer Situation nichts ändern.

Bis heute hat jede Gesellschaft Mechanismen, die Gewalt legitimieren, verschleiern, leugnen, und sie somit aufrechterhalten. Je traditioneller und sexistischer eine Gemeinschaft ist, desto häufiger finden Vergewaltigungen statt und desto weniger werden sie geahndet. Dies gilt auch heute noch, im 21. Jahrhundert: In Marokko, Syrien, Jordanien und im Libanon ist die Situation für Vergewaltigungsopfer besonders verheerend, denn dort kann sich der Vergewaltiger einer juristischen Verfolgung ganz leicht entziehen, indem er sein Opfer heiratet. In anderen Ländern spielt noch immer nicht die Tat, sondern das Ansehen der Frau die entscheidende Rolle, ob eine Vergewaltigung als solche bewertet und juristisch verfolgt wird. In Costa Rica, Ecuador und Guatemala beschützt das Gesetz nur »ehrliche und keusche Frauen«. In Pakistan wird bei einem Vergewaltigungsvorwurf zunächst die Tugendhaftigkeit der Frau überprüft, indem das Gericht einen »Zwei-Finger-Test« anordnet: Fällt es dem Arzt leicht, zwei Finger in die Vagina des Opfers einzuführen, verliert die Aussage der Frau an Gewicht, weil man davon ausgeht, dass die Betroffene regelmäßig Sex hat.[86]

Wenn der Leumund einer vergewaltigten Frau oder die Weite ihrer Vagina ausschlaggebend dafür ist, ob der Täter oder das Opfer verfolgt wird, verwundert es nicht, dass Vergewaltigungen nur selten angezeigt werden. Zu gering sind die Chancen auf eine angemessene Rechtsprechung, zu groß die Gefahr, erneut Opfer zu werden – von der Polizei, der Justiz, der Gesellschaft und in manchen Fällen sogar von der eigenen Familie, die die vergewaltigte Frau verstößt.

Wer glaubt, dass der juristische Schutz für Vergewaltigungsopfer in Deutschland weitaus besser aussieht, irrt. Auch in Deutschland werden von 100 sexuellen Gewalttaten nur etwa 5 bei der Polizei angezeigt. Bei jährlich etwa 8000 angezeigten Vergewaltigungen liegt die Dunkelziffer also bei etwa 160 000 Vergewaltigungen im Jahr. Scham und Angst vor öffentlicher Stigmatisierung halten Frauen davon ab, die Gewalttat anzuzeigen.

Tatsächlich gestand sogar der ehemalige Generalstaatsanwalt Hansjürgen Karge im Jahre 2013 in der Talksendung »Anne Will« ein, er würde seiner Tochter davon

---

86 Diese erniedrigende Untersuchung war bis ins 19. Jahrhundert auch in Deutschland Teil der »Besichtigung« des vermeintlichen Tatopfers. Laut einem Lehrbuch von 1840, der »Ausführlichen Enzyklopädie der gesammten Staatsarzneikunde«, sollte im Falle eines Notzuchtverdachts geprüft werden, ob »die Mutterscheide erweitert und dergestalt offen (sei), daß man mit zwey Fingern hineinkommen könne«.

abraten, nach einer Vergewaltigung zur Polizei zu gehen. Krage weiß, was auf Vergewaltigungsopfer zukommt: eine Tortur aus unangenehmen Fragen und Vernehmungen. Er sprach davon, dass die Opfer auf dem Revier und später im Gerichtssaal »noch einmal richtig in die Mangel genommen« werden würden: »Ihre Sexualpraktiken werden öffentlich breitgetreten. Allein das Gefühl, dass man ihnen nicht glaubt, überfordert Kräfte und Nerven vieler Frauen.« Sowohl der demütigende Umgang mit weiblichen Gewaltopfern als auch die Tatsache, dass Vergewaltigungen weltweit eine der niedrigsten Verurteilungsraten von allen Verbrechen haben, sind skandalös. In Deutschland enden im Schnitt nur 13 von 100 angezeigten Vergewaltigungen mit einer Verurteilung des Täters.

Dies liegt auch an einer Gesetzeslücke, denn nach dem deutschen Strafgesetzbuch war bis zum Jahre 2016 nicht jede Vergewaltigung strafbar. Selbst wenn vor Gericht bewiesen war, dass der Täter das Opfer gegen dessen Willen zu sexuellen Handlungen gezwungen hatte, konnten Täter ohne Strafe davonkommen. Denn nach der bis 2016 gültigen Fassung des § 177 StGB wurde eine Vergewaltigung nur dann bestraft, wenn diese mit bestimmten Mitteln durchgesetzt wurde – nämlich mit Gewalt oder Androhung von Gewalt oder der Ausnutzung einer sogenannten »schutzlosen Lage«.[87] Lange Zeit war ein Nein des Opfers nicht ausreichend, selbst wenn der Täter es gehört und

87 Folgende Fälle fielen nicht unter die Definition der »schutzlosen Lage«: Erzwang der Täter eine sexuelle Handlung mit der Drohung, kompromittierende Bilder des Opfers ins Internet zu stellen, oder zwang der Täter eine Frau ohne Aufenthaltspapiere zu sexuellen Handlungen, indem er auf eine mögliche Abschiebung hinwies, fiel das nicht unter den Vergewaltigungstatbestand.

auch verstanden hatte – das Opfer musste deutliche Gegenwehr leisten. Hinzu kam, dass die erste Grenzverletzung oft nicht geahndet wurde. Wenn ein Mann eine schlafende Frau penetrierte und sofort von ihr abließ, wenn sie aufwachte und sich wehrte, oder wenn ein Mann eine Frau unsittlich berührte und nach ihrem Protest nicht fortfuhr, dann hatte er laut Gesetz keine Straftat begangen, denn alle Handlungen bis zum Zeitpunkt der ersten Abwehrreaktion waren nach der Rechtslage bis 2016 nicht strafbar.

Was aber, wenn der Täter – wie in den meisten Fällen – kein Fremder ist, sondern der eigene (Ex-)Partner? In langjährigen Beziehungen können bereits Gewaltspiralen entstanden sein, die die Frau zu entschärfen versucht, indem sie bei sexueller Gewalt keine Gegenwehr leistet, weil sie weiß, dass die Vergewaltigung ohnehin nicht zu verhindern ist und mit Gegenwehr lediglich quälender wird oder länger dauert. Nach dem Strafrecht lag bis 2016 keine Vergewaltigung vor, wenn »Betroffene die Tat über sich ergehen lassen oder handlungsunfähig sind, weil sie sich schutzlos fühlen«. Nach Auffassung des Bundesgerichtshofs mussten sie auch »objektiv schutzlos« sein. 2006 hob der Bundesgerichtshof eine Verurteilung wegen Vergewaltigung auf und begründete dies folgendermaßen: »Dass der Angeklagte der Nebenklägerin die Kleidung vom Körper gerissen und gegen deren ausdrücklich erklärten Willen den Geschlechtsverkehr durchgeführt hat« belege »nicht die Nötigung des Opfers durch Gewalt. Das Herunterreißen der Kleidung allein reicht zur Tatbestandserfüllung nicht aus.« Immer wieder wurden vonseiten des Gerichts realitätsfremde Anforderungen an die Opfer gestellt, die erneut dazu führten, dem Opfer eine

Teilschuld zuzuschreiben und den Täter zu entlasten.[88] Zur Erinnerung: Wir sprechen hier vom 21. Jahrhundert in Deutschland – und plötzlich scheinen das Jahr 1532 oder Pakistan nicht mehr so weit entfernt.

»Manche Männer sind einfach rabiater« – Sexuelle Gewalt in der Ehe

»Eine Frau darf niemals Nein sagen, unter keinen Umständen«, so der Imam Abdel Moez-al-Eila am 23. Januar 2015 während einer Predigt in einer Berliner Moschee. »Auch wenn sie ihre Periode hat, gibt es keinen Grund, warum der Ehemann ihren Körper nicht fürs Vergnügen benutzen könne.« Deutsche Politiker äußerten sich empört, und der Türkische Bund in Berlin-Brandenburg stellte Strafanzeige gegen den Imam wegen Beleidigung, Volksverhetzung und Verdachts auf öffentlichen Aufruf zur Gewalt, da seine Aussagen »eine öffentliche Aufforderung zur Vergewaltigung« seien. Auch der damalige Berliner Innensenator Frank Henkel (CDU) sprach von einer »Zumutung für jeden klar denkenden Menschen«.

Aber es ist noch gar nicht lange her, da dachten deutsche Politiker und große Teile der deutschen Gesellschaft ähnlich wie der ägyptische Imam: Sexuelle Gewalt innerhalb der Ehe galt bis 1997 nicht als Straftat. Laut Gesetz hatte der Körper einer Ehefrau ihrem Gatten uneinge-

---

88 Der Bundesverband für Frauennotrufe und Frauenberatungsstellen setzte sich deshalb jahrelang für eine Reform des § 177 ein. Erst die Vorfälle in der Silvesternacht auf 2016 in Köln und anderen deutschen Großstädten brachten Politiker dazu, einer neuen, verschärften Gesetzesvorlage zuzustimmen, die die bis dahin bestehenden Lücken im Strafrecht schließt und die Rechte von Frauen stärkt.

schränkt zur Verfügung zu stehen. Bis in die zweite Hälfte des 20. Jahrhunderts galt der »eheliche Beischlaf« als Pflicht. 1967 präzisierte der Bundesgerichtshof sogar, dass die Frau Geschlechtsverkehr nicht nur gewähren, sondern daran auch Anteilnahme zeigen müsse: »Die Frau genügt ihren ehelichen Pflichten nicht schon damit, daß sie die Beiwohnung teilnahmslos geschehen läßt.« Die Ehe fordere »von ihr eine Gewährung in ehelicher Zuneigung und Opferbereitschaft und verbietet es, Gleichgültigkeit oder Widerwillen zur Schau zu tragen«. Während die Frau in ihrem sexuellen Verhalten gesetzlich gemaßregelt wurde, blieb die Privatsphäre für Männer bis Ende des 20. Jahrhunderts ein weitgehend straffreier Raum.

Der Schutz von Ehe und Familie wog weitaus mehr als die sexuelle Selbstbestimmung der Frau, die vor dem Altar abgegeben wurde. Schlimmer noch, sexuelle Gewalt in der Ehe wurde bagatellisiert, relativiert oder schlichtweg geleugnet. Der CDU-Bundestagsabgeordnete Wolfgang von Stetten verkündete 1995 im Rahmen der Strafrechtsänderungsdebatte zur Vergewaltigung in der Ehe: »Die Ehe ist eine Geschlechtsgemeinschaft und verpflichtet grundsätzlich zum ehelichen Verkehr. Die Verweigerung von Anfang an ist unter Umständen Aufhebungsgrund, die spätere Verweigerung Scheidungsgrund. Zum ehelichen Leben gehört auch, die Unlust des Partners zu überwinden. Der Ehemann ist nicht darauf aus, ein Verbrechen zu begehen – manche Männer sind einfach rabiater.« Vor allem die CDU und die CSU widersetzten sich den wiederholten Vorstößen, die Formulierung »außerehelich« aus dem Vergewaltigungsparagrafen zu streichen, weil befürchtet wurde, dass Ehefrauen behaupten könnten, vergewaltigt worden zu sein, um eine Abtreibung zu rechtfertigen. Erst 1997 wurde die rechtliche Gleichstellung ehelicher und außerehelicher Vergewaltigung beschlossen. Jegliche den Täter schützende Klauseln wurden abgeschafft.

Aber neben den politischen Widerständen, Frauen besser zu schützen, gibt es bis heute die Schwierigkeit, dass Menschen, die noch nie in einer gewalttätigen Beziehung gelebt haben, sich meist nicht vorstellen können, dass der geliebte Partner ihnen Gewalt zufügt. Umgekehrt gilt dies leider auch: Menschen, die in ihrem Leben häufig Opfer von Gewalt geworden sind, können es sich oft nicht vorstellen, dass der Partner ihnen *keine* Gewalt zufügt. Frauen, die in gewalttätigen Beziehungen leben, haben häufig eine Biografie, die sie auf eine solche Beziehung zusteuern lässt: als Kind waren sie Zeuge oder Opfer häuslicher Gewalt. Sie haben ein geringes Selbstwertgefühl. Sie suchen sich unbewusst immer wieder Menschen, mit denen sie ihre alten Erfahrungen wiederholen. Sie glauben, es verdient zu haben, wenn der Partner sie schlägt oder sexuell missbraucht.[89] Die Männer wiederum, die ihren Frauen (sexuelle) Gewalt antun, fühlen sich oft ohnmächtig und klein und stützen ihr brüchiges Selbstwertgefühl mit gewalttätigen Ausbrüchen. Letztlich geht es um eine gegenseitige Abhängigkeit, die über Gewalt immer wieder bewiesen und gleichzeitig geleugnet wird.[90]

---

89 25 Prozent aller deutschen Frauen haben laut einer Repräsentativstudie mindestens einmal in ihrem Leben physische und/oder sexuelle Gewalt durch einen Intimpartner erlebt.

90 Eigene Gewalterfahrungen sind bei Tätern ein hoher Risikofaktor, und so tritt sexuelle Gewalttätigkeit häufiger bei Männern auf, die in ihrer Kindheit körperlich oder sexuell misshandelt wurden, als Jugendliche delinquent waren, eine feindselige Haltung zu Frauen haben und in ihrer Emotionalität eingeschränkt sind.

In Gesellschaften, in denen Gewalt gegen Frauen nicht geahndet wird und keine klaren Grenzen zwischen Richtig und Falsch aufgezeigt werden, wird die psychologisch erklärbare, aber natürlich nicht entschuldbare Spirale der Gewalt zusätzlich gefördert. Denn wenn etwas nicht strafbar ist, kann es nicht falsch sein. Eine allein von Männern formulierte Gesetzgebung aber ließ oft eine Sensibilität für die Belange von Frauen vermissen und stützte vor allem männliche Vorrechte. Frauen sind nicht die besseren Menschen. Sie sind nicht die besseren Polizisten, Ärzte oder Richter. Aber Polizistinnen, Ärztinnen und Richterinnen denken und handeln auch aus ihrer Geschlechterrolle heraus – genau wie Männer – und deshalb ist eine von Männern und Frauen gemeinsam gestaltete Rechtsprechung so wichtig für eine funktionierende Gesellschaft, in der es mehr Gerechtigkeit und auf lange Sicht weniger Opfer und weniger Täter gibt.

Die Angst, dass ein größerer Opferschutz zu gehäuften Fehlanklagen aus Rache führen könnte, ist ein sexistisches Argument, das den Schutz von Männern höherstellt als den von Frauen. Zweifellos gehört eine falsche Anklage (wegen sexueller Gewalt) zu den schlimmsten Verbrechen, die eine Frau einem Mann antun kann – eine Verleumdung zerstört seine persönliche Integrität, seinen Ruf, sein ganzes Leben. Aus diesem Grund sollte das Strafmaß sowohl bei Verleumdung als auch bei sexueller Gewalt deutlich und abschreckend sein. Aber es besteht ein Unterschied zwischen strukturellen gesellschaftlichen Missständen und den Einzeltaten gekränkter Frauen: Dass eine Fehlbeschuldigung falsch ist, weiß jede Frau, und manche tun es trotzdem aus Rache. Dass Sexismus, sexuelle Übergriffe, Nötigung und sexuelle Gewalt falsch sind, weiß nicht jeder Mann, und deshalb tun es zu viele – denn weder die Gesellschaft noch die Justiz verurteilt sexuelle Gewalt an Frauen deutlich genug.

»Triebgesteuert« und andere Tätermythen – Die aggressive Tat mit sexuellen Mitteln

Dass Männer »dicke Eier«, »Druck« haben und »Dampf ablassen müssen«, geistert immer noch in den Köpfen vieler Männer und Frauen herum. Kein Wunder, denn lange Zeit galt »Notzucht« unter Ärzten zwar als unmoralischer, aber doch voll und ganz natürlicher Akt, den der Mann sogar – bei fehlendem Zugang zu Prostituierten – der ungesunden Onanie vorziehen sollte. Regelmäßiger Geschlechtsverkehr wurde aus medizinischer Sicht als unverzichtbar für die Gesundheit des Mannes angesehen, und offensichtlich rangierten sowohl die Gesundheit der Frau als auch ihr Recht auf körperliche und seelische Unversehrtheit weit darunter.

Es ist an der Zeit, diese Idee von Männlichkeit und männlicher Sexualität grundsätzlich zu hinterfragen: Es gibt nämlich keinen Beweis für ein solches »Dampfkesselmodell«, nach dem der Mann sich in regelmäßigen Abständen (in einer Frau) entladen muss. Es gibt keine biologische, psychische oder physische Ursache, die dazu führen könnte, dass ein Mann sein Sexualverhalten nicht kontrollieren kann – es existiert keine seriöse wissenschaftliche Untersuchung, die belegen würde, dass Männer unkontrolliert »triebgesteuert« sind.

Tatsächlich sind Vergewaltigungen entgegen verbreiteten Annahmen weniger sexuell motiviert, sondern in erster Linie aggressive Gewalttaten oder wie die Soziologin

Ruth Seifert treffend schreibt: »Eine Vergewaltigung ist kein aggressiver Ausdruck von Sexualität, sondern ein sexueller Ausdruck von Aggression.« Auch viele der Täter selbst sprechen weniger von sexueller Lust als vielmehr von Gefühlen der Feindseligkeit, der Aggression und der Macht, jeder dritte Täter berichtet von sexuellen Funktionsstörungen während der Tat.

So mag es zwar erschrecken, aber nicht verwundern, dass sexualisierte Gewalt gegen Frauen in fast jedem Krieg systematisch als Mittel der Kriegsführung eingesetzt wird. Neben geografischem Terrain werden auch die Körper von Frauen besetzt und als Kriegsschauplatz missbraucht. Auch hier geht es nicht um sexuelle Lust, sondern um ein Zeichen von Macht und Herrschaft, Gewalt und Aggression, durch die die Gegner gedemütigt, demoralisiert und letztlich zerstört werden sollen. Nur so lässt sich die Brutalität erklären, mit der die Opfer geschunden werden – man denke beispielsweise an die Frauen in Sierra Leone und dem Kongo, die von gegnerischen Soldaten mit angespitzten Stöcken, Messern, Bajonettspitzen und zerbrochenen Flaschen penetriert und dabei schwer verletzt wurden. Die Soldaten wissen: Sexuelle Gewalt ist die elementarste Form, einen Menschen zu brechen. Nicht das Schlagen, sondern das Eindringen in den Körper vernichtet jegliches Sicherheitsgefühl des Opfers. Die Aggressionen des Täters hinterlassen oft lebenslange Spuren bei ihren Opfern, die die Tat als Angriff auf ihre Selbstbestimmung, ihre Identität, ihre Sexualität, ihre Würde und damit ihre ganze Existenz erleben.

Mit der Zerstörung der Vagina und den umliegenden Organen wird die Frau wertlos (und oft beziehungslos) gemacht – ein kaputtes Objekt, das niemandem mehr psychisch oder physisch zur Verfügung stehen kann. Die körperlichen und seelischen Traumatisierungen wirken oftmals so stark, dass Beziehungen schwierig bis unmöglich werden. Sexuelle Gewalt wirkt nachhaltig, das ganze Leben bleibt beeinträchtigt. Mit dem Körper der Frau wird die Gesellschaft in ihrem Kern getroffen – denn es sind Mädchen, Frauen und Mütter, die soziale, familiäre Bindungen gestalten, Leben geben und in hohem Maße für die Erziehung der nächsten Generation verantwortlich sind.

In den letzten Jahrzehnten wurden viele Millionen Frauen weltweit Opfer von Kriegsvergewaltigungen – in Vietnam, im Kosovo, in Japan, um nur ein paar der Länder zu nennen.[91] Vorsichtige Schätzungen von Historiker*innen gehen von mindestens zwei Millionen Vergewaltigungen während des Zweiten Weltkriegs allein auf deutschem Territorium aus, die Anzahl von Vergewaltigungen durch deutsche Soldaten auf russischem Boden wird auf etwa zehn Millionen geschätzt.

Es hat viel zu lang gedauert, bis die Gewalt an Frauen in einem Krieg offiziell verurteilt wurde: Erst seit Anfang des 21. Jahrhunderts wird die systematische Gewalt an Frauen juristisch geahndet, 2001 wurde erstmals vom internationalen Gerichtshof ein Urteil gegen die systematische Vergewaltigung von Frauen als Kriegsverbrechen ausgesprochen.

---

91 Da die Gesellschaft auch nach Ende eines Krieges oft gewaltbereiter ist als vorher, kann es lange dauern, bis die Gewalt gegen Frauen zurückgeht. Eine nicht zu übersehende Auswirkung von Kriegen findet sich auch in der Prostitution und dem Sextourismus, wie sich besonders deutlich nach dem Vietnamkrieg in Thailand zeigte.

Cybergewalt, Sexting und Revenge-Porn – Die bloßgestellte Frau

»Die Meinung einer Frau ist der Minirock im Internet.«
Laurie Penny

Als die junge Dänin Emma Holten im Herbst 2011 eines Morgens ihren Computer anstellt, erfährt sie, dass private Nacktfotos von ihr im Internet veröffentlicht wurden. Sie ist schockiert, geht aber davon aus, dass diese paar Fotos keine großen Auswirkungen haben werden. »Ich war nun eine der Tausenden, Hunderttausenden von Mädchen, die gegen ihren Willen in der Pornoindustrie gelandet waren. Ich dachte mir: Wie schlimm kann das schon werden?« Sie versucht, den Vorfall zu vergessen. Bis die E-Mails von wildfremden Männern kommen: »Wissen deine Eltern, dass du eine Schlampe bist?«, »Bist du schon gefeuert worden?«, »Schick mir mehr, oder ich zeige diese Fotos deinem Chef.«

Der Boden tut sich vor Emma auf. Ungläubig versucht sie die Übergriffe der ihr unbekannten Männer – Jugendliche, Studenten, Familienväter – zu verstehen und einzuordnen: »Mein Kontrollverlust schien die Belästigung zu legitimieren. Ich war eine gefallene Frau, ein leichtes Opfer. Was war ich für sie außer einer Nutte, die bekam, was sie verdiente?«

Die Schauspielerin Jennifer Lawrence wird im September 2014 wie viele andere Kolleginnen vor und nach ihr Opfer einer Hackerattacke. Nachdem private Nacktfotos im Internet veröffentlicht werden, fürchtet sie um ihre Karriere und überlegt für einen Moment, sich bei der

Öffentlichkeit zu entschuldigen. »Aber wofür?« Sie entscheidet sich stattdessen, sich zu wehren, und erklärt, dass sie die Fotos gemacht habe, während sie in einer liebevollen, glücklichen Fernbeziehung gelebt habe: »Entweder schaut sich dein Freund Pornos an – oder eben Nacktbilder seiner Liebsten.« Anstatt wie viele andere Betroffene zu dementieren, dass sie die Nackte auf den Bildern sei, ging Jennifer Lawrence in die Offensive. Sie drückte ihre Enttäuschung, ihre Empörung und ihre Wut aus und forderte schärfere Gesetze: »Das ist ein Sexualverbrechen, sexueller Missbrauch.« Sie rückte die Scham, die durch die Verletzung ihrer Intimsphäre ausgelöst wurde, dorthin, wo sie hingehört: »Jeder, der sich die Fotos angeschaut hat, sollte sich schämen. Auch sie begehen damit eine Sexualstraftat.«

Auch Emma Holten versuchte, dem Trauma aktiv zu begegnen: Sie stellte weitere Nacktfotos von sich mit einem aufrüttelnden Text ins Netz – Fotos, die sie im Alltag zeigen, in einer Nacktheit, die selbstverständlich und selbstbewusst wirkt, die dem Betrachter deutlich machen, dass er es mit einem Menschen, einem Subjekt zu tun hat, nicht mit einem Objekt.

Die 14-jährige Sina verliebt sich in einen gleichaltrigen Jungen. Beiläufig erwähnt er, dass seine letzte Freundin ihm Nacktfotos geschickt hat, um ihn von sich zu überzeugen, und dass es ihr gelungen sei. Also fotografiert Sina ihr Geschlecht in Nahaufnahme und schickt das Foto per WhatsApp an ihren Schwarm. Dieser verbreitet das Foto juxend unter seinen Freunden, die es wiederum an ihre Freunde schicken. Als Sina am nächsten Tag in der Schule erscheint, ist alles anders. Ihre Mitschüler lachen über sie. »Schickst du mir auch ein Foto von deiner Muschi?«, fragen Jungs aus der Parallelklasse im Vorbeigehen. Einige Freundinnen schneiden sie. Andere tun so, als ob sie nichts von dem Foto wüssten. Sina ist wie erstarrt vor Scham. Sie fühlt sich erniedrigt, wertlos und möchte am liebsten sterben.

Amanda Todd ist zwölf Jahre alt, als sie einem Chat-Freund auf dessen Bitte ein Foto von ihrem entblößten Oberkörper schickt. Anschließend erpresst der erwachsene Mann sie und verbreitet ihre Fotos im Internet. Drei Jahre später – nachdem der Täter ihre Fotos mit ihrem Namen bei Facebook veröffentlicht hat, sie von Mitschülern geschnitten, gemobbt und zusammengeschlagen wurde, sie unter Angststörungen litt, in eine schwere Depression abglitt und ihr der Magen ausgepumpt werden musste, weil sie Bleichmittel getrunken hatte, um sich das Leben zu nehmen – veröffentlicht Amanda ein Video bei YouTube, in dem sie mit handgeschriebenen Zetteln von ihrem jahrelangen Martyrium berichtet. »Ich kann das Foto nie zurückholen. Es wird immer irgendwo da draußen sein.« Das achtminütige Video endet mit den Sätzen: »Ich habe niemanden mehr. Ich brauche jemanden. Mein Name ist Amanda Todd.« Vier Wochen später gelingt ihr dritter Suizidversuch. Amanda Todd stirbt im Oktober 2012 im Alter von 15 Jahren als Opfer einer groß angelegten Cybergewalt-Kampagne. Sie stirbt nicht, weil sie ein Foto von ihren Brüsten gemacht hat, sondern weil ein Einzeltäter es ins Netz stellte, um sie zu beschämen, und weil eine anonyme Masse im Internet, wie auch Amandas Mitschüler*innen und Lehrer*innen dem Terror kein Ende setzten, sondern sie verurteilten und ihr psychische und physische Gewalt antaten oder sie nicht davor schützten.

Emma Holten, Jennifer Lawrence, Sina und Amanda Todd sind nur vier von unzähligen Mädchen und Frauen, die in der Öffentlichkeit bloßgestellt und virtuell missbraucht wurden. Prominente wie unbekannte Frauen werden von Männern nicht nur in der realen, sondern auch in der virtuellen Welt gestalkt, bedroht oder durch die unerlaubte Veröffentlichung intimer Bilder in ihrem Sicherheitsgefühl empfindlich geschädigt.

Neben den Profihackern, die es sich zum makabren und mitunter lukrativen Zeitvertreib gemacht haben, Handys oder Computer von Prominenten zu hacken, sind es meist gekränkte Expartner, die es den Frauen heimzahlen wollen und sogenannte Rachepornos ins Netz stellen. Für diese Art des hasserfüllten (Vertrauens-)Missbrauchs gibt es Foren und offensichtlich auch eine Nachfrage: Anstatt Mitleid mit den Opfern zu haben und diese kriminellen Taten zu verurteilen, werden bewusst spezielle Racheporno-Websites aufgesucht, auf denen pornografische Bilder oder Videos ohne das Einverständnis der Beteiligten gezeigt werden, oft mit Angaben zu deren Namen und weiteren Kontaktdetails. Der Hass eines Einzelnen wird so im Netz vervielfältigt und das weibliche Opfer von einem fremden Publikum weiter gedemütigt – von Mitläufern und Mittätern, die sich die Nacktbilder anschauen und sich an ihnen aufgeilen und den Frauen unaufgefordert Nachrichten schicken.

Sich pornografische Bilder anzuschauen ist eine Sache, sich Bilder anzuschauen oder zu verbreiten, die offensichtlich ohne Zustimmung der Betreffenden veröffentlicht wurden, eine andere. Was ist erotisch daran, sich Fotos einer ausgelieferten Person anzugucken? Nichts. Denn es geht nicht um Sexualität, es geht in erster Linie um Macht wie bei allen Formen sexualisierter Gewalt. Und weil Männer den weiblichen Körper begehren, müssen sie ihn entwerten können, damit er die Macht über sie verliert.

Nach wie vor gilt: Die Beschämung der Frau ist die stärkste Waffe des Mannes. Denn ihr guter Ruf ist immer noch das wichtigste Gut für Frauen. Genau hier zeigt sich die Illusion der Gleichberechtigung: Denn obwohl Frauen das Recht haben, über ihren eigenen Körper zu bestimmen, werden ihre Grenzen wieder und wieder verletzt, und es scheint keine Möglichkeit zu geben, die Täter aufzuhalten.[92]

Selbst ein Dummejungenstreich wie der von Sinas Mitschüler, bei dem ein im Vertrauen gesendetes Bild über WhatsApp weiterverteilt wird, ist mehr als nur eine fahrlässige Unachtsamkeit. Das Bilder-Versenden ist die moderne Version der Angebergeschichten über sexuelle Erfahrungen, die Jungen seit jeher aufwerteten und Mädchen seit jeher entwerteten. Die alten Geschlechterrollen von sexuell aktivem Mann und passiver, keuscher Frau sind hartnäckig und fördern ein traditionell geschlechtstypisches Verhalten. »Ein Nacktfoto ist keine leere Prahlerei«, differenziert die britische Internetaktivistin Laurie Penny. »Es ist ein Beweis, ein Beweis deiner Macht über eine andere Person, und die Gesellschaft sagt uns immer noch, dass Macht über eine andere Person das ist, was einen Jungen zum Mann macht.«

Aber es sind nicht nur Bilder, die unerlaubt veröffentlicht und kommentiert werden, auch Frauen, die im Netz

---

92 Umgekehrt gibt es kaum Nacktfoto-Leaks von prominenten Männern – weil es keinen Markt, keine Beschämten und keine Verstärkung des Machtgefühls geben würde.

ihre Meinung kundtun, werden Opfer von extremer sexistischer Gewalt. Laut aktuellen Schätzungen der UNO haben 73 Prozent aller Frauen schon Cybergewalt erfahren. Allein in Europa sind neun Millionen Mädchen bis zum Alter von 15 Jahren bereits Opfer von digitaler Gewalt geworden.[93]

Wenn Frauen Gewalt im Netz erfahren, gibt es häufig eine sexuelle Komponente: von sexistischen Kommentaren bis hin zu Androhungen von oder Aufrufen zu sexueller Gewalt. Besonders Frauen, die feministische Positionen vertreten, werden oft zur Zielscheibe sexistischer Gewalt. Die britische Internetaktivistin und Feministin Laurie Penny stellte mehr als einmal fest, dass der auf den ersten Blick paradiesische Spielplatz Internet zur Hölle werden kann, wenn eine Frau den ihr zugeteilten Rahmen verlässt und Dinge anspricht, die die herrschende Ordnung verstören. Sie selbst hat mit ihren knapp 30 Jahren bereits unzählige Cyberangriffe erlebt, die ihr Leben verändert haben – die ihr Angst machten, die Polizei rufen ließen oder sie zwangen, unterzutauchen.

Schutz ist nur selten zu erwarten. Die Betreiber einer politischen Website in Großbritannien weigerten sich, hasserfüllte Kommentare auf einen von Pennys Artikeln zu löschen oder zu modifizieren. Das Recht der freien Meinungsäußerung sollte nicht beschnitten werden, und so musste Penny sich abfinden mit herabwürdigenden Aussagen wie: »Wir könnten sie steinigen, mein Favorit wäre öffentliches Hängen oder Enthaupten. (…) Vielleicht sollte sie beschnitten werden, ihr Mund könnte zugenäht

93 Auch Männer sind von Cybergewalt betroffen, allerdings werden Frauen laut Aussage der UNO 27 Mal häufiger virtuell bedroht.

werden.« Ein anderer nicht gelöschter Kommentar lautet: »Diese junge Frau sollte durch die Straßen Londons gepeitscht werden, bevor sie Ken Livingstones[94] Schwanz lutschen müsste, während die Leute die beiden mit Scheiße bewerfen würden.«

Die Anonymität des Netzes ermöglicht eine Feindseligkeit, die das Ziel hat, Frauen einzuschüchtern und mundtot zu machen. Denn wer einmal Opfer einer Cyberattacke wurde, zieht sich häufig aus dem Netz zurück. Aus Angst verstummen Frauen, wie sie es immer schon getan haben, wenn sie nicht ausreichend geschützt wurden.

Manche Täter rufen sogar zu konkreten Gewalttaten auf. Als die deutsche Journalistin Bianka Echtermeyer 2013 auf Brigitte Online einen scharfzüngigen Artikel über »Skater über 30« schrieb, wurde sie Opfer eines Shitstorms – sie erhielt innerhalb kurzer Zeit Tausende Hass-Mails von Männern. Im Internet wurden ihr Foto und ihre Adresse veröffentlicht und dezidiert zu sexueller Gewalt gegen sie aufgerufen. Auch die Britin Laura Bates, die 2012 mit »Everyday Sexism« eine Internetplattform ins Leben rief, auf der Frauen ihre alltäglichen Sexismus-Erlebnisse posten können, erhält am Tag bis zu 200 Beleidigungen, Gewalt- und sogar Morddrohungen. »Wo Frauen sich äußern, erzeugt das Hass«, sagt die feministische Journalistin Jessica Valenti, die für den *Guardian* schreibt und regelmäßig Opfer von Hass-Mails wird.

Was Laurie Penny, Bianka Echtermeyer, Laura Bates und Jessica Valenti erleb(t)en, sind keine Einzelfälle. Feministische Bloggerinnen und Online-Journalistinnen berichten immer wieder von wüsten Beschimpfungen, be-

---

94 Politiker und ehemaliger Bürgermeister von London.

sonders aber von sexuellen Gewaltandrohungen bis hin zu Mord. Letztlich könnte jede/r von einer Minute auf die andere Opfer einer anonymen Masse im Internet werden, die beleidigt, beschämt und bedroht. Nicht zu wissen, wer der Feind ist und was ihn dazu gemacht hat, und die Angst, dass die Drohungen in die Tat umgesetzt werden könnten, lösen Panik und Verzweiflung aus. Die Täter können Tausende Kilometer entfernt leben, aber im Netz gelten andere Maßstäbe als nah und fern – alles scheint möglich, die Gefahr lauert überall. Hass und Häme können sich viral schnell und nachhaltig verbreiten, kompromittierende Bilder nicht gelöscht werden. Nicht nur die Gegenwart, auch die Zukunft ist geprägt von dem Eindringen in die Privatsphäre, was das Sicherheitsgefühl der Betroffenen für alle Zeiten beschädigt. All das erklärt, warum eine Bedrohung im Netz nicht weniger traumatisch wirkt als im realen Leben und warum Cybergewalt reale Gewalt ist.

Straftaten im Internet sind schwer zu verfolgen, also wird den Opfern von Cybermobbing oft geraten, zu schweigen. Aber wie stellt man Gerechtigkeit und Kontrolle her, wenn man zum Schweigen verurteilt ist? Und ist das nicht das Gleiche, was Frauen bei einer Vergewaltigung geraten wird? *Schweig, und komm drüber weg. Pass besser auf dich auf. Geh so spät abends nicht mehr raus.*[95]

Die Frau als sexuell selbstbestimmtes Wesen ist eine Fata Morgana – oft gesehen und herbeigewünscht, aber sie löst sich zwangsläufig in Luft auf, je näher man ihr kommt. Denn weibliches Verhalten hat immer noch Konsequenzen. Der Rock war zu kurz, sie war zu spät auf der

95 Immerhin gilt seit 2015 das unerlaubte Veröffentlichen von Fotos als Straftat.

Straße, sie trampte allein, sie machte ein aufreizendes Foto, sie äußerte ihre Meinung im Internet. Egal, was passiert, sie war und ist selbst schuld. Diese Argumentationskette ist so gewohnt, dass uns die Denkfehler, die ihr zugrunde liegen, kaum noch auffallen. Denn: Wenn jemand Opfer eines Kreditkartenbetrugs wird, ist er dann selbst schuld, weil er eine Kreditkarte benutzt hat? Wenn jemand von einem betrunkenen Raser beim Überqueren eines Zebrastreifens angefahren wird, ist er dann selbst schuld, weil er sich auf die Straße wagte?

Die Frau, deren Bild ohne ihre Zustimmung veröffentlicht wird oder die einen kritischen Text ins Netz gestellt hat, hat keinen Fehler gemacht. Sie lebt, sie liebt, sie vertraut, sie hat eine Meinung, sie hat Lust, und sie hat Sex. Nichts davon sollte, darf und kann ihr zum Vorwurf gemacht werden. Die Schuld liegt einzig und allein beim Täter, der die Grenzen des Opfers überschreitet und ohne dessen Einverständnis handelt. »Zustimmung ist der Schlüssel«, schrieb Emma Holten, nachdem private Nacktfotos ohne ihre Einwilligung veröffentlicht wurden. »Genauso wie Vergewaltigung und Sex nichts miteinander zu tun haben, sind Bilder, die mit oder ohne Zustimmung veröffentlicht werden, absolut unterschiedliche Dinge.«

Nein heißt Nein oder das Ende des Schweigens – Die beschützte Frau

»Die Würde des Menschen ist unantastbar.«
Artikel 1 des deutschen Grundgesetzes

Bohrende, Furcht einflößende Blicke. Eine anzügliche Bemerkung. Eine fremde Hand auf dem Körper. Auf der Schulter. An der Taille. Am Po. An der Brust. »Was läufst du auch so aufreizend rum?«, »Wieso warst du so spät nachts noch unterwegs?«, »Das kommt davon, wenn man zu viel trinkt.« Reaktionen, die dem Opfer die Schuld zuschieben und den Täter entlasten. »Stell dich nicht so an« ist ein Satz, der Frauen so oft gesagt wurde, dass sie ihn schließlich verinnerlicht haben.

Bis in der Silvesternacht 2015/2016 nicht nur ein neues Jahr, sondern auch ein neues Verständnis für die Verletzlichkeit von Frauen eingeläutet wurde. Mehrere Hundert Männer hatten in einigen deutschen Großstädten mehrere Hundert Frauen sexuell genötigt. Sie umringt, sie angefasst, ihnen die Kleider vom Leib gerissen, ihnen Wertgegenstände und ihr Gefühl von Sicherheit gestohlen. Die mutmaßlichen Täter waren Fremde aus Ländern, in denen Frauenrechte weniger großgeschrieben werden als in Deutschland.[96] Und plötzlich war das Thema Sicherheit von Frauen in aller Munde. Neue Gesetze sollten her, die

96 Taharrush oder »The circle of hell« ist aus Ägypten bekannt. Dort gibt es diese gemeinschaftliche Form von sexuellen Übergriffen seit den politischen Unruhen Anfang des 21. Jahrhunderts – mutmaßlich von ägyptischen Sicherheitsdiensten eingesetzt, um Aktivistinnen und Teilnehmerinnen von Demonstrationen einzuschüchtern.

die sexuelle Nötigung der deutschen Frau nicht weiter ungestraft lassen. Das, wofür Frauenverbände seit Jahrzehnten erfolglos gekämpft hatten, wurde endlich ernst genommen – weil die Bedrohung von außen kam. »Wir müssen ›unsere‹ Frauen schützen«, hörte man plötzlich von Politikern aller Lager.

Auch wenn es höchste Zeit ist, dass Gesetzeslücken zum Wohl des Rechts auf die körperliche Unversehrtheit der Frau geschlossen werden, mutet es doch zynisch an, dass Frauenrechte erst dann diskutiert werden, wenn die Bedrohung »von außen« kommt und mit Fremdenangst gekoppelt ist. Wie wenig es dabei um die Würde der Frau und ihre sexuelle Selbstbestimmung ging, konnte man in diversen Medien verfolgen: Die Zeitschrift *Focus* veröffentlichte beispielsweise nach den sexuellen Übergriffen auf ihrem Cover eine nackte Frau mit schwarzen Handabdrücken auf dem Körper. Sex sells. Rassismus auch.

Warum hat sich die Politik so lange geweigert, Gesetze zu schaffen, die Frauen vor sexueller Nötigung schützen? Zur Erinnerung: Bis Ende 2016 galt das Anfassen einer Frau nicht als strafbar. Weder der Griff an die Brust oder das Gesäß einer Frau wurde vor Gericht als erheblich genug eingestuft, wenn das Opfer bekleidet war. Selbst die Entkleidung eines Opfers wie etwa das Herunterziehen des Slips entsprach keinem klaren Straftatbestand. Da die Täter von Köln während der Einkesselungen auch Diebstähle begingen, konnten sie wegen Eigentumsdelikten belangt werden, nicht aber aufgrund der verübten sexuellen Gewalt. Eigentum war in Deutschland bis ins 21. Jahrhundert besser geschützt als die sexuelle Selbstbestimmung der Frau. Ein Eigentumsdelikt schien deutlicher und fassbarer als eine Vergewaltigung – es wurde schließlich etwas Materielles entwendet, nicht etwas Vages wie das Sicherheitsgefühl der Frau und ihr Recht auf körperliche Unversehrtheit.

Was aber, wenn auch hier – wie bei Vergewaltigungen üblich – Aussage gegen Aussage stünde? Stellen wir uns einen Mann vor, der beklaut wurde, während der Dieb sagt, der Mann hätte ihm sein Eigentum freiwillig ausgehändigt? Was, wenn das Opfer sich aus Angst nicht gegen den Überfall gewehrt hätte? Oder wenn der Dieb, nachdem sich sein Opfer deutlich gewehrt hat, sofort mit dem Klauen aufgehört hätte? Überträgt man die Hürden, die das deutsche Recht bei sexuellen Gewalttaten und dem Schutz von Frauen aufstellt, auf andere Straftaten, werden die grotesken Züge und die Notwendigkeit einer Reform deutlich.

Eine von Gegnern der Reform des Vergewaltigungsparagrafen häufig vorgebrachte Warnung lautet, dass es bei Vergewaltigungen ohnehin eine Grauzone gäbe und dass ein verschärftes Gesetz gegen sexuelle Gewalt Frauen veranlassen würde, mehr Männer anzuzeigen. Heißt das, dass Frauen nicht ermutigt werden sollen, sexuelle Gewalt anzuzeigen, oder dass Frauen dadurch etwas zur Anzeige bringen würden, was nie stattgefunden hat? Die erste Schlussfolgerung ist unsäglich, die zweite unlogisch, denn eine Frau, die einen Mann mutwillig mit einer Verleumdung zerstören wollte, konnte dies auch schon vor der Verschärfung des Sexualstrafrechts tun. Überdies kann auch ein neu gefasster Paragraf 177 das »Im Zweifel für den Angeklagten«-Prinzip nicht außer Kraft setzen, wohl aber ein deutliches Signal geben, was die Strafbarkeit jeglichen sexuellen Übergriffs angeht – für Männer und für Frauen. Die Würde des Menschen ist unantastbar. Soll dieser Grundsatz für beide Geschlechter gelten, bedarf es einer gesetzlichen Verankerung von Straftaten, die sowohl Männer, die sexuelle Gewalt begehen, als auch Frauen, die Männer in verleumderischer Absicht anklagen, empfindlich bestraft.

Darüber hinaus ist es offensichtlich an der Zeit, eine moderne Debatte über den Umgang mit Körperlichkeit, Tabus und (Doppel-)Moral zu führen. Denn: Sexuelle Gewalt ist kein Frauenthema. Sexuelle Gewalt ist kein importiertes Problem, das arabische, muslimische Flüchtlinge in einer Silvesternacht nach Deutschland gebracht haben. Sexuelle Gewalt muss gesamtgesellschaftlich diskutiert werden, auf der Basis eines neuen Konsens, der jede Form von Gewalt ächtet – und zwar ausnahmslos.

Dafür braucht es nicht weitere Opfer, sondern Männer, die erkennen, dass sexuelle Gewalt kein Frauenproblem, sondern ein Männerproblem ist, das Frauen beeinträchtigt. Es braucht Männer, wie beispielsweise den Anti-Sexismus-Aktivisten Jackson Katz, der in der breiten Öffentlichkeit Vergewaltigungsmythen demontiert und seine Geschlechtsgenossen auffordert, ihre Macht zielgerichtet einzusetzen – für eine gleichberechtigte, gewaltfreie Gesellschaft. Er ruft Männer dazu auf, gemeinsam mit Frauen gegen Sexismus und die vielen Formen der verbalen, psychischen und physischen Gewalt, die Frauen tagtäglich zugefügt wird, zu kämpfen. Er sagt: »Es hat viel zu viel Schweigen gegeben in der männlichen Kultur über die anhaltende Tragödie männlicher Gewalt gegenüber Frauen und Kindern. Wir müssen dieses Schweigen brechen und wir brauchen mehr Männer, die das tun. Wir schulden es den Frauen. Aber wir schulden es auch unseren Söhnen. Wir schulden es jungen Männern auf der ganzen Welt, die sich die männlichen Normen, mit denen sie aufwachsen, nicht aussuchen konnten. Wir haben eine Wahl. Wir, die eine Wahl haben, haben eine Chance und auch die Verantwortung.«

Auch Mädchen und Frauen tragen eine Verantwortung. Denn neben den offensichtlich gewalttätigen sexualisierten Übergriffen gibt es auch jene sexuellen Akte, die mit der vermeintlichen Zustimmung von beiden geschehen, obwohl einer von beiden sich unwohl fühlt und aus unterschiedlichsten Gründen keine Grenze setzt. Dieser Graubereich menschlicher Interaktion endet mitunter für beide Beteiligten dramatisch.

Immer wieder höre ich von jungen Frauen, dass sie Schwierigkeiten haben, bei sexuellen Aktivitäten Grenzen zu setzen, und deshalb lieber halbherzig oder gar widerwillig »mitmachen«, anstatt ein deutliches Nein zu signalisieren.

»Ab einem gewissen Punkt hab ich einfach gedacht: Augen zu und durch. Aber danach hab ich mich schrecklich gefühlt, dreckig, und das Gefühl hat ziemlich lange angehalten«, sagt die 18-jährige Nina, die mit einem Urlaubsflirt in Griechenland geschlafen hat, obwohl sie eigentlich gar nicht bereit dazu war. »Ich hab ja am Anfang mitgemacht, da fand ich es auch noch gut. Und als es mir dann alles zu weit und zu schnell ging, hab ich mich nicht getraut, es zu stoppen, ich wusste auch gar nicht, wie, und wie er reagiert hätte, weil ich es ja am Anfang auch wollte.«

Ein Ende sexueller Gewalt ist nur absehbar, wenn Menschen jeden Geschlechts achtsamer für Grenzüberschreitungen werden, wenn bereits Kinder Empathie erfahren, ihre Grenzen geachtet werden und sie lernen, eigene Grenzen und die von anderen zu respektieren. Wenn

Jugendliche und Erwachsene lernen, ihre Gewaltimpulse zu kontrollieren. Wenn auf gesellschaftlicher und familiärer Ebene sowohl weibliche Angepasstheit als auch Gewalt legitimierende Männlichkeitsnormen hinterfragt und mit gesünderen Vorbildern ersetzt werden.

Darüber hinaus muss der Umgang mit Opfern von sexueller Gewalt dahingehend verändert werden, dass Betroffene sich nicht mehr scheuen, die Täter anzuzeigen. Weil sie wissen, dass sie von der Gesellschaft den größtmöglichen Schutz zu erwarten haben, unter anderem durch geschulte, einfühlsame Polizisten und Polizistinnen, Ärzte und Ärztinnen und Juristen und Juristinnen.

Sich dafür einzusetzen, dass sexualisierte Gewalt erkannt und benannt wird und keine Akzeptanz erfährt, ist unser aller Aufgabe. Eine klare gesellschaftliche Haltung ist gefordert, die von Menschlichkeit und Empathie gekennzeichnet ist und gleichzeitig starke ethische Leitplanken hinsichtlich jeglicher Form von sexualisierter Gewalt bietet.[97]

Wenn wir sexualisierte Gewalt stoppen wollen, brauchen wir mehr als die Wehr-Versuche der Betroffenen. Wir brauchen eine Gesellschaft, die die Augen und den Mund aufmacht, wenn etwas schiefläuft. Die klarmacht, dass der Körper einer Frau nur dann eine Spielwiese für männliche Fantasien ist, wenn die Frau selbst den Mann dazu eingeladen hat. Die dafür sorgt, dass soziale Regeln und Gesetze eingehalten werden und dass Opferschutz über Täterschutz gestellt wird. Auch im Internet, das bei allen Möglichkeiten und Risiken immer noch ein mensch-

---

97 Dieser Schutz gilt natürlich nicht nur für Frauen, sondern ebenso für Männer wie auch für alle »anderen«, die von heteronormativen Regeln abweichen.

liches System ist, in dem menschliche Grundsätze gelten sollten. Und zwar für alle.

Dieses Kapitel findet einen positiven Abschluss: Nachdem Frauen- und Menschenrechtsorganisationen jahrelang für eine Reform des deutschen Sexualstrafrechts gekämpft haben, gilt seit Ende 2016 endlich: »Nein heißt Nein.«[98]

Am 10. 11. 2016 trat das neue Sexualstrafrecht in Kraft, das der Deutsche Bundestag im Juli 2016 in einer historischen Abstimmung einstimmig beschlossen hatte und das eine erhebliche Verbesserung für den Schutz der sexuellen Selbstbestimmung bedeutet. Jede nicht-einverständliche sexuelle Handlung wird nunmehr unter Strafe gestellt, ein sexueller Übergriff ist bereits dann strafbar, wenn er gegen den erkennbaren Willen einer Person ausgeführt wird. Ob eine betroffene Person sich gegen den Übergriff körperlich gewehrt hat oder warum ihr dies nicht gelungen ist, spielt keine Rolle mehr. Sexuelle Belästigung wie Grapschen kann künftig mit bis zu zwei Jahren Haft bestraft werden.

Die Reform des Sexualstrafrechts war lange überfällig und ihre Umsetzung wird hoffentlich dazu führen, dass sexuelle Gewalt nicht weiterhin bagatellisiert wird und die Schuld nicht länger beim Opfer verortet wird. Sexuelle Freiheit und das Recht auf sexuelle Selbstbestimmung bedeuten, dass Frauen die gleichen Rechte wie Männer haben, dass sie sich betrinken und Drogen nehmen dürfen, dass sie mit Fremden nach Hause gehen und jederzeit die Möglichkeit haben, eine sexuelle Handlung zu be-

---

98 Achtung: Alle Übergriffe, die vor dem 10. 11. 2016 verübt wurden, werden nach dem alten Gesetz behandelt, wenn sie zur Anzeige gebracht werden.

enden, wenn sie sich nicht mehr wohlfühlen – selbst, wenn sie dabei sexy angezogen oder vollkommen nackt sind. Das, genau das ist die grundlegende Idee von »Nein heißt Nein«.

Vier

»Woran glaubst du? Daran: daß die Gewichte aller Dinge neu bestimmt werden müssen.«

Friedrich Nietzsche

Zwischen Sexobjekt und Sexgöttin – Subjekt des Begehrens werden

Leicht bekleidete junge Mädchen stehen aufreizend am Straßenrand. Ihre Lippen sind rot, ihre Haare meist lang, sie tragen Netzstrumpfhosen und Pumps oder Moonboots. Ich erkenne Louisa, die 18-jährige Tochter einer Freundin. »Wir haben in der Schule gerade Motto-Tage«, erklärt sie mir, heute ist das Motto »Luden & Nutten«. Ihre Freundinnen lachen. Trotz ihrer zum Teil stilechten Verkleidung sehen sie irgendwie unschuldig aus. Ist ihnen bewusst, wofür ihre Verkleidung steht? Machen sie sich Gedanken über die Zusammenhänge von Sex als Ware und Währung, von Subjekt und Objekt, von Macht und Ohnmacht?

»Das ist doch nur ein Spiel«, wiegelt Louisa beim gemeinsamen Abendessen ab. »Vorgestern war ›Rentner‹ dran, und nächste Woche ist als Abschlussthema ›Helden der Kindheit‹ geplant.« Kindheit, Nutte/Lude, Rentner – ist das der Zyklus des Lebens aus der Sicht von Abiturienten heute?

»Du legst da zu viel rein«, sagt Louisa. »Genau die gleichen Themen wurden in den letzten Jahren auch schon vorgegeben.« Das macht es für mich kein bisschen besser, aber ich will ihr den Spaß nicht verderben, also frage ich sie, in wen sie sich nächste Woche verwandeln wird. »Ich gehe als Hermine von

Harry Potter!« Louisa strahlt. »Als Kind wollte ich immer so wie sie sein. Klug und mutig.«

Kindlich und weise, unschuldig und verführerisch, klug und unbedarft – Louisa darf alles sein, was sie möchte. Wie ihre Freundinnen und alle jungen Frauen auf dieser Welt wird sie sich, sowohl in der Öffentlichkeit als auch in der Intimität einer Zweierbeziehung, unweigerlich zwischen den Subjekt-Objekt-Polen hin- und herbewegen. Sie wird ihr erotisches, ihr emotionales und mentales Kapital nutzen und idealerweise ein Gleichgewicht schaffen, das ihr entspricht und sie stärkt.

»Die Frauen-Fußballnationalmannschaft ist ja schon Fußballweltmeister, und ich sehe keinen Grund, warum Männer nicht das Gleiche leisten können wie Frauen«, in diesem wohldurchdachten Satz von Angela Merkel aus dem Jahre 2006 und unserer Reaktion darauf zeigt sich, wie weit wir in Sachen Gleichberechtigung in Wahrheit gekommen sind. Wir schmunzeln, weil die Kanzlerin mit feiner Ironie die »normalen« Rollen umkehrt, die wir alle stets mitdenken. Sechs Jahre später, pünktlich zur nächsten Frauen-Fußballweltmeisterschaft, gibt es eine Wendung in dieser Geschichte: Ein paar deutsche Junioren-Nationalspielerinnen lassen sich nackt für den *Playboy* ablichten, um das Image von Fußballspielerinnen »aufzuwerten«.

»Wir wollen dieses Mannweib-Klischee widerlegen«, sagt die damals 22-jährige Junioren-Nationalspielerin und U-20-Weltmeisterin Kristina Gessat in einem Interview. »Die Botschaft ist: Seht her, wir sind ganz normale – und hübsche – Mädels«, »Die meisten Spielerinnen in den höheren Ligen sind zwar sehr durchtrainiert, sehen aber immer noch weiblich aus – und oft auch sehr gut«, ergänzt

Nationalmannschaftskollegin Annika Doppler (19). Und Julia Simic findet: »Ich glaube ohnehin, dass wir bereits auf dem besten Weg sind, dieses Image loszuwerden. Es spielen immer mehr süße, hübsche Mädels Fußball, die auch shoppen gehen und Wert auf ihr Äußeres legen.«

Da erreichen Frauen Großartiges in ihrem Metier, und was machen sie? Sie lenken den Blick von ihrem Erfolg auf ihr Aussehen, auf ihre unbedrohliche Weiblichkeit, auf »süß«, »hübsch«, »normal« und – nackt.

Die Konzentration auf das Äußere ist keine Modeerscheinung des 21. Jahrhunderts. Sie beruht seit jeher auf der simplen Formel: Der Mann begehrt, die Frau wird begehrt. Der Mann wählt, die Frau lässt sich erwählen – beim Tanzen, beim Flirten, beim Heiratsantrag, beim Geschlechtsverkehr. Die geschlechtstypischen Vorgaben von *männlich und aktiv* beziehungsweise *weiblich und passiv* wurden so oft und so lange wiederholt, bis sie von beiden Geschlechtern schließlich als ihre normale Natur aufgefasst wurden. Der Mann wurde zum Jäger, die Frau zur Beute. Der Unterschied von damals zu heute ist jedoch, dass die Frau, die zum Objekt des Begehrens wird, sich in dieser Rolle mächtig fühlt. Alle Blicke ruhen auf ihr, sie ist verführerisch, sie ist bedeutungsvoll, sie ist *jemand*.

Begehrt zu werden ermächtigt für den Moment, keine Frage. Aber hilft diese Macht der Frau, vom Lustobjekt zum selbstbestimmten Lustsubjekt zu werden? Frauen gelten heute als so selbstbewusst, dass sie keine Befreiungs- und Emanzipationsbewegung mehr brauchen. Selbst das Recht, sich unterwerfen zu lassen, haben sie erkämpft und können spätestens seit »Shades of Grey« endlich auch sozial anerkannt zu ihren devoten Neigungen stehen. Sind männliche und weibliche erotische Fantasien etwa gar nicht so weit voneinander entfernt, und sollte man sich nicht einfach mal locker machen, was das Thema Subjekt und Objekt, oben und unten, stark und schwach betrifft?

In einer wahrhaft gleichberechtigten Welt könnten und sollten wir genau das tun. Solange wir aber die Macht der stereotypen Mann-Frau-Skripte, die unser Unbewusstes überschwemmen, nicht wahrnehmen oder verleugnen, solange Scham und Beschämung Frauen nach wie vor in vorgesehenen Bahnen halten, »Opfer« und »Feministin« gleichermaßen unangenehme Assoziationen hervorrufen und Frauen weiterhin unablässig an ihrem äußeren Erscheinungsbild arbeiten, um ihr Selbstwertgefühl zu stabilisieren, sollten wir zumindest kritische Fragen stellen.

In einer Zeit, in der »Shades of Grey« einen aberwitzigen Erfolg mit weiblichen Unterwerfungs- und Rettungsfantasien feiert; in der Pornografie Jugendliche über Sex aufklärt; in der die Frauenquote benötigt, aber sogar von Frauen boykottiert wird; in der heilige Mütter, Rabenmütter und kinderlose Karrierefrauen sich gegenseitig bekriegen; in der lustlose Frauen sich Viagra mit schweren Nebenwirkungen verordnen lassen; sexuelle Gewalt immer noch als Kavaliersdelikt verharmlost wird und die meisten jungen Frauen Feminismus als überholt ansehen, sollten wir noch einmal überprüfen, was Gleichberechtigung, sexuelle Freiheit und weibliche Macht wirklich bedeuten.

Schönheit ist Macht
Die normierte Frau

»Wir leben in einer Welt, die den unwirklichen weiblichen Körper anbetet und echte weibliche Macht verachtet.«

Laurie Penny

»Wie sehe ich aus?«, ist die Frage, die Frauen sich jeden Tag stellen. Warum ist ihr Aussehen für Frauen so wichtig? Warum folgen sie modischen Trends, Diäten und Schönheitsvorstellungen so bereitwillig? Warum würden viele Frauen sogar einen niedrigeren Intelligenzquotienten hinnehmen, wenn sie dafür einen körperlichen Makel weniger hätten? Weil Attraktivität laut Studien für Frauen die Hauptwährung ist für sozialen und ökonomischen Erfolg. Schon früh werden sie dahingehend sozialisiert, sich mit ihrem Äußeren zu beschäftigen. »Süß siehst du aus!«, rutscht einem automatisch zu Begrüßung von kleinen Mädchen heraus, und sie lächeln und zupfen an ihrem Kleidchen oder ihren Haaren. Jungen so zu begrüßen ist ungewöhnlich, stattdessen fragt man sie eher, was sie gerade machen. Das hübsche Mädchen und der aktive Junge – mit diesen kleinen Begegnungen und Einordnungen fängt es an, und so tragen wir alle unbewusst dazu bei, die uralten Bilder von schöner, angepasster Frau und aktivem, erfolgreichem Mann im Unterbewusstsein der nächsten Generationen zu verankern.

Frage ich Paare, in was sie sich beim anderen verliebt haben, nennen Männer meist Äußerlichkeiten: »Ich fand sie so hübsch!«, »Ihre Figur hat mich sofort angesprochen« oder »Das Gesamtpaket hat mich einfach umgehauen«. Frauen hingegen nennen eher Charaktermerkmale oder sagen etwas wie: »Ich mochte seinen Humor«, »Ich hatte das Gefühl, dass ich ihm vertrauen kann«, oder »Er wirkte so hilfsbereit und offen, das hat mich gleich angezogen«. Ausnahmen bestätigen sicherlich die Regel, und obwohl ein attraktives Äußeres auch für das männliche Geschlecht nicht von Nachteil ist, so sind es in der Regel doch unterschiedliche Attribute, die Männer und Frauen auf den ersten Blick anzubieten haben: Schönheit bei den Frauen und Charakter beim Mann.

Weil Schönheit im Auge des Betrachters liegt und der Betrachter traditionell männlich war, orientierten sich Frauen lange Zeit am männlichen Geschmack. In Phasen, in denen Frauen mehr Unabhängigkeit besaßen, wurde das Schönheitsideal androgyner wie beispielsweise während der 1920er- oder Ende der 1960er-Jahre. Geschah die Abkehr von der Vollweibsilhouette hin zur knabenhaften Figur, weil die Frau dem Mann unbewusst ähnlicher werden wollte? Oder unterwarf sie sich mit dem kindlichen Image erst recht dem männlichen Blick, der sich so optisch weniger bedroht fühlte, während das weibliche Geschlecht nach einem Teil der Macht griff? Oder stimmt gar Naomi Wolfs These, dass Schönheitsnormen für Frauen umso stärker wirken, je mehr Rechte und Chancen sie haben? »In dem Maß, wie es den Frauen gelang, sich vom Kinder-Küche-Kirche-Weiblichkeitswahn frei zu machen, übernahm der Schönheitsmythos dessen Funktion als Instrument sozialer Kontrolle.«

Wer entscheidet heute über die Schönheit der Frau – ist es der männliche oder der weibliche Blick? Oder gibt es längst keinen Unterschied mehr, weil die Frau sich angewöhnt hat, mit einer männlichen Brille auf sich selbst zu schauen? Lassen sich weibliche Schönheit und sogar Sexappeal feiern, ohne dass Frauen sich einem Ideal unterordnen, kurz: Ist es überhaupt möglich, weiblich, sexy und gleichberechtigt zugleich zu sein?

Schau! Mich! An! – Warum sexy wichtiger ist als lustvoll

Ende der 1990er-Jahre wurde in Deutschland eine groß angelegte Werbekampagne für Dessous lanciert. Auf den Hochglanzbildern waren glänzende, schlanke Körper zu sehen. Lange Beine, schmale Hüften, flacher Bauch, wohlgeformte Brüste. Die ästhetische Präsentation hatte nur einen Haken: Die Köpfe der weiblichen Models waren nicht im Bild, sie waren quasi »abgeschnitten«. Sexy hin, sexy her – seine Zielgruppe zu beleidigen schien mir ein fragwürdiges Werbekonzept, und ich fragte mich, welche Frau diese Unterwäsche kaufen würde, deren Hersteller Frauen auf attraktive, aber kopflose (und hirnlose?) Körper reduzierten.

Immer wieder gibt es kleine oder große Aufreger in der Werbung, aber den Absatz der Produkte scheint das nicht zu behindern. Wir haben uns daran gewöhnt, dass der weibliche Körper ganz selbstverständlich als Ware vermarktet und die Frau vielfach als der Inbegriff von Sex verkauft wird. Bereits Mädchen werden früh darauf trainiert, Objekte zu sein. Es fängt mit hohen Schuhen an, die schon in Kindergrößen verkauft werden, und wird fortgesetzt mit Fernsehshows wie »Germanys Next Topmodel«, die bereits Sechsjährige schauen und danach vor dem Spiegel verführerisch posen, oder »The Bachelor«, wo aufgedonnerte junge Frauen um einen Junggesellen buhlen. Beide

Formate laden Mädchen ein, sich mit den weiblichen Protagonistinnen zu identifizieren und es ihnen nachzumachen: »Arbeite an deinem Körper, zeig alles, was du hast, setz deinen Körper ein, um zum Ziel zu kommen, schluck deine Gefühle und deine Grenzen runter, sie hindern dich nur am Erfolg.« Das Motto »Du bist eine von vielen«, das zarter Besaitete verletzen oder selbstbewusstere Frauen empören könnte, soll anspornen – für den nächsten Modeljob oder den Junggesellen, der dich und alle anderen wie ein Stück Fleisch behandelt, von allen kostet, bis er sich generös für die eine entscheidet, weil es das Drehbuch so erfordert.

Ist es nicht überraschend, dass in unserer modernen, gleichberechtigten Welt solche Formate noch funktionieren? Sie spielen mit der Wettbewerbsfähigkeit von Frauen, die sich immer nur gegeneinander richtet und bei der es um die »weiblichen« Werte wie Schönheit und Anpassungsfähigkeit geht. Mädchen und Frauen sollen funktionieren und um die Gunst des Publikums – oder des Mannes kämpfen. Und das alles so knapp bekleidet und so verführerisch wie möglich.

Sexistische Geschichten und Bilder sind in den Medien so verbreitet, dass sie kaum noch auffallen. Und so lässt unsere Gesellschaft es zu, dass bereits kleine Mädchen verwirrt werden, weil die Grenzen zwischen sexy, Sex und Lust verschwimmen. Sie lernen, dass Sex eine Leistung, eine Ware und eine Performance ist. Sie lernen, ihren Körper als Objekt zu verstehen. Sie lernen, dass sexuell verführerisch zu sein wichtig ist. Sie lernen: Frauen sind dazu da, Männern Lust zu verschaffen.

»Was ist falsch daran, sexy auszusehen?«, fragt die 20-jährige Leonie. »Das ist doch ein Kompliment, wenn

Männer mich angucken.« Leonie hat natürlich recht. Gesehen zu werden, attraktiv gefunden zu werden, begehrt zu werden – all das ist sehr angenehm und kann das Selbstwertgefühl heben. Und begehrt zu werden kann auch Gefühle der Macht verleihen. Aber diese Macht hat eine kurze Halbwertszeit, wenn sie gebunden bleibt an den Blick des anderen. Wenn sie uns abhängig macht von der Bewertung des anderen. Wenn wir versuchen, immer mehr dem Bild zu entsprechen, das andere von uns schätzen. Wenn wir uns schließlich nur noch durch die Linse des anderen sehen: wenn sie Subjekte zu Objekten macht – zu Objekten des Begehrens.

Die Frau als Objekt des Begehrens ist seit Langem ein beliebtes Motiv in der westlichen Kultur. Das Setting ist immer das gleiche, ob im Aktbild der Renaissance oder in der sexualisierenden Werbung heute: Ein autonomes männliches Betrachter-Subjekt blickt auf eine nackte weibliche Figur. Diese Nacktheit ist kein Ausdruck ihrer Persönlichkeit, ihrer eigenen Sexualität oder ihrer Gefühle – die nackte Figur wird zur Projektionsfläche und spiegelt lediglich die Erwartungen, die der Betrachter an sie richtet. Die nackte Frau im Bild wird zwar gesehen, aber sie wird nicht erkannt. So schafft die Betrachtung eines Akts keine Verbindung, keine Nähe, keine Intimität, wohl aber eine Hierarchie: Der Mann ist das blickende, aktive Subjekt, die Frau das blicklose, passive Objekt.

Vergleicht man heute Werbung mit männlichen und mit weiblichen Models, so fällt immer noch auf: Der frontale Blick gebührt dem Mann, der seinen Körper meist aktiv während einer Handlung zur Schau stellt, während die Frau oft keinerlei andere Bedeutung hat als ihren Körper. Wer diesen Unterschied nicht glauben mag, möge Bilder von »nackter Frau« und »nacktem Mann« googeln. Da wird der nackte Mann überwiegend mit durchtrainiertem Oberkörper in selbstbewussten, starken Posen dargestellt, während die nackte Frau fast ausschließlich in einem pornografischen Kontext und durchgehend als Sexobjekt gezeigt wird.

In Musikvideos wird die Nacktheit der Frau als Zeichen von Emanzipation verkauft: Nicki Minaj, Rihanna, Miley Cyrus und viele andere vermarkten ihre Erotik und sind im scheinbar selbstbewussten Überschreiten von Schamgrenzen Vorbild für viele Mädchen, die auf ähnliche Art und Weise berühmt werden wollen. Frauen, die sich nackt im *Playboy* ablichten lassen, sprechen formelhaft von der »Ehre«, auserwählt worden zu sein, und davon, dass sie sich für ihren Körper nicht schämen, sondern stolz auf ihn sind.

Ist unsere sexualisierte Kultur tatsächlich ein Zeichen für die Befreiung und Emanzipation der Frau? So sehen es jedenfalls nicht wenige junge Frauen, die sich weigern, in »altmodischen« Kategorien wie »Subjekt« und »Objekt« zu denken, weil sie meinen, dass wir über diese Missstände längst hinweg wären.

»Ich fühle mich überhaupt nicht als Objekt, wenn ich mich sexy anziehe«, sagt die 40-jährige Carolin. »Im Gegenteil, ich fühle mich dann selbstbewusst und schön!« Die 34-jährige Meike stimmt ihr zu: »Es gibt ja diesen Ausdruck ›Powerdress‹ – und das kann für mich auch durchaus ein tiefer Ausschnitt sein. Verführerisch zu sein ist ja auch Macht – jedenfalls solange ich allein entscheide, wen ich wie und wann ansprechen will.«

»Geht das denn, das so genau festzulegen?«, frage ich

nach. »Können wir unsere Wirkung wirklich so 100-prozentig kontrollieren?«

»Vielleicht nicht«, sagt Meike. »Aber das ist ja noch kein Verbrechen, wenn Männer Frauen scharf finden, solange es nicht zu Übergriffen kommt, also solange die Frau allein entscheidet, mit wem sie wie weit gehen will. Ob sie überhaupt etwas anderes will, als angeschaut zu werden.«

In diesem kurzen Gespräch offenbart sich, wie schnell aus einem Subjekt ein Objekt werden kann: Solange Frauen die absolute Kontrolle über ihre Wirkung haben, ist das mit dem selbstbewussten Subjekt-Sein kein Problem. Sie sind kein Bild, das der Deutungshoheit des männlichen Betrachters unterworfen ist, sie sind Frauen aus Fleisch und Blut, keine Opfer, sondern Mitgestalterinnen ihrer Realität. Aber in der weiblichen Realität wird die Kehrseite der Medaille automatisch mitgedacht: Aus einem verführerischen Spiel kann schnell bitterer Ernst werden, Macht kann unversehens in Ohnmacht umschlagen, wenn das Gegenüber einen Ausdruck der sexuellen Selbstbestimmung als Einladung missversteht, die Grenzen zu überschreiten – wenn also der andere die Macht hat, das Subjekt in null Komma nichts in ein Objekt zu verwandeln.

Selbst heute, wo in vielen Bereichen Gleichberechtigung herrscht, muss sich die Frau die Augenhöhe mit dem Mann immer noch erarbeiten, zumindest in der Öffentlichkeit, in der schnelle Bewertungen und Kategorisierungen stattfinden: *Das Luder ist leicht zu haben, Die Schlampe treibt es mit jedem, sie sieht sexy aus, sie will heute noch flachgelegt werden.* Die Sehnsucht, endlich als selbstbestimmte Person wahrgenommen zu werden – als attraktive, sexuell aktive, selbstbewusste Frau, also als Sexual-

subjekt –, mag in der Privatsphäre einer intimen Beziehung gelingen, scheitert aber in der Öffentlichkeit, der es oft genug an einem differenzierten, respektvollen Blick auf die Frau mangelt.

Trotzdem: Sexy auszusehen ist nicht das Problem. Das Problem ist, wenn sexy wichtiger als lustvoll wird. Wenn wir sexuelle Verfügbarkeit mit sexueller Befreiung verwechseln. Wenn »gut im Bett« wichtiger ist als sich gut (im Bett) zu fühlen.[99] Der Wunsch, begehrt zu werden, liegt in der Natur des Menschen, aber wenn das eigene Begehren zugunsten des Begehrtwerdens aufgegeben wird, wie es in der Geschichte und offensichtlich auch heute noch oft genug der Fall ist, dann erleben Frauen einen empfindlichen Verlust. Wenn »Er will mich« wichtiger ist als »Was will ich?«, dann lassen wir uns zurückfallen in eine Zeit, in der Frauen tatsächlich keine Macht hatten.

Aber wie frei können wir überhaupt werden bei unserer langen Geschichte der Unfreiheit? Sexuelle Freiheit ist zwar ein individuelles Erleben, aber die Idee von Freiheit wird auch von unserer Kultur geprägt. Eine Frau mit Kopftuch beispielsweise scheint aus westlicher Sicht nicht wirklich frei zu sein. Aber ist die dauerdiäthaltende Frau mit operierten Brüsten im engen Kleid und hochhackigen Schuhen automatisch freier? Bei genauerem Hinsehen orientieren sich beide an dem, was der Mann begehrt. Die eine verhüllt sich und verweigert sich auf diese Weise dem

---

99 Unterstützt wird diese problematische Haltung durch Frauenzeitschriften wie beispielsweise *Cosmopolitan*, die Sex als Machtmittel für Frauen anpreist, deren Sextipps aber weniger auf die Lust und Befriedigung der Frau als auf die des Mannes ausgerichtet sind. Von der britischen Psychologin Gail Dines wird diese Art von Journalismus in Frauenzeitschriften passenderweise als »Porn ideology ›lite‹« bezeichnet.

sexuellen Objektstatus (was, wie wir wissen, in Ländern wie Ägypten oder Indien vor sexuellen Übergriffen nicht schützt), die andere stellt ihre Sexyness demonstrativ zur Schau und sexualisiert sich selbst.

Man könnte nun argumentieren, dass weibliches Selbstbewusstsein gepaart mit der gleichzeitigen Erfüllung männlicher sexualisierter Erwartungen die höchste Form der sexuellen Ermächtigung ist. Diese Lesart geht einher mit dem Konsens einer pornofizierten Gesellschaft, der besagt, dass Frauen Macht haben, *weil* sie Objekte des Begehrens sind. Die verbal ungleiche Schlacht von Verona Feldbusch/Pooth und Alice Schwarzer aus dem Jahre 2001 steigt vor dem geistigen Auge auf: Eine naive Sexbombe, die sich mächtiger fühlt als eine intellektuelle Emanze, die überall weibliche Benachteiligung wittert. Zwei erfolgreiche Frauen ringen um die Frage, wie sexy eine Frau sein darf und ob sie dadurch an Macht gewinnt oder verliert.

Wie gesagt: Sexy ist nicht das Problem. Das Problem liegt in dem Trugschluss, über die eigene Sexualisierung nachhaltige Macht zu erlangen, aber auch in der Angst, sich *zu* weiblich zu zeigen, weil man sonst nicht mehr ernst genommen wird. Es ist wissenschaftlich belegt, dass Frauen, deren Aufmerksamkeit auf ihren Körper gelenkt wird, weniger selbstbewusst auftreten und sich weniger als Entscheidungsträgerinnen sehen: Viele Frauen vermeiden es beispielsweise, in der Öffentlichkeit ihre Meinung zu äußern, weil sie mit ihrem Aussehen unzufrieden sind. Viele Frauen werten sich selbst aufgrund ihres Aussehens ab und schwächen so ihr Selbstwertgefühl. Viele Frauen neigen sogar beim Sex zum sogenannten »selfmonitoring«, sie betrachten sich also eher von außen, als sich ihren Gefühlen hinzugeben, und schmälern damit ihren sexuellen Genuss.

Wenn das Äußere wichtiger wird als alles andere, sinken die Lebenslust und die Freiheit. Wirkliche Freiheit aber würde bedeuten, dass beide Geschlechter mit Haltungen und Zuschreibungen spielen und sowohl Frauen als auch Männer zwischen Subjekt und Objekt, zwischen Begehren und Begehrtwerden hin- und herwandern dürfen. Solange das Begehren des Mannes jedoch mehr wiegt als die Sicherheit, die Entscheidungsmacht und das Begehren der Frau, wird ihre sexuelle Freiheit weiterhin zwischen Kopftuch und Porno schwanken.

Scham & Haare – Die Banalität der Normalität

»›Das nächste Mal bitte ganz ohne Haare‹, hat er zu mir gesagt, nachdem wir das erste Mal miteinander geschlafen haben.« Steffi ist empört.

»Und, wie hast du reagiert?«, frage ich.

»Zuerst war ich für einen Moment verunsichert. Dann dachte ich mir: Spinnt der? Mich zu bewerten und zu maßregeln wie ein kleines Kind oder eine Nutte.« Sie schüttelt den Kopf. »Ich hab ihm gesagt, dass es kein nächstes Mal geben wird, weil ich nicht darauf stehe, wenn mir ein Mann sagt, was ich tun soll. Ich bin fast 40. Und er sogar noch ein paar Jahre älter. Der spinnt doch. Soll er sich doch einen vorpubertären Teenager suchen. Oh Gott, so ein junges Mädchen macht dann auch noch, was er ihr sagt.«

Wahrscheinlich hat Steffi recht. Noch wahrscheinlicher ist, dass man jungen Frauen heute gar nicht mehr sagen muss, was sich »untenrum« gerade gehört. Denn sich im Schambereich zu enthaaren ist seit einiger Zeit normal. »Haare sind eklig«, »Schambehaarung ist unhygienisch« oder »Ein Busch ist hässlich, selbst ein landing strip sieht nicht schön aus«, waren typische Antworten meiner Interviewpartnerinnen auf die Frage, wie sie zu Schambehaarung stehen. Wer sich im Schambereich nicht rasiert oder waxt, der ist anders. Und anders ist nicht gut. Innerhalb von ein paar Jahren ist bei Jugendlichen durch den erhöhten Konsum von Pornografie eine extreme Umdeutung des Schamhaars entstanden: Aus Haar, das die Scham bedeckt, wurde Haar, für das man sich schämt.

Vielleicht ist es nur eine Modewelle, wie die 19-jährige Sarah vermutete: »Früher waren ja Schamhaare ›in‹, wie man bei unseren Eltern sehen kann. Wahrscheinlich werden unsere Kinder mal mit den Fingern auf uns zeigen und sagen ›Igitt, wie kann man da bloß keine Haare haben!‹« Bei der Vorstellung mussten wir beide lachen, und als ich Sarah fragte, ob sie glaube, dass ihr enthaartes Geschlecht eine unbewusste Rebellion gegen ihre Mutter oder ihre Eltern sei, dachte sie lange nach. »Ja, wer weiß. Es gibt ja kaum noch was, wogegen man heute rebellieren kann.« Schamhaarentfernung – die Revolte des frühen 21. Jahrhunderts.

Tatsächlich scheint Intimbehaarung eine Sprengkraft zu haben, die man auf den ersten Blick kaum vermuten würde. Als die US-amerikanische Künstlerin Petra Collins auf ihrem Instagram-Account ein Selfie veröffentlichte, auf dem über ihrem Slip einige wenige Schamhaare zu sehen waren, brach erst ein Shitstorm los, und dann wurde ihr Account gesperrt. Die 21-jährige Collins ist bekannt dafür zu verstören, indem sie Bilder von der Realität zeigt, die jenseits des akzeptierten Mainstream, von Idealmaßen und erfolgreichem Barbiepuppenimage liegen.

Auch ein von ihr designtes T-Shirt für American Apparel rief Entrüstungsstürme hervor. Zu sehen ist die Zeichnung eines behaarten Geschlechts einer menstruierenden und masturbierenden Frau. Ästhetik hin oder her – Collins legt den Finger gezielt in die Wunde der vermeintlich aufgeklärten und befreiten Gesellschaft: Explizite Bilder von Gewalt und Sexualität haben kein Schockpotenzial mehr, aber »Menstruation – und auch Schambehaarung – bringt Menschen zum Durchdrehen«, sagt Collins. Sie kritisiert, dass Frauen heute systematisch beigebracht werde, ihren postpubertären Körper und alles, was damit zusammenhängt, zu verstecken. Dieser sogenannte Infantilisierungsansatz wird auch von Wissenschaftlern diskutiert: Man kann die Intimrasur als Ausdruck und Unterstützung patriarchaler Sexualität begreifen, denn das unbehaarte weibliche Genital signalisiert kindliche Reinheit, sexuelle Unreife und Ungefährlichkeit und stärkt somit das Überlegenheitsgefühl des Mannes.[100] Gleichzeitig könnte das unbehaarte Geschlecht einer Art Sexualabwehr dienen und der Frau einen Schonraum bieten, denn: Wer klein und schwach ist, muss schließlich geschützt werden. Auch in der Sexualität.

Warum unterstützen Frauen solche Machtverhältnisse freiwillig? Weil Sexualität der einzige Raum ist, in dem Frau es sich und ihrem Partner erlauben kann, ihre Schwäche und Unterlegenheit à la Tarzan und Jane im Rahmen

---

100 Auch Männer entfernen ihre Schamhaare, aber mit einem unterschiedlichen Effekt: Während ein enthaartes weibliches Geschlecht kindlich wirkt, sticht ein haarloser Penis im Gegenteil noch präsenter und offensiver hervor.

einer ansonsten gleichberechtigten Beziehung zu leben? Die entscheidende Frage ist: Machen Frauen die Normen oder halten sie sich nur an sie? Denn es gibt auch andere Stimmen, die in der Intimrasur ein Zeichen weiblicher Emanzipation sehen. Dass dieser Ansatz hinkt, wird deutlich, wenn man fragt, warum Frauen ihre Schamhaare entfernen. »Weil das alle machen«, »Weil es peinlich wäre, das nicht zu machen«, »Weil mein Freund es so schöner findet.« Zusammengefasst: weil es die Norm ist.

Wenngleich sich Schönheitsideale im Laufe der Zeit verändert haben, so blieb der Terror, ihm zu entsprechen, in jeder Epoche gleich. Im Mittelalter galt Blässe als schön, also bleichten Frauen ihre Haut mit giftigem Bleiweiß oder unterzogen sich Aderlässen, bei denen sie erhebliche Mengen an Blut verloren und sich gesundheitlich schwächten. Im Barock galt die Rubensfigur als schön – füllig, aber in Form gehalten mit einem Korsett, das die Frauen noch Jahrhunderte später quälen sollte. Heute ist die ideale Frau schlank und straff, ihr Körper hat kein Gramm und kein Haar zu viel. Mal ist ein eher androgyner, mal ein eher kurvenreicher weiblicher Körper gefragt. Da die Natur solche extremen Körper nur selten formt, wird nachgeholfen mit Fettabsaugungen und Brust- und Po-Implantaten, die Frauen freiwillig über sich ergehen lassen. Warum unterwerfen sich Frauen diesen Bildern und ihrer Ästhetik so bereitwillig?

Die Zeiten, in denen Männer über Frauen bestimmten und die Frau sich zu fügen hatte, sind weitestgehend vorbei. Und auch wenn es nach wie vor die Männer sind, die die Standards für einen schönen weiblichen Körper setzen: Es sind die Frauen selbst, die den Bildern Macht verleihen, indem sie an sie glauben, sich an ihnen orientieren, sie reproduzieren und einem Ideal hinterherlaufen, dem sie selbst unter größten Mühen kaum gerecht werden können. Es sind die Frauen selbst, die andere Frauen als Rivalinnen sehen, sich miteinander messen und hart mit ihresgleichen ins Gericht gehen. Warum dieser Konkurrenzkampf und für wen? Um anerkannt zu werden. Um bewundert zu werden. Um geliebt zu werden. Um darwinesk die Beste zu sein für den Mann.

Je wackeliger das Selbstwertgefühl, desto wichtiger ist das Äußere und desto mehr vergleichen wir uns mit anderen. Wer in sich selbst keine Ruhe findet, richtet den Blick nach außen, wo retuschierte Bilder perfekte Körper vorgaukeln und Minderwertigkeitskomplexe fördern. So ist es kein Wunder, dass die meisten Mädchen und Frauen an ihrem Körper etwas auszusetzen haben. Er ist zu dick oder zu dünn. Die Haut ist zu hell oder zu dunkel. Der Busen zu klein oder zu groß. Die Haare zu glatt oder zu kraus. Irgendetwas stimmt immer nicht mit uns.[101] Vielleicht ist das Entfernen von Schamhaaren schlicht der einfachste Weg, dem Status quo zu entsprechen – rasieren kann sich schließlich jede.

Wer dauernd an sich zweifelt, hat es schwer, seinen Bedürfnissen zu trauen. Wer seine Bedürfnisse nicht ernst nimmt, wird sie auch in sexueller Hinsicht nicht erkennen und nicht äußern. Wer versucht, einem Fremdbild zu entsprechen, läuft Gefahr, sich von sich selbst zu entfernen. Deshalb verfolgt Petra Collins unbeirrt ihren Stör-

---

101 Nur die Hälfte der Mädchen zwischen 11 und 17 Jahren ist mit ihrem Körper zufrieden. Knapp 80 Prozent glauben, dass es einen Zusammenhang zwischen »dünn« und »beliebt« gibt. Aus diesem Grund spielen Diäten auch für Jugendliche schon eine große Rolle – jede vierte 12-Jährige hat Studien zufolge bereits eine Diät hinter sich.

kurs: »Ich will, dass junge Frauen aufhören, sich zu schämen, oder das Gefühl haben, sich schämen zu müssen. Dafür, wie sie aussehen, was sie fühlen, denken, wollen.«

Collins, die mit Anfang 20 schon zu den einflussreichsten feministischen Künstlerinnen der USA gehört, inszeniert weibliche Sexualität mit bewussten Brüchen und gibt Einblick in die Normalität *hinter* der ästhetischen Norm: mit Pickeln, Achsel- und Schamhaaren, abgekauten Fingernägeln, Tränen. Sie verfolgt mit ihrer Kunst folgendes Ziel: »Ich will die Wirklichkeit aus der Sicht von Mädchen zeigen, nicht die geschönte Projektion auf sie. Wir leben nun mal in einer visuellen Welt. Deshalb sind solche Bilder wichtig. Denn wenn du dich selbst in der öffentlichen Welt nicht wiederfindest, dann fühlst du dich, als ob du nicht existierst.« Nicht sichtbar zu sein ist eine Erfahrung, die für Frauen in der Vergangenheit normal war, und Collins steuert gezielt dagegen – und versucht mit ihren Bildern den Horizont zu erweitern und zu provozieren.

Aber ist der schonungslose Blick auf den Körper einer erwachsenen (behaarten) Frau das ultimative Zeichen der sexuellen Befreiung? Ist die Offenbarung aller intimen Öffnungen und Körperflüssigkeiten eine Geste der Gleichberechtigung oder gar weiblicher Macht? Wenn man es aus einer rein männlichen Perspektive betrachtet, durchaus, denn das stolze Zurschaustellen des Gemächts war und ist für Männer oft lustbetont und machtbesetzt und die kultische Verehrung des Phallus zieht sich durch die Weltgeschichte. Für Frauen jedoch galt oft das Gegenteil: Lustvolle Nacktheit war unerwünscht bis unerhört und dementsprechend schambesetzt.

Auch heute noch ist es ein Unterschied, ob die Frau in

klar vorgegebener, sozial erwünschter Weise nackt ist oder ob sie sich zeigt, wie sie ist oder gar wie sie sein will. Ob sie sich dem Zeitgeist gemäß enthaart oder ob sie keine Rücksicht nimmt auf das Auge des pornografiegewöhnten Betrachters, der sich an den neuerdings animalisch anmutenden Haaren und an der Desillusionierung des perfekten, vorpubertären Körpers stört. Das T-Shirt mit einer menstruierenden, masturbierenden Frau räumt der Frau so gesehen die gleichen Rechte ein wie dem Mann. Sie zeigt ihm etwas von ihrem Körper, das er so vielleicht gar nicht sehen möchte, und damit geht es ihm nicht anders als all den Frauen, die von männlichen Internet-Bekanntschaften oder gänzlich Fremden ohne Aufforderung Bilder ihrer erigierten Penisse (sogenannte »dickpics«) zugeschickt bekommen, oft mit der lapidaren Frage: »Ficken?«

Für beide Geschlechter gilt: Der Grad zwischen persönlicher Freiheit und Grenzverletzung anderer ist mitunter schmal. Und nicht nur die Frau muss sich entscheiden, ob sie sich an die traditionell männlichen und tendenziell aggressiven Normen von Sexualität anpassen möchte oder ob es Zeit ist für einen neuen Umgang: mit Intimität, Sexualität und vor allem miteinander.

Unfuckable wegen Falten – Die alternde Frau

»Tanzen ist wie Ficken, es kommt nicht darauf an, wie es aussieht – Hauptsache, wie einem dabei ist«, behauptet Isadora Wing, die Protagonistin in dem Buch »Angst vorm Fliegen«. Die promiske Romanheldin wurde zum Vorbild der sexuell befreiten Frau, unter anderem deshalb, weil sie vom sogenannten »zipless fuck«, dem »Spontanfick«, schwärmt, »einer Traumnummer von äußerster Reinheit, da ohne jede Nebenabsicht. Es findet kein Machtkampf statt, der Mann ›nimmt‹ nicht, die Frau ›gibt‹ nicht.«

Isadora Wings Erschafferin Erica Jong wurde in den 1970er-Jahren als weiblicher Henry Miller gefeiert und ihr Skandalroman galt als wegweisend für die sexuelle Selbstbestimmung der Frau. Als die Schriftstellerin genau 40 Jahre später im Herbst 2015 in einer Buchhandlung in Brooklyn aus ihrem neuen Buch »Angst vorm Sterben« liest, haben sich allerdings nur wenige Zuhörerinnen und noch weniger Zuhörer eingefunden. Vielleicht ist Jongs Ruhm vergangen, vielleicht liegt es am Thema, das weniger sexy ist – denn es geht ums Altwerden und Sterben und wie Jongs Hauptfigur Vanessa Wonderman verzweifelt versucht, ihren Alterungsprozess aufzuhalten, in dem tiefen Bedauern darüber, »die Macht über Männer verloren zu haben, die ich einst hatte«.

Nach der Lesung bittet Jong ein wenig lustlos um Fragen aus dem Publikum. Eine Frau hebt die Hand: »Ich bin Mitte 60 und frage mich, ob ich jetzt *unfuckable* bin.« – »Nein«, entscheidet Jong, selbst in ihren Siebzigern, energisch, »du bist noch absolut *fuckable*.«

Jongs Versuch, ihre Leserin zu beruhigen, in allen Ehren – aber die Angst, als Frau ab einem gewissen Alter sexuell nicht mehr attraktiv zu sein, ist absolut berechtigt.[102] Denn in unserer Gesellschaft rufen alternde Frauen ganz andere Assoziationen hervor als alternde Männer: Männer kommen in ihre besten Jahre, sie werden als distinguiert, reif und erfahren wahrgenommen. Frauen hin-

---

102 Männer aller Altersgruppen bevorzugen junge oder besser gesagt weitaus jüngere Frauen, wie Auswertungen von Dating-Plattformen zeigen.

gegen gelten ab einem bestimmten Alter als verbraucht, welk und schlichtweg alt – im Idealfall werden sie als liebe, aber asexuelle Oma wahrgenommen, im schlimmsten Fall als vertrocknete Alte.

Dass hier mit zweierlei Maß gemessen wird, zeigt sich auch daran, dass Altsein für Frauen früher beginnt als für Männer. Offensichtlich ist Altern ein Prozess, der nicht nur biologisch abläuft, sondern auch sozial gestaltet wird und der Männer auf- und Frauen abwertet in der Kurzformel: Männer reifen, Frauen verblühen.

»Für die meisten Frauen bedeutet Altwerden einen demütigenden Prozess gradueller sexueller Disqualifikation«, schrieb die amerikanische Essayistin Susan Sontag 1972, und die deutsche Journalistin Bascha Mika stellt über 40 Jahre später fest, dass sich bis heute nichts daran geändert hat: »Die älter werdende Frau ist ein Defizitmodell.«

Gerade beim Thema Älterwerden zeigt sich die Macht der gesellschaftlichen Bewertungen, die bei der alternden Frau vor allem zu einer Verlustrechnung führen: Sie ist nicht mehr schön, nicht mehr knackig, nicht mehr faltenfrei, nicht mehr sexy, und Kinder kann sie auch keine mehr bekommen.

»Unsichtbar« ist das Wort, mit dem viele ältere Frauen sich beschreiben. »Ich hab das Gefühl, dass man mich gar nicht mehr wahrnimmt auf der Straße. Früher haben Männer mich angeguckt, ich hab hier und da mal ein Kompliment bekommen. Heute bin ich ein Nichts in der Öffentlichkeit«, so die 58-jährige Sylvia. Diese gefühlte Unsichtbarkeit geht auf zwei Phänomene zurück: dass weibliche Attraktivität an Jugendlichkeit und dass weibliches Selbstwertgefühl an männliche Beachtung gebunden ist.

Aber das, was Bascha Mika als »Verschwindefluch« der Frau über 40 beklagt, die nicht mehr als attraktives, erotisches Wesen wahrgenommen und durch jüngere ersetzt wird, zeigt auch, welche Bedeutung Frauen insgesamt zugesprochen wird: nämlich als begehrenswertes, nicht als ernst zu nehmendes Gegenüber. Die Abwertung der Frau findet also nicht erst statt, wenn sie älter als 40, 50 oder 60 ist, sondern weitaus früher – weil sie in jedem Alter überhaupt und grundsätzlich auf ihr Äußeres reduziert wird.[103]

Auch hier zeigt sich wieder, dass Frauen die Fokussierung auf das Äußere derart verinnerlicht haben, dass viele von ihnen die gesellschaftlichen Vorgaben kritiklos übernehmen, anstatt dagegen zu rebellieren. Denn der Warencharakter weiblicher Sexualität und ein vermeintliches Haltbarkeitsdatum ihres Körper-Kapitals wird Frauen nicht nur aufgezwungen, sondern auch von ihnen selbst mitinszeniert. Anstatt andere gesellschaftliche Werte zu etablieren, die ältere Frauen in einem positiveren Licht erscheinen ließen, wird in die Anti-Aging-Industrie investiert und je nach Geldbeutel gecremt, gebotoxt und gestrafft. Anstatt jeden Geburtstag voller Lebensfreude zu feiern, lösen vor allem die runden Geburtstage nicht selten Ängste oder gar Krisen aus.

Männliche Vorstellungen von Weiblichkeit beeinflussen Frauen in jeder Lebensphase, was man nicht zuletzt

---

103 Der »Verschwindefluch« findet auch in den Medien statt, erst in den letzten Jahren werden in Frauenzeitschriften ab und zu auch reifere Models abgebildet und weibliche Hollywoodstars weisen immer wieder darauf hin, dass es für Frauen ab 50 kaum noch Rollenangebote gibt, obwohl der Markt der weiblichen Best-Ager auch Heldinnen im fortgeschrittenen Alter wünscht.

auch am Umgang mit der Menopause sieht: Sie ist nicht positiv besetzt, sie wird nicht gefeiert, es gibt kein Ritual, mit dem sie willkommen geheißen wird, und keine Tradition, die ihr einen Wert und Sinn verleiht. Im Gegenteil: Sie steht ganz im Zeichen des Abschieds von der Gebärkraft, mitunter gleichgesetzt mit dem Gefühl, keine ganze Frau mehr zu sein. Dass die Gebärmutter bis heute Sitz der Weiblichkeit ist, zeigt sich oft, wenn sie entfernt werden muss. Als sich eine meiner Freundinnen mit 45 Jahren die Gebärmutter entfernen lassen musste, trauerte sie lange Zeit: Sie fühlte sich nicht mehr als »vollwertige« Frau. Obwohl ihre Familienplanung mit drei Kindern schon Jahre zuvor abgeschlossen war, löste die Entnahme eines für sie theoretisch unnützen Organs eine tiefe Weiblichkeits- und Identitätskrise aus. Wenn Weiblichkeit wie die Jahrtausende zuvor vor allem an Jugendlichkeit, Schönheit und Gebären gekoppelt ist, stellt sich tatsächlich die Frage, was nach der Menopause bleibt.

Hier die aufmunternden Fakten: Anders als bei Männern bleibt bei Frauen die sexuelle Reaktionsfähigkeit (Erregbarkeit und Orgasmusreaktion) im Wesentlichen unbeeinträchtigt bis ins hohe Alter bestehen. Entgegen verbreiteten Annahmen werden weder das sexuelle Interesse noch die Erregbarkeit der Frau sonderlich beeinflusst von den Wechseljahren. Sexuelle Einschränkungen erleben Frauen in dieser hormonellen Umstellungsphase mitunter durch eine verminderte vaginale Lubrikation, also Scheidenfeuchtigkeit, das Dünnerwerden der Haut von Vulva und Vagina, Veränderungen des Scheidenmilieus und die mit diesen Veränderungen einhergehenden erhöhten Infektions-, Blutungs- und Verletzungsrisiken sowie die daraus entstehenden Schmerzen beim Geschlechtsverkehr. Bei der Mehrheit der Frauen treten jedoch nur geringe Veränderungen auf, die zu keinen oder nur leichten Beschwerden führen. Eine interessante Beobachtung wurde in einer Laborstudie gemacht, die die Scheidenfeuchtigkeit von prämenopausalen Frauen und Frauen in oder nach den Wechseljahren untersuchte. Die Wissenschaftler stellten fest, dass bei sexueller Erregung keine Unterschiede in der vaginalen Lubrikation bestehen, nur in sexuell nichterregtem Zustand ist die Vagina von jüngeren Frauen feuchter als die von älteren Frauen. Da Frauen nach den Wechseljahren aber immer wieder über Schmerzen beim Geschlechtsverkehr klagen, liegt eine erschreckende Schlussfolgerung nahe: Frauen haben wahrscheinlich zeit ihres Lebens nicht selten Geschlechtsverkehr, ohne (ausreichend) sexuell erregt zu sein. Was bei jüngeren Frauen aufgrund ihrer grundsätzlich höheren Scheidenfeuchtigkeit im nichterregten Zustand funktionieren mag, führt bei Frauen in oder nach den Wechseljahren zu erheblichen Schmerzen.

Grundsätzlich gilt: Je positiver Frauen ihre Sexualität insgesamt erleben, desto weniger Einfluss hat die Menopause auf ihre sexuelle Aktivität und ihren Genuss. Auch wenn sich im Alter für beide Geschlechter einiges ändert und jeder Einzelne sich mit seiner schwindenden Lebenszeit und eventuell auftretenden gesundheitlichen Problemen auseinandersetzen muss – Frauen bleiben ebenso wie Männer ein Leben lang sexuelle Wesen.

Es mag versöhnlich stimmen, dass es immer mehr Frauen und Männer zu geben scheint, die auf gesellschaftliche Konventionen pfeifen und sich in bisher noch ungewöhnlichen Alterskombinationen zusammenfinden. Gleichzeitig wird hier der Doppelstandard des Alterns noch einmal besonders deutlich, wenn wir uns Paare mit einem erheblichen Altersunterschied anschauen, und zwar ältere Frauen mit jüngeren Männern, denken wir beispielsweise an die französische Präsidentengattin Brigitte Macron, an Madonna, Vivienne Westwood, Demi Moore oder Nena, die allesamt jüngere Männer lieben. Interessanterweise sind es heute weniger die Frauen, die in ihrem Umfeld Kritik hervorrufen, vielmehr müssen sich die jüngeren Männer dafür rechtfertigen, warum sie statt einer jungen eine alte Frau gewählt haben. Zugegeben, ein erheblicher Alters- und Machtunterschied ruft auch bei jungen Frauen mit alten Männern Reaktionen zwischen Häme und Neid hervor, aber wenn wir an Paare denken, die lediglich 10 bis 15 Jahre voneinander trennen, zuckt kaum jemand mehr mit der Wimper – solange die Frau die Jüngere von beiden ist.

Vermutlich wird es noch eine ganze Weile dauern, bis ältere Männer und ältere Frauen ähnlich wahrgenommen werden. Wir brauchen dazu eine Gesellschaft, die bereit ist, entwertende Zuschreibungen von Weiblichkeit aufzugeben, und Frauen, die im Zuge dessen ein gesünderes Selbstwertgefühl entwickeln, das nicht ausschließlich auf körperlicher Attraktivität beruht. Solange der weibliche Körper Haupt-Wertanlage und Identitätsgrundlage ist, bleibt der Alterungsprozess für Frauen bedrohlich.

Es ist an der Zeit, dass Frauen jeden Alters von der Gesellschaft endlich mit all ihren Fähigkeiten wahrgenommen und wertgeschätzt werden. Hier sind alle gefragt – auch die Frauen selbst, die ihre Weiblichkeit neu definieren und neu gestalten müssen, anstatt wie bisher mehr oder weniger sklavisch den jeweiligen Normen und Idealen nachzueifern. Wer weiß – vielleicht kann das Alter dann von Frauen wie von Männern begrüßt werden, mit all seiner Reife und Gelassenheit.

Feministin klingt mir zu ungebumst – Die bedrohliche Frau

»A) Haben Sie eine Vagina?
B) Möchten Sie selber über sie bestimmen?
Sie haben beide Fragen mit ›Ja‹ beantwortet?
Herzlichen Glückwunsch! Sie sind eine Feministin.«

Feminismus-Schnelltest von Caitlin Moran

Stellen wir uns vor, die Welt hätte sich vor Hunderten von Jahren anders entwickelt: Frauen wären aufgrund ihrer Gebärkraft das herrschende Geschlecht, während Männer als Ausgleich die Kinder großziehen würden. Frauen würden wie Gottheiten verehrt, weil sie einmal im Monat bluten, ohne zu sterben. Frauen hätten die Macht, sich Männer zu kaufen, um sich sexuell befriedigen zu lassen, und immer wieder käme es zu sexuellen Übergriffen von Frauen an Männern, die allerdings rechtlich nicht geahndet würden, weil der Mann doch im Endeffekt auch davon profitiert hätte – ob er ursprünglich einverstanden war oder nicht. Klingt verrückt? Ähnlich verrückt wie die Realität heute, in der Männer nach wie vor das herrschende Geschlecht sind und an der bestehenden Hierarchie nur in Wellenbewegungen gerüttelt wird.

»Mann fickt Frau – Subjekt, Prädikat, Objekt«, so fasste

die feministische Aktivistin Catherine McKinnon in den 1960er-Jahren die Machtverhältnisse der Geschlechter zusammen. So denkwürdig und treffsicher dieser Satz vor 50 Jahren gewesen sein mag – heute würde sich in der westlichen Welt weder das eine noch das andere Geschlecht damit identifizieren. In intimen Beziehungen ist weitgehende Gleichberechtigung eingezogen, wenn man von der Kinderbetreuung (während und nach einer Beziehung) und der Verteilung des Haushaltes einmal absieht. Im partnerschaftlichen Bett wird meist Rücksicht genommen und verhandelt, mit dumpfem Machismus kommt man heute nicht mehr weit. Aber wie sieht es in der Öffentlichkeit mit dem Frauenbild aus?

Sexismus ist ein Dauerthema, auch wenn er heute nicht mehr ausschließlich plump daherkommt, sondern weitaus subtiler eingesetzt wird: Sexuelle Gewalt wird auch in der westlichen Welt bagatellisiert. Die Vereinbarkeit von Kindern und Erwerbstätigkeit ist bis heute vor allem für Frauen ein Problem. In der Berufswelt gibt es für Frauen eine gläserne Decke, die sie nur in seltensten Fällen durchbrechen. Die strukturelle Benachteiligung wird mit der Rede von Gleichberechtigung oder der Frauenquote kaschiert und deshalb oftmals als persönliches Versagen erlebt. Grundgesetz hin oder her – es gibt weitaus mehr soziale als biologische Unterschiede zwischen den Geschlechtern, und die Gesellschaft misst nach wie vor oft mit zweierlei Maß.

Wie kann das sein in einer Welt, in der Frauen nicht die Minderheit, sondern seit jeher die Hälfte der Menschheit darstellten? »Sie (die Frauen) haben nur das erreicht, was die Männer ihnen zugestehen wollten«, kritisierte Simone de Beauvoir bereits in den 1950er-Jahren. »Sie haben nichts genommen: Sie haben angenommen.«[104] Stimmt diese Behauptung? Sind Frauen wirklich so genügsam und bequem? Hat die Frauenbewegung denn nicht eine ganze Menge erreicht?

Immerhin gibt es heute weibliche Staatschefinnen, Nobelpreisträgerinnen, Vorstandsvorsitzende in internationalen Konzernen. Es gibt »Alpha-Mädchen«, die scheinbar mühelos die Welt erobern, Mütter, die Karriere machen, Frauen, die sich selbstbewusst nehmen, was sie wollen, auch beim Sex, und die fest daran glauben, dass es ihnen zusteht. Aber es gibt nach wie vor auch Hürden, Fallstricke und Begrenzungen für das weibliche Geschlecht, die sich zuallererst in misogynen Stereotypien äußern: die zu ehrgeizigen, kalten und karrieregeilen Frauen, die Rabenmütter, die Egoistinnen, die Schlampen.

Zu jeder Zeit gab es Frauen (und Männer), die mit offenen Augen durch die Welt gingen und Missstände bemängelten, aber je mehr sie auf Änderungen pochten, desto mehr Kritik und Abwertung schlug ihnen entgegen. Daran hat sich bis heute nichts geändert. Hinzu kommt, dass sich zu keiner Zeit ein feministisches Wir etablierte. Die Feminismus-Welt war und ist bis heute bunt und widersprüchlich: Vertreterinnen der Initiative »Pinkstinks« beispielsweise finden, dass die Unterdrückung der Frau mit der Farbe Rosa beginnt; »Femen«-Aktivistinnen versuchen, den Teufel mit dem Beelzebub auszutreiben,

---

104 Simone de Beauvoir hinterfragt, warum Frauen so wenig Gleichberechtigung erreicht haben, und findet folgende Antwort: »In Wirklichkeit ist die Natur ebenso wenig eine unwandelbare Gegebenheit wie die historische Realität. Wenn die Frau sich als das Unwesentliche erkennt, das sich nie ins Wesentliche umkehrt, so, weil sie selbst diese Umkehrung nicht vollzieht.«

indem sie mit spektakulären »Oben-ohne-Aktionen« für Frauenrechte kämpfen und sich dabei selbst sexualisieren, und Feministinnen mit Kopftuch wehren sich gegen westliche Freiheitsbegriffe und die Bevormundung durch Nicht-Moslems, die sie vom Kopftuch befreien wollen, um nur einige wenige zu nennen. Trotz der unterschiedlichen Standpunkte und Vorgehensweisen – sie alle kämpfen für ihre eigene Stimme, ihre eigene Sicht, für mehr Macht und Autonomie.

Neben diesen Vorkämpferinnen, die sich mit Leib und Seele für Gleichberechtigung, Menschenwürde, die Selbstbestimmung von Frauen sowie das Ende aller Formen von Sexismus einsetzen, gibt es auch die sogenannten »T-Shirt-Feministinnen«, die mit Emblemen wie »I am a Feminist« lediglich ein Modebekenntnis abgeben. Und natürlich gibt es auch Frauen, die mit Feminismus überhaupt nichts am Hut haben oder ihn sogar bekämpfen.

Aber ist die Frau im 21. Jahrhundert tatsächlich so emanzipiert und Gleichberechtigung so selbstverständlich etabliert, dass der Feminismus ausgedient hat? Und was hat das alles mit weiblicher Sexualität zu tun?

Wer F… sein will, muss freundlich sein – Das unbeliebte F-Wort

Sind Sie Feministin? Viele Frauen antworten heute auf diese Frage ausweichend oder gar verneinend: »Das ist mir ein zu starkes Wort«, »Ich bin doch keine männerhassende Emanze«, »Nein, weil ich meinen Freund und Sex liebe!« oder »Feminismus ist doch kein Thema mehr. Kein Geschlecht sollte das andere unterdrücken.«

Eine junge Journalistin namens Ronja von Rönne

schrieb 2015 einen von den Medien stark kritisierten Artikel in der *Welt*, warum sie Feminismus überflüssig finde, nämlich weil sie selbst in ihren 23 Lebensjahren noch nie erlebt habe, dass Frausein ein Nachteil ist.[105] Ronja von Rönne steht mit ihrer Haltung nicht allein da. Viele junge Frauen wissen heute mit Feminismus nichts mehr anzufangen – weil sie nicht gegen Männer sind, weil sie Männer lieben und weil sie in ihren jungen Jahren noch keine Benachteiligung erfahren mussten. Eine Umfrage unter jungen weiblichen Hollywoodstars ergab ein ähnliches Bild von privilegierten Unfeministinnen, die Männern »nichts wegnehmen« wollen. Im Netz findet sich sogar eine Women-against-Feminism-Gruppe, die bei Facebook mittlerweile knapp 40 000 Mitglieder hat.

Feminismus scheint vielen heute überholt, unnötig, sogar unsympathisch. Der Kampf für Gleichberechtigung hat offensichtlich einen unangenehmen Nachgeschmack hinterlassen, und in unserer Spaßgesellschaft kann man mit einer Bewegung, die phasenweise durchaus humorlos und verkniffen daherkam, keinen Blumentopf mehr gewinnen: Wer will schon dem Stereotyp der übellaunigen, radikalen, sexuell vertrockneten und männerhassenden Kampf-Emanze entsprechen?

Ich nicht. Und viele andere Frauen, die eindeutig feministische Ziele verfolgen, auch nicht, wie beispielsweise die deutsche Netzfeministin Anne Wizorek, die rückbli-

---

105 Ronja von Rönne lehnte im April 2016 den Axel-Springer-Preis für junge Journalistinnen ab, der ihr für ihren Artikel »Warum mich der Feminismus anekelt« (*Welt am Sonntag* vom 8.4.2015) verliehen werden sollte, weil sie sich inzwischen von ihrem unausgegorenen Text distanziere und nie zur »Galionsfigur des Antifeminismus« werden wollte.

ckend meint, die »üblichen Stadien der feministischen Selbstverleugnung« durchlaufen zu haben. Wizorek hat mit #Aufschrei eine der wichtigsten Twitter-Kampagnen der letzten Jahre gestartet und hielt die Bezeichnung »Feministin« für sich selbst lange Zeit auf Sicherheitsabstand, »wie ein kleines Stinktier! Bloß nicht als zu radikal angesehen werden! Immer schön als nett wahrgenommen werden!« Auch die US-amerikanische Schriftstellerin Roxane Gay beschreibt 2014 in »Bad Feminist« ihr jahrelanges Unbehagen, sich mit dem Feminismus zu identifizieren, weil sie befürchtete, von ihrer Umwelt falsch eingeschätzt zu werden: Sexuell aktiv und offen zu sein, Männer und Blowjobs zu lieben – das passte nicht zur Feminismus-Karikatur, die oft genug als Abschreckung und Beleidigung gezeichnet wurde, und zwar von denjenigen, die am meisten zu fürchten und zu verlieren hatten, wenn Gleichberechtigung sich durchsetzen würde.

Genau an dieser Stelle zeigt sich, warum Feminismus bis heute notwendig ist – solange er negativ besetzt oder gar ein Schimpfwort ist, gibt es keine Gleichberechtigung. Solange Frauen *fürchten*, in die Nähe von Feministinnen gerückt zu werden, wissen wir, dass Männer die Deutungshoheit über gute, richtige Weiblichkeit haben. Und dass Frauen lieber dem Bild entsprechen wollen, das Männer von ihnen haben, als eigene Bilder zu schaffen und für sie einzustehen.

Aber woher stammen eigentlich die negativen Assoziationen – wieso wird Feministinnen immer wieder vorgeworfen, männer- und sexfeindlich zu sein?

In den 1970er-Jahren entstand aus Protest gegen die patriarchale Unterdrückung eine Anti-Männer und Anti-Sexbewegung, die sich gegen die geltenden Vorstellungen von heterosexueller Sexualität wandte und in der eine Splittergruppe militanter Feministinnen dazu aufrief, lesbisch zu werden oder dem Sex gleich ganz zu entsagen: »Nobody needs to get fucked.« Alice Schwarzer, die deutsche Vertreterin der Koitus-Kritikerinnen, forderte Frauen auf, das »Sexmonopol des Penis« anzugreifen, indem sie sich der Penetration verweigerten. Für sie und andere radikale Feministinnen war Sexualität eine Waffe und das Bett einer von vielen Tatorten, an denen Frauen von Männern Gewalt zugefügt wurde.

Für einen Moment drohte die Befreiungsbewegung für Frauen umzukippen in einen Normterror mit anderen Vorzeichen – war der Frau zuvor jahrhundertelang eingebläut worden, dass ihre Gesundheit, ihr Wohlbefinden und ihr guter Ruf von genau dem richtigen Maß an heterosexuellem Geschlechtsverkehr abhänge, so hieß es nun umgekehrt, dass die Frau, die Freude an der männlichen Penetration hatte, unreflektiert, rückständig und falsch sei.

Aber viele Männer waren nicht ganz unschuldig an dieser radikal-feministischen Antimännersicht, denn immer dann, wenn Frauen mehr Rechte und mehr Freiheiten einforderten, schlugen sie mit aller Kraft zurück und versuchten sie klein zu halten.[106] Es war also genau

106 Die selbstbestimmte Lust und Sinnlichkeit der Frau wurde von Männern oftmals argwöhnisch beäugt. Die Medien warnten gar, dass zu hohe Erwartungen der Frauen die sexuelle Leistungsfähigkeit der Männer blockieren und Männer schließlich ihr Interesse an ihnen verlieren würden. Weibliche Lust würde männliche Lust auslöschen, diese These verbreitete Paul Raymond, ein britischer Pornokönig in den 1970er-Jahren in seinem erfolgreichen Männermagazin *Men Only*. Er war wie viele andere der Ansicht, dass »in dem Maße, wie die öffentliche Sinnlichkeit des Weibes am Blühen und Gedeihen ist, jene des Mannes welkt und schrumpft«.

genommen ein Kampf der Geschlechter, der von Angst und Machterhaltungsbestreben auf der einen Seite und Ohnmacht und Zorn auf der anderen Seite befeuert wurde und in dem *beide* Parteien zum Teil weit übers Ziel hinausschossen.

Trotzdem haftet vor allem dem Feminismus bis heute ein Negativimage an – ein Zeichen dafür, wie stark und nachhaltig die patriarchalische Propaganda wirkt. Frauen erleben immer wieder, dass sie sich mit dem Adjektiv »feministisch« nicht gerade beliebt machen und sie nicht selten an sexueller Attraktivität verlieren, wie auch das folgende Beispiel zeigt. Als die 25-jährige Kanadierin Laura Nowak 2015 einen Tinder-Account mit der Begrüßung: »Hallo, ich bin Feministin«, erstellte, rief sie damit irritierte und irritierende Reaktionen von Männern hervor. Einer schrieb: »Das ist die schlimmste Beschreibung: Viel Glück.«

»Hallo, ich bin Feministin«, konterte Nowak, »ist sogar die bestmögliche Beschreibung für Leute, die keine Zeit haben, frauenfeindliche Männer zu treffen, Männer, die Frauen nicht respektieren, outen sich nämlich sehr schnell. So wie du gerade eben.«

Nach einem »?« kam die Retourkutsche: »Du bist zu hässlich, um diese Einstellung zu haben. Geh und brat mir Speck.«

Ein anderer fragte: »Warum bist du bei Tinder, wenn du Feministin bist?« Nowak antwortete: »Warum gehst du davon aus, dass Gelegenheitssex und Respekt vor Frauen einander ausschließen?«

Liest man die überwiegend feindseligen oder herablassenden Kommentare auf Nowaks Bekenntnis, bekommt man eine Ahnung davon, wie sehr das alte Frauenbild –

attraktiv und passiv – immer noch gewünscht wird, wenn auch sicherlich nicht von allen Männern. Es scheint eine neue Regel für Frauen zu gelten, die sich in der Welt behaupten wollen: Kritik am Status quo und Gleichberechtigungsforderungen sollen lieber harmlos, witzig oder zumindest zweideutig vorgetragen werden, um keine Aggression beim männlichen Gegenüber hervorzurufen. Wer zu klar, zu stark, zu deutlich ist, eckt als Frau immer noch an, und mitunter wird versucht, die aufmüpfige Frau wieder in die gewünschte Form zu manipulieren, und sei es über Komplimente. Ein Mann schrieb Nowak: »Ich liebe es, dass du deine Haare so ladylike trägst. Du bist sehr feminin für eine Feministin.« Nowak klärte ihn auf, dass Frauen nicht wie Männer aussehen müssen, um Macht zu haben, und stimmte ihm anschließend zu: »Ich habe aber tatsächlich sehr schönes Haar.«

Vielleicht ist Humor wirklich die stärkste Waffe auf dem Weg, alte Vorurteile und Ungerechtigkeiten auszuräumen. Aber es muss auch möglich sein, ernst zu werden, wenn einem nicht zum Lachen zumute ist. Unbequem zu werden, auch wenn es gerade niemandem passt und Männer oder Frauen sich dadurch bedroht fühlen. Denn nicht jede geschlechterstereotypisierende oder diskriminierende Hürde lässt sich mit einem ironischen Spruch aus der Welt räumen. Ab und zu muss man laut und deutlich werden, wenn man etwas erreichen möchte. So wie unsere Vorfahrinnen, deren Kampf für Gleichberechtigung oft genau die gleiche Härte annehmen musste, die ihnen entgegenschlug. Denn es waren die oftmals als unattraktiv wahrgenommenen Frauenrechtlerinnen, Feministinnen und Emanzen, die vehement für Gleichberechtigung und somit auch für die sexuelle Freiheit der Frau kämpften. Dieser Kampf ist alles andere als abgeschlossen, wie das immer noch weit verbreitete sexistische Gedankengut, aber auch die große Beteiligung an den Women's Marches Anfang 2017 zeigen. In diesen weltweiten Protestmärschen zeigte sich der Feminismus als das, was er immer hätte sein sollen: als genderneutrale Bewegung, in der Menschen für Menschlichkeit, Gerechtigkeit und das Recht auf Selbstbestimmung auf die Straße gehen.[107]

Was passiert, wenn man sich als Frau für eine Selbstverständlichkeit einsetzt, die bis heute keine ist, erfuhr die britische Schauspielerin Emma Watson, als sie 2014 bei der UNO eine Rede anlässlich der weltweiten Solidaritätskampagne HeForShe hielt. Aufgeregt und mit zittriger Stimme thematisierte sie sowohl das Leid der Frauen als auch das der Männer, die Gefangene von Geschlechterklischees seien. Sie bedauerte, dass der Kampf für Frauenrechte zu einem Synonym für Männerhass geworden sei und dass Feministinnen oft als zu stark, zu aggressiv und unattraktiv wahrgenommen würden. Dann appellierte sie an Männer, sich einzubringen, »denn die Gleichberechtigung der Geschlechter ist auch eure Angelegenheit«.

Die Reaktion auf Watsons sanfte und ausgewogene Rede war zum Teil vernichtend: Sie sei zu niedlich. Sie würde alte Rollen verhärten, wenn sie die Unterstützung von Männern einfordere, Frauen auf dem Weg zur Gleich-

107 Am Tag nach der Amtseinführung des US-amerikanischen Präsidenten Donald Trump gingen Millionen auf die Straße, um sich für Frauen- und Bürgerrechte, für Minderheiten und Gerechtigkeit, Vielfalt und Demokratie auszusprechen. Unter den Demonstranten waren Liberale und Konservative, Junge und Alte, Frauen und Männer, Homos und Heteros, Prominente und Unbekannte, Menschen, die das erste Mal politisch aktiv wurden, und andere, die bereits in den 1960er-Jahren für Gleichberechtigung gekämpft hatten.

berechtigung zu helfen. *Und wenn die Schlampe nicht aufhört, solche Reden zu schwingen, ist sie die Nächste, von der gehackte Nacktfotos im Internet veröffentlicht werden.*

Eine junge Frau spricht sich für eine Selbstverständlichkeit aus, die nie eine Selbstverständlichkeit war und es auch heute, im 21. Jahrhundert, noch nicht ist – wie die sexistische Kritik an Emma Watson deutlich macht. Denn auch heute noch gibt es verschiedenste Formen des Sexismus und der Frauenfeindlichkeit, die uns – weil es schon immer so war – zunächst oft gar nicht auffallen, sofern sie ein gewisses Maß an Dreistigkeit nicht überschreiten.

»Du läufst wie ein Mädchen« – Alltäglicher Sexismus oder die Geschichte der minderwertigen Frau

Ein rosa und ein blauer Babystrampler hängen im Laden direkt nebeneinander, auf dem rosafarbenen steht »Ich hasse meine Hüften«, auf dem blauen steht »Superman«. Der Otto-Versand verkauft T-Shirts für Mädchen mit der Aufschrift »In Mathe bin ich Deko«. Die Uhren-Marke IWC wirbt für ein neues Modell mit: »Fast so schön wie eine Frau. Tickt aber richtig.« Man »wirft, läuft, heult wie ein Mädchen«. Die *Bravo* gibt 2015 Flirt-Tipps à la: »Guck Jungs eher immer leicht von unten an. Das wirkt am süßesten auf Typen!« Es gibt Blondinenwitze und Schmähsprüche wie »Frau am Steuer, das wird teuer«, obwohl Frauen weitaus weniger Unfälle verursachen als Männer. In Songtexten und Musikvideos wird eine »Rape-Culture« (Vergewaltigungs-Kultur) glorifiziert, in der Frauen nichts als Sexobjekte sind. 2015 verdienten Frauen in Deutschland durchschnittlich 21 Prozent weniger brutto pro Stunde als Männer in vergleichbaren Jobs und im März 2017 erklärte der polnische EU-Abgeordnete Janusz Korwin-Mikke den Grund dafür: »Natürlich müssen Frauen weniger verdienen als Männer«, sagte er während einer Debatte im Parlament, »denn Frauen sind schwächer, sie sind kleiner und sie sind weniger intelligent.«

Manche Menschen können über Sexismus lachen, andere nicht. Meist finden die, die von der Diskriminierung betroffen sind, sie weniger lustig als diejenigen, die die Diskriminierung ausüben oder von ihr profitieren. Das ist menschlich. Und falsch. Denn niemand ist gern Opfer, niemand wird gern herabgewürdigt. Und doch haben Sexismus und Frauenfeindlichkeit eine über 2000-jährige Geschichte hinter sich, und unsere Alltagssexismen basieren auf frühesten Überlieferungen über die Minderwertigkeit der Frau. Alle Weltreligionen und die bedeutendsten Philosophen haben Frauen eine Mischung aus Misstrauen, Verachtung und Angst entgegengebracht, die dazu führte, dass das Weibliche oft herabgesetzt oder gar dämonisiert wurde. Männer waren das gottähnliche, erste Geschlecht, Frauen die Abweichung davon, das zweite, das schwache, das »andere« Geschlecht. Die Rippengeburt Evas, die unreine Monatsblutung, weibliche Unvernunft, Hysterie, Fräulein, Barbie, Tussi, Mannweib, Femme fatale, Schlampe – all diese Bilder, Geschichten und Verunglimpfungen der Weiblichkeit schwingen unbewusst in uns allen mit.

Bis ins 20. Jahrhundert hielt sich das Bild der Frau als verkrüppelter Mann, deutlich sichtbar in Freuds Theorien von der Frau als »kastriertem Mann«, die unter Penisneid leidet, und natürlich auch in der Tatsache, dass die Frau darum kämpfen musste, wählen, Auto fahren und studieren zu dürfen. Eine ausgewogenere Zusammensetzung der Körpersäfte, ein größeres Hirn, mehr Vernunft, ein Penis – der Mann war stets das Maß aller Dinge.

Wenn man genau hinsieht, zeigt sich, dass die unbewussten Vorurteile bis heute Bestand haben. Bei aller gestiegenen Sensibilität für Missstände, noch immer gibt es – auch im Westen – eine Kultur männlicher Dominanz, die sich in mehr oder minder bewussten und deshalb umso wirksameren Alltagssexismen ausdrückt. Denn als sich die fiktiven Personen Dr. Karen Miller und Dr. Brian Miller 1999 im Rahmen einer wissenschaftlichen Studie mit identischen Lebensläufen für eine Assistenzstelle im Fachbereich Psychologie an US-amerikanischen Universitäten bewarben, erhielt Brian bei den Professoren wie Professorinnen 25 Prozent bessere Bewertungen als Karen. Ein und derselbe Lebenslauf – und das, was am Ende den Ausschlag gab, waren ein paar Buchstaben, die auf das jeweilige Geschlecht hinwiesen.

Leider findet sich diese geschlechtsgebundene Ungerechtigkeit in beruflichen Zusammenhängen Tag für Tag bis heute: Frauen werden bei gleicher Leistung sowohl schlechter beurteilt als auch schlechter bezahlt. Erfolgreiche Frauen sind zudem im Gegensatz zu Männern weniger beliebt, wie aktuelle Studien belegen. Sind Frauen »typisch weiblich«, werden sie nicht ernst genommen, sind sie ehrgeizig, werden sie als »bossy« beschimpft.[108]

---

108 Natürlich unterliegt auch das männliche Geschlecht Rollenbildern und zum Teil schwer bis unmöglich zu erfüllenden Erwartungen, aber die Privilegien wiegen die Nachteile auf. Während Frauen noch immer für Gleichberechtigung kämpfen müssen, muss männliche Macht nicht einmal thematisiert werden. Sie ist selbstverständlich oder wie der französische Soziologe Pierre Bourdieu schreibt: »Die Macht der männlichen Ordnung zeigt sich in dem Umstand, daß sie der Rechtfertigung nicht bedarf.«

Und auch, die Frau auf ihren Körper zu reduzieren, also den Fokus nicht auf ihre Fähigkeiten, sondern auf ihr Äußeres zu richten, ist ganz klar Sexismus. *Blondinen sind schön, aber blöd. Die Journalistin hat ordentlich Holz vor der Hütt'n. Die Politikerin hat eine schlecht sitzende Frisur. Die neue, attraktive Abteilungsleiterin hat sich hochgeschlafen.*

Obwohl Sexismus noch immer weit verbreitet ist, glauben laut aktuellen Studien rund 60 Prozent der Deutschen, dass Diskriminierung von Frauen hierzulande kein Problem mehr sei. Fast zwei Drittel aller deutschen Männer sind der Ansicht, dass genug oder sogar zu viel für die Emanzipation der Frauen getan worden sei. Tatsächlich hat die fortschreitende Gleichberechtigung dazu geführt, dass Männer viele ihrer Privilegien, die sie zuvor selbstverständlich allein genossen, nun mit Frauen teilen müssen. Es gibt also einen Verlust der als normal empfundenen männlichen Vorherrschaft – selbst wenn noch längst keine wirkliche Gleichberechtigung hergestellt ist. Um den Machtverlust zu kompensieren und sich selbst und die männliche Identität wieder zu stabilisieren, halten viele Männer an traditionellen Werten fest, die sexistische Zuschreibungen unterstützen. Wie in der Menschheitsgeschichte üblich, funktioniert die eigene Aufwertung oftmals über die Abwertung der Frauen – sei es durch sexistische Witze, durch gemeinsame Bordellbesuche oder nicht zuletzt durch (sexualisierte) Gewalt, die die Machtverhältnisse unmissverständlich wieder klar- und herstellt.

Allerdings ist es nicht nur offensichtlicher Sexismus, der Frauen noch immer in ihre Schranken verweisen soll. Sexismus, also die Benachteiligung oder Unterdrückung aufgrund der Geschlechtszugehörigkeit, tritt heute oft getarnt als Kompliment oder Beschützergeste auf, weshalb zwischen einem »wohlwollenden« und dem altbekannten »feindseligen« Sexismus unterschieden wird. Wohlwollende Sexisten sind der Überzeugung, dass Männer Frauen beschützen und versorgen sollten. Jedoch kann wohlwollender Sexismus, der Frauen auf ein typisch weibliches Stereotyp (wie beispielsweise sanft, sexy, technisch unbegabt) reduziert, jederzeit in feindseligen Sexismus umschlagen, wenn die Frau ihre zugewiesene Rolle verlässt und mehr Macht anstrebt, als der Mann ihr zugestehen möchte. Feindseligen Sexismus sieht man besonders an dem Hass, der beispielsweise Feministinnen oder Karrierefrauen oft entgegengebracht wird: Sobald die Frau mit ihrer traditionellen Rolle bricht und vermeintlich »männliches« Terrain betritt und »männliche« Rechte fordert, läuft sie Gefahr, zum Feindbild des Mannes zu werden, der seinerseits an seiner traditionellen Rolle festhält. Egal, ob wohlwollend oder feindselig: Sexismus ist ein Machtmittel, das angewendet wird, um die Frau auf einen untergeordneten Platz zu verweisen und die eigene Stellung so zu stärken.

Zweifellos haben die Jahrtausende währenden Bemühungen, die Frau als Mängelexemplar darzustellen, bei beiden Geschlechtern ihre Spuren hinterlassen: Sie zeigen sich in der unterschiedlichen Sozialisation von Männern und Frauen, in den unterschiedlichen Rollenbildern und Erwartungen und in einer geradezu selbstverständlichen Doppelmoral. Sie zeigen sich im alltäglichen Sexismus, dem Frauen noch immer ausgesetzt sind, der Beschämung und/oder den Aggressionen, die sie erfahren, wenn sie sich nicht den Vorgaben gemäß verhalten, und nicht zuletzt in der Tendenz vieler Frauen, sich unterzuordnen und an bestehenden Strukturen nicht zu rütteln. Denn es sind nicht nur Männer, die sich sexistisch äußern oder verhalten – es sind auch Frauen, die sich selbst und einander schwächen, indem sie sich der traditionellen sexistischen Argumente bedienen, mitunter ohne sich dessen bewusst zu sein.

Das unsolidarische Geschlecht – Frauen gegen Frauen und den Rest der Welt

»Ich liebe diesen Mann«, ruft eine Frau mit einer »Make America great again«-Fahne und jubelt einem 70-Jährigen mit komplizierter Frisur zu, der vor rassistischer und sexistischer Rückständigkeit nur so strotzt. Wie verbreitet Sexismus auch heute noch ist und wie stark er von Frauen gebilligt und sogar belohnt wird, konnte man im US-Präsidentschaftswahlkampf 2015/2016 beobachten. Von dem unbewussten, verdeckten bis offensichtlichen Sexismus, der der demokratischen Präsidentschaftskandidatin Hillary Clinton entgegenschlug einmal abgesehen, wurden vom republikanischen Kandidaten Donald Trump immer wieder sexistische und misogyne Äußerungen bekannt, wie beispielsweise, dass er jede Frau haben und jeder an die »Pussy« fassen könne, weil er ein Star sei. Was war die Konsequenz? Seine eigene Frau verteidigte ihn öffentlich, das sei lediglich Jungengeschwätz, wie es in jeder Umkleidekabine stattfände. Seine Wähler*innen dachten anscheinend ähnlich, denn seit dem 20. Januar 2017 ist ein ausgemachter Frauenfeind Präsident der Vereinigten Staaten.

Aber Sexismus ist kein männliches Privileg, auch Frauen können äußerst sexistisch sein – vor allem gegenüber ihren Geschlechtsgenossinnen. Während Männer sich ohne Weiteres verbrüdern, wenn die Hierarchie einmal ausgefochten ist, und ihre Gruppenidentität in Männerrunden stärken, fällt es Frauen oft schwerer, sich als Gruppe zusammenzuschließen. Statt auf Gemeinsamkeiten wird der Fokus eher auf die trennenden Unterschiede gelegt – bürgerliche Frauen können Frauen der Arbeiterschicht nicht verstehen, weiße oder deutsche Frauen können schwarze oder türkische Frauen nicht verstehen, Nichtprostituierte können Prostituierte nicht verstehen, alte Frauen können junge Frauen nicht verstehen, verheiratete Frauen können alleinstehende Frauen nicht verstehen, Frauen mit Kindern können Frauen ohne Kinder nicht verstehen, dünne Frauen können dicke Frauen nicht verstehen und so weiter und so fort.

Selbst bei offenkundigem Sexismus und sogar bei sexueller Gewalt ist kein automatischer Schulterschluss von Frauen zu erwarten. Erinnern wir uns an die deutsche Journalistin Laura Himmelreich, die sich 2013 über eine anzügliche Bemerkung des FDP-Ministers Brüderle beschwerte, oder die Twitter Kampagne #Aufschrei der Feministin Anne Wizorek, die kurz darauf Alltagssexismen entlarvte und publik machte, indem Betroffene von Belästigungen und sexuellen Übergriffen berichteten. Beide erfuhren nicht nur Mitgefühl und Solidarität, sondern auch heftige Kritik, und zwar häufig von Frauen: Frauen sollten nicht so empfindlich sein, sonst hätten Männer Angst, bei jedem harmlosen Kompliment und jedem unschuldigen Flirt als Sexist beschimpft zu werden. Weibliche Hysterie würde beiden Geschlechtern schaden, weil es die Unschuld aus männlichem Flirtverhalten nähme und Frauen ein »Opfer-Abo« zukommen ließe.

Wie sehr die Einstellung zu Sexismus von der jeweiligen Sozialisierung abhängig ist, zeigte sich, als die über

70-jährige Journalistin Wibke Bruhns Männer mit Stieren verglich, die man als Frau nicht zu Ochsen kastrieren sollte, oder als die rechtskonservative Journalistin Birgit Kelle Frauen, die weniger männliche Aufmerksamkeit wünschten, riet: »Dann mach doch die Bluse zu!« Sexismus ist in einem solchen Weltbild ein Problem von Frauen, und es gibt für Frauen genau zwei Möglichkeiten: sich entweder damit abzufinden oder ihn gefälligst nicht hervorzurufen.

Aber woher kommt dieser Mangel an Zusammenhalt unter Frauen, und wieso haben sich Frauen nicht schon lange zusammengetan und sich gegenseitig unterstützt, wo sie doch seit Tausenden von Jahren benachteiligt werden?

Vermutlich, weil Frausein so lange keinen Wert hatte. Weil Töchter von ihren Müttern lernten, was es bedeutete, unfrei zu sein, und dass man sich am besten in die vorgegebene passive Rolle fügte. Weil das Mutter-Tochter-Verhältnis oft von Rivalität geprägt war und Mütter ihren Töchtern kein gutes Vorbild waren, wenn es um eine unabhängige Weiblichkeit und selbstbestimmte Sexualität ging. Weil jede Abweichung vom gängigen Frauenbild Aggressionen und Repressionen bei Männern hervorrief, die Frauen einschüchterten. Weil Frauen zwar private Verbindungen eingehen, aber erst in jüngster Zeit gelernt haben, eigene berufliche Netzwerke zu gründen. Vielerlei Gründe schnurren zusammen auf ein Hauptargument: Weil es Frauen lange Zeit mehr brachte, sich mit Männern als mit Frauen zu verbünden.

Weibliche Komplizenschaft mit männlicher Macht zeigt sich auch heute noch darin, dass Frauen männliche Argumente verinnerlicht haben und sich unbewusst eher mit dem männlichen als mit dem weiblichen Geschlecht identifizieren. Und so kommt es, dass auch Frauen genderspezifische Ungerechtigkeiten leugnen, sexualisierte Gewalt als Kavaliersdelikt abtun und anstelle der Täter die Opfer beschuldigen. Es gibt Frauen, die sich lautstark gegen Frauenrechte und gegen Gleichberechtigung einsetzen. Es gibt Frauen, die sich als Anti-Feministinnen bezeichnen, die Frauen verachten, weil sie Karriere machen, ihre Kinder nicht 24 Stunden am Tag betreuen oder gar keine Kinder wollen. Es gibt Frauen, die die Unterdrückung von Frauen unterstützen, indem sie Genitalverstümmelungen befürworten und durchführen, oder die Schwangere, die sich aus irgendwelchen Gründen außerstande sehen, ihr Kind auszutragen, vor Abtreibungskliniken bespucken und beschimpfen. Es gibt Frauen, die so damit beschäftigt sind, dem männlichen Wunschbild zu entsprechen, dass sie sich ängstlich und aggressiv zugleich von den unangepassten, »anderen« Frauen abgrenzen, indem sie sie abwerten.

Es ist tragisch und gefährlich, aber aufgrund der weiblichen Sozialisation absolut nachvollziehbar: Die Frau will gefallen, sie will begehrt und geliebt werden – aber je weniger Wert sie sich selbst beimisst, desto abhängiger wird sie von der Bewertung der anderen. Daher sitzt die Frau in der Falle. Sie sieht auf sich selbst aus einer männlichen Perspektive, die ihre Unterlegenheit immer schon voraussetzt: Die männliche Geringschätzung der Frau ist Teil des weiblichen Selbst geworden. So ist die Frau nach wie vor »das andere Geschlecht«, und je weniger sie sich mit ihrem eigenen Geschlecht identifiziert, desto weniger erkennt und widerspricht sie Sexismus und desto schwieriger wird es, etwas zu verändern. Solange Sexismus,

Frauenfeindlichkeit und Gewalt gegen Frauen bagatellisiert, verleugnet oder gar als Kompliment interpretiert werden, trägt jede*r Einzelne von uns – oftmals ungewollt und unbewusst – dazu bei, bestehende Macht- und Abhängigkeitsverhältnisse zu stützen.

Aber das vermeintlich sanfte Geschlecht kann auch anders: Aufgestaute Aggressionen können sich nicht nur gegen das eigene, sondern auch gegen das andere Geschlecht richten. Dann nämlich, wenn Frauen Männer per se entwerten: Männer seien an allem Übel schuld, ohne sie gäbe es keine Kriege, keinen kapitalistischen Wettbewerb, keine Gewalt. Sind Frauen denn tatsächlich die besseren, friedfertigeren, sozialeren Menschen, wie wiederholt von der militanten Frauenbewegung behauptet wurde? Sind Frauen wirklich edelmütiger und moralisch gefestigter als Männer? Stimmt die Behauptung der Schriftstellerin Karen Duwe, dass Frauen ethischer, loyaler und sozialer sind als Männer?

Ein Blick in die Geschichte des Dritten Reiches, in dem auch Frauen das Naziregime unterstützten und an den Verbrechen gegen die Menschlichkeit mitwirkten, lässt Zweifel aufkommen. Tatsächlich gelangt der Soziologe Wilhelm Heitmeyer in seiner mehrjährigen Langzeitstudie »Deutsche Zustände« zu einem überraschenden Ergebnis: Frauen weisen bei Fremdenfeindlichkeit und Rassismus regelmäßig höhere Werte auf als Männer. Erinnert man sich dann noch an Forderungen der AfD-Politikerinnen Frauke Petry und Beatrix von Storch, man solle Flüchtlinge mit Waffengewalt abhalten, die deutsche Grenze zu übertreten, hört man den Hassreden der Frontfrau der französischen Rechtsnationalen Marine Le Pen zu oder ruft man sich die Bilder der Folterszenen von Abu Ghraib ins Gedächtnis, bei denen US-amerikanische Soldatinnen die Gefangenen demütigten und quälten, oder denkt man an die Ordensschwestern, die in den 1950-er- und 1960-er-Jahren in deutschen Kinderheimen ihre Schützlinge grün und blau prügelten, dann ist der letzte Zweifel ausgeräumt: Menschen, die Macht haben, können mit ihr gut oder schlecht umgehen. Das Geschlecht spielt keine Rolle – in der Vergangenheit gab es einfach nur mehr Männer, die Macht hatten und sie missbrauchen konnten.[109]

Es ist sinnlos, nach biologischen Unterschieden zwischen Mann und Frau zu suchen, um dann je nach Bedarf das eine oder andere Geschlecht zu diskreditieren. Es ist an der Zeit, den unsinnigen Geschlechterkampf zu beenden, der Männer viel zu lange automatisch zu Tätern und Frauen zu Opfern machte, der Frauen, die für ihre Rechte kämpften, unweiblich schimpfte, und Männer, die eine vorgegebene, stereotype Männlichkeit nicht ausfüllen wollten, als unmännlich belächelte. Stattdessen sollten wir uns bewusst machen, wie sehr wir vermeintlich männliche und weibliche Rollen verinnerlicht haben und wodurch wir sie noch aufrechterhalten.

Männer und Frauen sind nicht gleich. Genauso wenig wie alle Männer oder alle Frauen gleich sind. Sie sind

---

109 Die Soziologin Cornelia Koppetsch behauptet, dass Frauen nicht ethischer seien als Männer, sondern lediglich bisher weniger Gelegenheiten gehabt hätten, sich unmoralisch zu verhalten. Wirtschaftskriminalität sei deshalb eine Männerdomäne, weil vor allem Männer Spitzenposition innehaben, in denen sie Vermögen verwalten, korrupt werden und Gelder veruntreuen können. Zudem sei die These, dass Testosteron Männer aggressiver mache, nicht haltbar. »Denn Aggressivität«, so Koppetsch, »muss sich nicht in Handlungen manifestieren: Man kann auch vor Wut kochen und sich trotzdem zurückhalten.«

manchmal total anders, manchmal total ähnlich, manchmal ergänzen sie sich sogar. Aber egal, ob ein Mensch mit einem XX- oder einem XY-Chromosomen-Paar beziehungsweise einer Vagina oder einem Penis ausgestattet ist: Menschen beider Geschlechter sollten die gleichen Rechte, die gleichen Chancen und auch die gleichen Pflichten und Verantwortungen haben – sowohl in der Öffentlichkeit als auch im Privaten, sowohl in der Kinderbetreuung als auch in der Erwerbstätigkeit.

Das Ziel ist klar: sich von starren Normen, die beide Geschlechter unglücklich machen, zu verabschieden und stattdessen einen partnerschaftlichen Teamgeist zu entwickeln, der zu Achtung, Wertschätzung und Respekt bei allen individuellen Unterschieden führt. Vielleicht legen sich dann auch die Ängste derjenigen, die starke Frauen, Feminismus und Gleichberechtigung generell fürchten. Das wäre eine angenehme und angemessene Vision, denn um es mit den Worten der *Spiegel*-Kolumnistin Margarete Stokowski zu sagen: »Feministische Weltherrschaft ist keine Option. Erstens, weil Weltherrschaft generell keine Option ist, und zweitens, weil es um die Abschaffung von Herrschaft geht und nicht um ihre Umkehr.«

Fünf

»Zu sagen ›Hier herrscht Freiheit‹ ist immer ein Irrtum oder auch eine Lüge: Freiheit herrscht nicht.«

Erich Fried, »Herrschaftsfreiheit«

Was will das Weib? Zwischen sexueller Freiheit und Selbstbestimmung

»In eine Welt unbegrenzter Möglichkeiten geboren, wird die Frau der heranwachsenden Generation die Frage nach den wirklichen Kapazitäten der Frau beantworten. Sie wird körperliche, wirtschaftliche, ethnische und gesellschaftliche Freiheit haben. Was wird sie damit anfangen?« Diese Frage stellte die junge Ärztin Clelia Duel Mosher, nachdem sie Ende des 19. Jahrhunderts die wohl erste Studie über weibliche Sexualität durchgeführt hatte.

Heute sind wir Moshers Vision schon ein ganzes Stück näher gekommen: Tatsächlich hat die Frau heute Freiheiten, von denen ihre Vorfahrinnen nicht einmal zu träumen wagten. Im 21. Jahrhundert, in dieser vermeintlich postpatriarchalischen, postemanzipatorischen Weltordnung werden dem sexuellen Begehren kaum noch Grenzen gesetzt. Aber wie wirkt sich die postmoderne Freiheit, die selten Auflehnung erfordert und in der alles erlaubt scheint, aus? Wohin führt die Qual der Wahl, wenn es keine Tabus mehr gibt?

Nachdem Sex von der Sünde und Perversion befreit, von der Fortpflanzung und oft genug von Liebe entkoppelt und zum Akt der Befreiung erhoben wurde, scheint alles nur Erdenkliche möglich. Aber mit dieser Freiheit kamen auch neue Zwänge: Sexualität ist die Religion unserer Zeit – man soll an sie glauben, sie verspricht zu retten, und wer sich ihr ausreichend hingibt, der kommt in den Himmel. Gebetet wird mit dem ganzen Körper, er wird trainiert, operiert und idealisiert – und wird damit immer wichtiger für unser Selbstwertgefühl. Pornografie ist der Priester, der scheinheilig Libertinismus predigt, während er in Wirklichkeit Sex von jeglicher Lebendigkeit, Individualität und Authentizität befreit. Die neue Freiheit hat Sexualität ihrer Intimität beraubt und überflutet uns mit sexuellen Anspielungen, während sich in partnerschaftlichen Betten bereits nach wenigen Jahren die Lustlosigkeit breitmacht. Der Sexualwissenschaftler Volkmar Sigusch zieht ein wenig überraschendes Fazit angesichts des ent-erotisierten, aber immerhin maximal befreiten sexuellen Elends: »Die Merkmale unserer Sexualkultur sind noch immer Sprachlosigkeit, Einsamkeit, Gewalt und zu wenig Lust und Liebe.«

Aber davon wollen wir nichts hören und wissen. Wie übersättigte Masttiere übersehen wir die Konsequenzen unseres Handelns und käuen vorgegebene Meinungen bedenkenlos wieder, solange sie männlicher Lust und Befriedigung beziehungsweise weiblicher Anerkennung dienen. Auf Kritik an diesem fragwürdigen Freiheitsbegriff reagieren wir oft trotzig: Wir dürfen machen, was wir wollen, selbst wenn es das Gegenteil von dem ist, wofür die Generationen vor uns gekämpft haben. Im Überfluss der Möglichkeiten ist das Nein zur Unmöglichkeit geworden, und wir scheinen längst den Sinn von und für Grenzen verloren zu haben.

Nachdem wir die Freiheit grenzenlos überspannt haben, richten wir sie als letzte Bastion gegen die absolute Orientierungslosigkeit schließlich gegen uns selbst: In einer freien Welt dürfen wir uns in alte Rollen einsperren, unterwerfen und benutzen lassen. Und so kommt es, dass weibliche Unterwerfung wieder Mode geworden ist, Sexualisierung und Objektifizierung als selbstermächtigend gefeiert werden und traditionelle Rollenbilder ein Comeback erleben.

»Shades of Grey« konnte vor allem deshalb zum Mega-Bestseller werden, weil die Autorin E. L. James dem Zeitgeist entsprechend eine perfide Umdeutung der Machtverhältnisse vornimmt. Die Sadomaso-Schmonzette macht uns vor, dass die Frau über ihre Leidensfähigkeit und Selbstaufgabe den traumatisierten Mann von seiner Bindungsstörung befreien kann. So wird aus dem Opfer eine Heldin, aus einem Trauma wahre Liebe, und richtig scharfen Sex gibt es noch dazu. Obwohl der Erfolg von »Shades of Grey« oft als sexueller Befreiungsschlag der Frau verkauft wurde, weil sich nun endlich jede zu ihren masochistischen Neigungen bekennen konnte, behandelt die Romantrilogie in Wahrheit ein ganz anderes Phänomen, das herzlich wenig mit Sexualität zu tun hat. Beim Hype um die Geschichte von Anastasia Steele und Christian Grey erleben wir die anhaltende weibliche Faszination für den alten, patriarchalischen Deal: Die Frau ist das Eigentum des Mannes, dafür versorgt und beschützt er sie vor den Unzumutbarkeiten des Alltags und erlaubt ihr, jegliche Verantwortung abzugeben. Wir erkennen die Sehnsucht nach dem allmächtigen männlichen Versorger, der Frauen ein Gegengewicht bietet zur Pseudo-Gleichberechtigung und der damit einhergehenden Überforderung. Der Unterschied zu früheren Zeiten ist lediglich, dass die Frau von heute nicht gezwungen wird, sondern der Aufgabe ihrer Rechte und ihrer Unterwerfung selbst zustimmen soll. So wie es selbstbestimmte Frauen eben tun.

In »Shades of Grey« verfolgen wir nicht nur ein Rollback, also einen Rückfall in alte Zeiten, sondern auch einen emanzipatorischen Salto mortale, weil Frauen von heute ihre Unterwerfung oder Unterdrückung und die traditionelle Rolle nicht nur passiv annehmen, sondern auch als feministisches Manifest feiern. Und das, nachdem Freud vor über 100 Jahren schon von einem »femininen Masochismus« sprach, bei dem sich das sexuelle Bedürfnis nach Geschlagen- und Vergewaltigtwerden mit einer allgemeinen Neigung zur Unterwürfigkeit und passivem Erdulden verband.

Anstatt nun »Shades of Grey« und die Mainstream-Pornografie als Opium fürs Volk zu entlarven, verteidigen und zelebrieren wir unsere Ausflüge in (erotische) Parallelwelten, in denen alte Geschlechterhierarchien locken – wo Männer immer können und Frauen immer wollen, wo Männer die Macht haben und Frauen die Rettung sind, wo Männer versorgen und Frauen alle Verantwortung abgeben können.

Es mag uns ärgern oder beunruhigen, aber wenn wir den Begriff der Freiheit konsequent zu Ende denken, stimmt Folgendes: Freiheit beinhaltet auch, sie aufgeben zu dürfen. Ist es nicht genau das, was Frauen tun, wenn sie sich weiterhin anpassen, um begehrt zu werden, anstatt die Freiheit mit eigenen Wünschen und eigenem Begehren auszufüllen?

Von männlicher Herrschaft zu weiblicher Selbstbeherrschung

»Herrschaft beginnt mit dem Versuch, Abhängigkeit zu leugnen«, schreibt die Psychoanalytikerin Jessica Benjamin. Nun liegt auf der Hand, warum der Mächtigere seine Macht verschleiert, aber warum verschließen auch die Unterlegenen so oft bereitwillig beide Augen? Warum klammern sich oft auch diejenigen, die von Hierarchien direkt betroffen sind, an patriarchalische Traditionen? Denn nach wie vor werden Ungleichheiten zwischen den Geschlechtern großflächig stabilisiert – der französische Soziologe Pierre Bourdieu spricht in diesem Zusammenhang von »symbolischer Gewalt«, einem sanften unsichtbaren Einfluss, der sich im Einverständnis der Unterlegenen und nicht selten sogar im vorauseilenden Gehorsam der Frauen zeigt, sich der patriarchalen Welt anzudienen. Warum um Himmels willen spielen Frauen hier mit?

Weil sie noch immer in einer Welt aufwachsen, in der sie lieber gefallen als bestimmen wollen und in der der männliche Blick wichtiger als der weibliche Wille ist. Weiblichkeit entsteht noch immer aus dem Blickwinkel des Mannes, und während die Frau seine Bestätigung sucht, entsteht die chronische Verunsicherung ihres eigenen Körper- und Selbstwertgefühls. Nicht »Wie will ich sein?«, sondern »Wie will er mich haben?« beschäftigt das weibliche Geschlecht, und so versucht es fortwährend – zum großen Teil sicherlich unbewusst –, den tatsächlichen oder mutmaßlichen männlichen Erwartungen zu entsprechen: Man sieht es an Frauen, die panische Angst vorm Altern haben. Man sieht es an Frauen, die sich (schmerzhaften und lustmindernden) Schönheitsoperationen unterziehen. Man sieht es an Frauen, die ihre Sexualität offensiv zur Schau stellen, sie aber nicht genießen. Man sieht es an Frauen, die jede (sexuelle) Mode mitmachen – weil sie dazugehören wollen, weil sie hip sein wollen, weil sie normal sein wollen, weil sie geliebt werden wollen. Man sieht es an Frauen, die selbst frauenfeindliche Zustände nicht hinterfragen oder dagegen angehen, weil sie nicht unangenehm auffallen und als hysterische Emanzen oder jammernde Opferfiguren gelten wollen.

Aber egal, wie angepasst Frauen auch sind – ob sie sich die letzten Körperhaare entfernen, ob sie beim ersten Date beflissen Praktiken aus Pornofilmen nachspielen, ob sie über emotionale oder körperliche Grenzen gehen, ob ihre emotionalen und körperlichen Bedürfnisse gänzlich unbefriedigt bleiben, ob sie jemals Angst vor sexueller Gewalt hatten oder sie bereits erfahren haben –, dem Idealbild der modernen Frau entsprechend, fühlen sie sich frei und mächtig.

Wenn eines heute ganz klar ist, dann, dass Schwäche für das ehemals schwache Geschlecht kein Wert mehr ist. Schwach zu sein ruft Aggressionen und Widerstand hervor – beim Gegenüber, aber auch bei der Betroffenen selbst. Das geht so weit, dass 2017 sogar die Idee entstand, Opfer von Vergewaltigungen lieber »Erlebende sexualisierter Gewalt« zu nennen. Der gut gemeinte Versuch, Vergewaltigungsopfer von ihrem gesellschaftlichen Stigma zu befreien und sie als aktive Mitgestalterinnen ihrer Realität aufzuwerten, schlug fehl: Der Begriff »Erlebende sexualisierter Gewalt« verharmlost ein Verbrechen zu einem Erlebnis, wischt die Scham- und Ohnmachtsgefühle des Opfers vom Tisch und gaukelt eine Unantastbarkeit vor, die ja gerade durch die gewaltsame Überschreitung seiner Grenzen ad absurdum geführt wurde.

In einer Zivilisation, die bis heute vom Recht des Stärkeren bestimmt wird und in der »Du Opfer« neuerdings als Schimpfwort gilt, ist es gefährlich, die eigene Schwäche zu spüren und zu zeigen. Also deuten wir unsere fragile Realität um und tun so, als ob wir stets ausreichend Kontrolle hätten, als ob wir dem Leben oder dem Gegenüber nicht immer mal wieder ausgeliefert wären, selbst in Situationen, wo wir objektiv rein gar nichts mehr im Griff haben. Alles, bloß kein Opfer sein. Denn Opfer sind schwach, man kann sie beugen und brechen. Die Frau von heute jedoch ist so stark und wehrhaft wie Pippi Langstrumpf: Sie macht sich die Welt, wie sie ihr gefällt.

Aber die Verleugnung von Ungerechtigkeiten und die Ablehnung der eigenen Schwäche führt nicht zu Unabhängigkeit, sondern zu Selbstverleugnung und setzt den Entfremdungsprozess, der mit der Unterdrückung der weiblichen Lust und Macht begann, im Heute fort. Tatsächlich ist die äußere Kontrolle längst zu einer inneren geworden und gesellschaftliche Forderungen haben sich unbemerkt zu weiblichen Wünschen gewandelt – aus männlicher Herrschaft wurde weibliche Selbst-Beherrschung.

Wie können Frauen in ihre Kraft kommen, ohne ihre Schwäche abzuspalten? Wie können Frauen ihre Macht nutzen, ohne Männern Angst zu machen? Wie können Frauen ganz sie selbst werden, ohne Angst zu entwickeln, nicht mehr geliebt zu werden?

Denn unterm Strich geht es immer um Liebe. Bei Frauen und Männern, bei Cis- und Transgender, bei Homo- und Heterosexuellen – jeder Mensch möchte geliebt werden.

Aber wer liebt, beginnt zu brauchen, und hier kommen Macht und Ohnmacht ins Spiel. Obwohl Macht ein kalter Ersatz für Liebe ist, nahmen Männer die Herrschaft lange und gern in Anspruch, denn sie half ihnen, ihre Abhängigkeit von den Frauen nicht zu fühlen.

So kommt es, dass auch die Abwehr der Ohnmacht bis heute den Umgang der Geschlechter miteinander bestimmt: Männer dominieren, um sich mächtig und potent zu fühlen, Frauen machen sich zu Komplizinnen männlicher Macht, indem sie die männlichen Spielregeln übernehmen und sich in Abhängigkeiten fügen, die ihnen zumindest (finanzielle) Sicherheit, einen gewissen sozialen Status – und die Liebe des Mannes sichern. Die eine Hälfte will es nicht hören, die andere will es nicht zugeben: Noch ist die vollständige Gleichberechtigung der Geschlechter ein moderner Mythos, und auch die sexuelle Befreiung der Frau ist alles andere als abgeschlossen. »Erst wenn Frauen frei sind, sind es auch Männer«, diese Haltung vertritt der Sexualwissenschaftler Erwin J. Haeberle, und er könnte nicht richtiger liegen.

Wenn wir anerkennen, dass wir alle voneinander abhängig sind und dass weder Unterdrückung noch Unterwerfung zu wirklicher Freiheit führt, kann sich eine Gleichberechtigung entwickeln, die für beide Geschlechter vorteilhaft ist. Wenn wir die Widersprüchlichkeiten zulassen, die Menschen ausmachen, wenn wir akzeptieren, dass wir alle stark und schwach zugleich sind, anstatt auf geschlechtertypischen Zuschreibungen zu beharren, können wir uns zeigen, wie wir sind, nicht wie wir sein sollen. Erst dann können wir uns Schritt für Schritt aus einengenden Geschlechterrollen entlassen, die sowohl Nähe als auch Entwicklung verhindern.

Wir alle kämpfen mit unseren Rollen, die sich im Laufe der Zeit zwar gewandelt und geöffnet, aber längst noch nicht aufgelöst haben. Männer müssen leisten – der erigierte Penis im Bett, das dicke Konto auf der Bank, die großen Sprünge in der Karriere. Frauen müssen schön, sexy, mütterlich und angepasst sein – und immer und überall Bella Figura machen. Auch wenn es heute durchaus gleichberechtigte Partnerschaften gibt – kulturell gesehen sind wir alles andere als frei, sowohl Frauen als auch Männer sind »freie Unfreie«, wie Volkmar Sigusch so passend schrieb.

Aber ist wahre Freiheit überhaupt vorgesehen? Wohin würde sie uns als Gesellschaft führen? Und woher wissen wir, ob wir wirklich frei sind oder nicht nur die Definition von Freiheit übernehmen, die unsere Kultur uns vorgibt und erlaubt?

Das Diktat der sexuellen Freiheit oder der große Bluff

»Was will das Weib?«, fragte Freud Anfang des 20. Jahrhunderts und dieser Frage ist auch dieses Buch nachgegangen. Um zu verstehen, wie und was Frauen heute begehren, müssen wir zunächst fragen: »Was soll, was darf, was kann die Frau wollen?« Denn wie sich gezeigt hat, ist weibliche Sexualität bis heute so stark geprägt von männlichen Vorstellungen, dass individuelle Lust, aber auch individuelle Grenzen häufig unter gesellschaftlichen Normen verschüttet sind.

Auf den ersten Blick scheint es für das weibliche Geschlecht keine Einschränkungen mehr zu geben: Frauen haben heute One-Night-Stands und Affären. Frauen gucken Pornos. Frauen sprechen über ihre sexuellen Erfahrungen. Frauen befriedigen sich mit Sextoys. Frauen tindern. Frauen suchen sich jüngere Partner. Frauen bestellen sich Stripper, feiern enthemmte, sexualisierte Junggesellinnenabschiede, und manch eine kauft sich als Sextouristin unter Palmen einen Mann für gewisse Stunden.

Die Schamkultur, die Frau so lange hemmte, wurde abgelöst von einer Zeit der sexuellen Offenheit, des Narzissmus und einer öffentlich zur Schau gestellten Freizügigkeit. Die neue Frau erscheint in vielerlei Hinsicht wie der alte Mann: Frauen sollen heute sexuell aktiv sein, und sie sollen Sex und Gefühle fein säuberlich trennen können. Also wird die »typisch weibliche« Sehnsucht nach einer Liebesbeziehung besonders in jungen Jahren oft unterdrückt, um nicht schwach und abhängig zu erscheinen.

Zudem hat sich mit der fortschreitenden Sexualisierung in der westlichen Welt ein neues Frauenbild entwickelt, das besonders junge Frauen zu einer Gratwanderung zwingt, die kaum zu meistern ist: Sie sollen genau das richtige Maß an Sex und sexy verkörpern. Nach wie vor scheinen der Körper und die Lust der Frau – letztlich ihr gesamtes sexuelles Leben – eher Eigentum der Allgemeinheit als freier Ausdruck ihrer Persönlichkeit und ihres privaten Vergnügens zu sein.

Um diese gesellschaftliche Kontrolle nicht spüren zu müssen, wird ein genialer Coup inszeniert: Sowohl die Sexualisierung als auch die Unterwerfung der Frau wird als der Gipfel ihrer Selbstbestimmung verkauft. Nun kann für die einzelne Frau sowohl das eine als auch das andere ein Zeichen von individueller sexueller Freiheit und Selbstbestimmung sein, aber hier werden wieder Normen aufgestellt, die für die Allgemeinheit gelten. Während Frauen also verkünden, dass alles so in Ordnung, gewollt und freiwillig ist, bleibt weibliche Sexualität auf den Mann ausgerichtet – auf seine Fantasien, seine Bedürfnisse, seine Befriedigung. Die ideale Frau von heute soll sexy statt prüde, aufgeschlossen statt passiv, aber immer noch »weiblich«, sprich angepasst genug sein, um den Mann in seiner Sexualität nicht zu bedrohen.

Obwohl Frauen heute zwar mehr Spielraum zur Selbstinszenierung haben als zuvor, haben sich die Bilder von Weiblichkeit nicht grundlegend weiterentwickelt, sie wurden lediglich um männliche Anforderungen ergänzt. Um es ein wenig holzschnittartig mit der Autorin Ariel Levy zu verdeutlichen: Heute kann sich die Frau entweder wie ein Mann verhalten und zum »weiblichen Chauvinisten-Schwein« mutieren, das mit Männern über sexistische Witze lacht und sie in Stripclubs unter den Tisch trinkt, oder sie wird zum Betthäschen, zur Sklavin der Weiblichkeit und erfüllt das Bild, das ihm gefällt und ihr das Begehrtwerden sichert. Die Frau, die mitspielen will, muss sich nach männlichen Regeln richten, so oder so. Aber sie darf oder will diese Zwänge nicht spüren, um das Spiel und ihre Illusion der Unabhängigkeit nicht zu gefährden. Kognitive Dissonanzen – also das Unwohlsein aufgrund der vielen Widersprüche zwischen gefühlter und realer Freiheit – werden aufgehoben, indem man sich an Normen ausrichtet, die die Freiheit versprechen oder zumindest das, was allgemein unter Freiheit bekannt ist.

Sexuelle Freiheit ist derzeit ein Imageprodukt, ein It-Accessoire, das stolz mit sich herumgetragen wird. Aber die spontane Bejahung sexueller Freiheit sagt noch nichts über den Grad sexueller Selbstbestimmung aus. Wissen Frauen, was ihnen gefällt? Wissen sie, wie sie es bekommen? Trauen sie sich, sich für ihre Wünsche einzusetzen?

Was mich in den Gesprächen mit jungen Frauen am meisten überraschte, war die Diskrepanz zwischen ihrem Selbstbild und ihrem Verhalten: Sie sprachen von Macht und Selbstbewusstsein, verhielten sich aber absolut angepasst, norm- und regelkonform. Sie beteuerten, selbstbestimmt zu sein, und berichteten gleichzeitig, wie sie physisch und psychisch über ihre Grenzen gingen, und zwar nicht, um ihre eigene Lust zu erkunden, sondern um Männern zu gefallen.

Immer wieder schien mir, als sei das Bild, das sie nach außen abgeben wollten, wichtiger als ihre innersten Bedürfnisse und als ob vielen dieser klugen, aufgeklärten Frauen überhaupt nicht bewusst sei, wie unfrei oder frei, mächtig oder ohnmächtig sie tatsächlich sind. Denn oft mangelt es bereits an einem Zugang zu den eigenen Bedürfnissen: Viele Frauen kennen ihren Körper nicht. Viele Frauen mögen ihren Körper nicht. Viele Frauen schämen sich – für ihre Leibhaftigkeit, ihre Fantasien, ihre ungenormte Individualität. Also passen sie ihren Körper, ihr sexuelles Verhalten und ihre Außendarstellung an Normen an, um ihr Selbstwertgefühl zu stärken – und schwächen es gerade dadurch.

Aber was bedeutet sexuelle Freiheit, wenn sie als Gesetz daherkommt und jegliche Abweichung und jeder Widerspruch als uncool gilt? Denn wer sich der Freiheit nicht unterwirft, wer den derzeitigen Anforderungskatalog der sexuellen Normen nicht erfüllen kann oder möchte, hat schlechte Karten. Aufgeschlossenheit ist der Wert der

Stunde, der Sexualität zumindest für die jüngere Generation von Liebe und Intimität entkoppelt. Es geht der Generation Z heute oftmals weniger darum, mit wem sie schläft, als vielmehr darum, dass sie es tut und vor allem: dass darüber geredet wird.

Durch die permanente Verfügbarkeit und das öffentliche Sprechen darüber wird Sex überhöht und entzaubert zugleich. Trotz oder gerade wegen aller nur erdenklichen Freiheiten haben sich neue Zwänge entwickelt: die Gesetze des Marktes, die Sexualität als Ware betrachten und Angebot und Nachfrage über die Massen von Bildern, die unsere Gesellschaft überschwemmen, regeln. Der Einzelne nimmt an diesem Markt (unweigerlich bis begeistert) teil, denn »dazuzugehören« ist ein menschliches Bedürfnis, und seit Facebook, Instagram, youporn und Co. verbreiten sich Normen schneller und zwingender als je zuvor.

Aus Individuen wird eine gleichgeschaltete Masse, die sich mit einer Schwarmmentalität in dem vorgegebenen Sexparcours bewegt, in dem alles erlaubt ist: Alles – außer »Nein« zu sagen. Grenzen zu setzen ist wie ein muffiger, altmodischer Mantel, der einem so lange aufgezwungen wurde, dass man ihn bei der erstbesten Gelegenheit ein für alle Mal entsorgt hat und seither lieber friert, als zuzugeben, dass er ab und an auch ganz praktisch sein könnte.

Aber was haben wir gewonnen, wenn Freiheit mit dem Terror des Ja daherkommt? Was haben wir verloren, wenn das gute alte Nein keinen Wert mehr hat, wenn individuelle Grenzen nicht mehr spürbar sein dürfen, weil sie uns zu einem erotischen Hinterwäldler machen?

Bei allem Fortschritt, den nicht zuletzt die Frauenbewegung bewirkt hat – sexuelle Freiheit ist nur eine Seite der Medaille, sexuelle Selbstbestimmung die andere, und sie sollten nicht verwechselt werden. Sexuelle Freiheit ist das, was die Gesellschaft heute erlaubt. Sexuelle Selbstbestimmung ist ein Kind der sexuellen Freiheit, aber sie wird oft nicht genutzt, weil der Druck der Gesellschaft so stark ist, dass die eigenen Bedürfnisse und die eigenen Grenzen gar nicht wahrgenommen oder nicht geachtet werden. Und so ist das Tabu des 21. Jahrhunderts nicht der Sex, sondern Grenzen. Sexualität muss heute nicht mehr befreit werden, Sexualität muss heute bewusst gestaltet und erlebt werden, oder wie Rousseau vor knapp 300 Jahren schon erkannte: »Die Freiheit des Menschen liegt nicht darin, dass er tun kann, was er will, sondern, dass er nicht tun muss, was er nicht will.«

Nein zu sagen in einer Welt, in der man endlich auch als Frau Ja sagen darf (und mittlerweile auch soll), ist nicht immer leicht. Aber das Privileg der Freiheit wird zum Bumerang, wenn wir keine Verantwortung für unsere Bedürfnisse und unsere Grenzen übernehmen.

Es erfordert einigen Mut von Frauen, sich mit ihrer Begierde, ihren Bedürfnissen und ihren Grenzen zu zeigen – sich zuzumuten, wie es so schön heißt. Das Selbstbestimmungsrecht der Frau, das seit etwa 100 Jahren langsam, aber stetig gestärkt wird, gibt Frauen die Möglichkeit, den »dunklen Kontinent«, wie Freud die weibliche Sexualität einst nannte, zu erkunden und sich selbst in all ihrer Widersprüchlichkeit, in ihrer Lust und Unlust, ihren Fantasien und Forderungen, Abgründen und Höhenflügen, in ihrem Wollen und ihrem Weigern anzunehmen.

Die Frau von heute hat alle erdenklichen Freiheiten und endlich auch das Recht und die Macht, sie zu nutzen.

Was fängt sie damit an?

Danksagung

Danke an meine Interviewpartnerinnen für euer Vertrauen und die wertvollen Einblicke in eure Erlebniswelt. Vor den Gesprächen mit euch fühlten sich 20 Jahre Altersunterschied wie ein Katzensprung an.

Danke an das gesamte Team von Piper, vor allem an Anne Stadler, die den (Zeit-)Druck rausnahm und immer wieder daran erinnerte, dass ich nicht die ganze Geschichte schreiben kann, an Maren Wetcke, die mir verlässlich und konzentriert beim mentalen Kapitel-Ping-Pong über fast zwei Jahre zur Seite stand, und an Margret Trebbe-Plath, deren gründliches Lektorat das Buch sehr viel lesbarer gemacht hat.

Danke an Gila Keplin von der Agentur Simon, die mein Buchprojekt wieder engagiert und kompetent begleitet hat.

Danke an Sabine Bohn, meine liebe Freundin und geschätzte Kollegin, die auch die anderen nicht veröffentlichten 450 Seiten des Buches kennt. Tausend Dank für deine Kritik und deine Anregungen und dass du mich immer wieder motiviert hast. I owe you.

Danke an Patrick, der die Hamburger Bibliotheken mittlerweile wie seine Westentasche kennt und bestimmte Teile des Buches jetzt auswendig mitsprechen kann. Danke für deine Geduld und Unterstützung. Und den morgendlichen Tee am Bett.

Danke an Gitte Mohr, fürs Zuhören und da Sein und dass du das Hysterie-Kapitel in 15 verschiedenen Versionen über dich hast ergehen lassen.

Danke an Christel für die stundenlangen Telefonate (auch wenn ich genau gemerkt habe, wann du abgeschaltet hast), die Woche mit Smilla und dass du mich hast ausschlafen lassen, als ich es wirklich brauchte.

Danke an Friederike Kömmel, Meike Lorenzen, Kirstin Meyer und Petra Galas für das kritische Testlesen einzelner Kapitel.

Danke an meine Schwiegermutter Helga für die Notfall-Grammatik-Telefonate und dass du im Rahmen des Korrekturlesens Worte ausgesprochen hast, die dir ansonsten doch recht fremd sind.

Ein grundsätzliches Dankeschön an all meine Freunde und Freundinnen für eure Unterstützung, eure Nachfragen und euer Aufmuntern, die vielen (Streit-)Gespräche und dass ihr zugehört habt, auch wenn einigen von euch diese besondere Sicht auf Sex nach zwei Jahren wahrscheinlich zu den Ohren rauskam.

Und weil ich das folgende Zitat im Text nicht unterbringen konnte, es aber unverzichtbar finde, danke an Octavio Paz für die letzten Worte dieses Buches:

»Freiheit ist keine Philosophie, sie ist nicht einmal eine Idee. Sie ist die Bewegung eines Bewusstseins, das uns in bestimmten Augenblicken dazu anleitet, eine von zwei Silben zu sagen: Ja oder Nein.«

Literaturverzeichnis

Acton, William: The Functions and Disorders of the Reproductive Organs, in Childhood, Youth, Adult Age, and Advanced Life, Considered in their Physiological, Social and Moral Relations. London 1865.

Acton, William: A Complete Practical Treatise on Veneral Diseases, London 1866.

Adorno, Theodor W.: Studien zum autoritären Charakter. Suhrkamp Taschenbuch 1973.

Aigner, Josef Christian; Hug, Theo; Schuegraf, Martina; Tillmann, Angela: Medialisierung und Sexualisierung, Springer Verlag 2015.

Alberti, Michael: Commentatio in Constitutionem Carolinam Medica variis titules et articulis. Halle 1739. zit. Nach Lorenz, Maren 2005: »Notzucht ...«.

Altstötter-Gleich, C.: Pornographie und neue Medien. Eine Studie zum Umgang Jugendlicher mit sexuellen Inhalten im Internet. Pro Familia Landesverband, Mainz 2006.

Andriopoulos, Stefan: Besessene Körper. Hypnose, Körperschaften und die Erfindung des Kinos. Wilhelm Fink Verlag München 2000.

Angel, Katherine: Ungebändigt. Tropen, J. G. Cotta'sche Buchhandlung Stuttgart 2013.

Archer, D.; Iritani, B.; Kimes, D. D., & Barrios, M.: Face-ism: Five studies of sex differences in facial prominence. Journal of Personality and Social Psychology, 45, 725–735, 1983.

Aristoteles, Werke in deutscher Übersetzung, herausgegeben von Ernst Grumach, Hellmut Flashar, Darmstadt, Wissenschaftliche Buchgesellschaft o. J. 1984. Zit. Nach Holland 2007.

Aude, André & Matthiesen, Silja: Mädchen und Selbstbefriedigung. Geschlechterunterschiede in Verbreitung, Frequenz und Einstellungen zur Masturbation. In: BZgA – Forum Sexualaufklärung und Familienplanung, Nr. 3, 3, S. 19–22, 2012.

Bach, Solveig: Der Mythos der 68er. Ntv Panorama, 23. 2. 2015.

Backhaus, Andrea: Der Nil heilt die Wunden nicht. DIE ZEIT, 25. 11. 2013. online: http://www.zeit.de/gesellschaft/zeitgeschehen/2013-11/aegypten-genitalverstuemmelung.

Bänziger, Peter-Paul; Beljan, Magdalena; Eder, Franz, X.; Eitler, Pascal (Hg.): Sexuelle Revolution? Zur Geschichte der Sexualität im deutschsprachigen Raum seit den 1960er-Jahren. Transcript Verlag, Bielefeld 2015.

Bancroft, J.; Graham, C. A.; Janssen, E.; Sanders, S.: The dual control model: Current status and future directions. Journal of Sex Research, 46:121 – 142, 2009.

Bauer, Bernhard A.: Wie bist du, Weib? Viktoria Verlag Zürich, Berlin, Wien 1929.

Bauer, Christina; Hulverscheidt, Marion: Gesundheitliche Folgen der weiblichen Genitalverstümmelung, in: TERRE DES FEMMES (Hrsg.), Schnitt in die Seele. Weibliche Genitalverstümmelung – eine fundamentale Menschenrechtsverletzung, Frankfurt am Main 2003, 65 – 81. Online: Aus: https://www.frauenrechte.de/online/images/downloads/fgm/FGM-Gesundheit.pdf.

Bastian, Nele; Billerbeck, Katrin: Prostitution als notwendiges Übel? Analyse einer Dienstleistung im Spannungsfeld von Stigmatisierung und Selbstermächtigung. Tectum Verlag Marburg 2010.

Beauvoir, de, Simone: Das andere Geschlecht. Rowohlt, Reinbek 1951.

Becker, J.; Swim, J. K.; Lee, E.; Pruitt, E. R.: Sexism reloaded: Worldwide evidence for its endorsement, expression, and emergence in multiple contexts. In H. Landrine & N. Russo (Eds.). Handbook of diversity in feminist psychology (pp. 137 – 172). Washington, DC: American Psychological Association 2009.

Becker, Julia C.: Why do Women Endorse Hostile and Benevolent Sexism? The Role of Salient Female Subtypes and Personalization of Sexist Contents, in: Sex Roles, 62, S. 453 – 467, 2010.

Becker, Julia C.; Wright, Stephen C.: Yet Another Dark Side of Chivalry: Benevolent Sexism Undermines and Hostile Sexism Motivates Collective Action for Social Change, in: Journal of Personality and Social Psychology, 101, S. 62 – 77, 2011.

Benjamin, Jessica: Die Fesseln der Liebe. Fischer Taschenbuch Verlag, Frankfurt am Main 1993.

Bekele, A.B.; Van Aken, M.A.G.; Dubas, J.S.: Sexual violence victimization among female secondary school students in eastern Ethiopia. Violence and Victims, 26(5), 608 – 630, 2011. doi:10.1891/0886-6708.26.5.608.

Bergner, Daniel: Die versteckte Lust der Frauen. Albrecht Knaus Verlag, München 2014.

Bericht der Bundesregierung zu den Auswirkungen des Gesetzes zur Regelung der Rechtsverhältnisse der Prostituierten (Prostitutionsgesetz – ProstG) 2007. online: http://dip21.bundestag.de/dip21/btd/16/041/1604146.pdf.

Bernard, Andreas: Kinder machen. S. Fischer Verlag, Frankfurt am Main 2014.

Berna-Simons, Lilian: Das 19. Jahrhundert in Sigmund Freud. Dissertationsschrift Technische Universität Hannover 1978.

Bieneck, S.; Krahé, B.: Blaming the victim and exonerating the perpetrator in cases of rape and robbery: Is there a double standard? Journal of Interpersonal Violence, 26, 1785 – 1797, 2011.

Binswanger, Otto: Die Pathologie und Therapie der Neurasthenie. Vorlesungen für Studierende und Aerzte, Jena 1896.

Block, A.J.: »Sexual Perversion in the Female«, New Orleans Medical and Surgical Journal 22 S. 1 – 6, 1894. zit. Nach Groneman 2001, S. 38.

Bohner, Gerd: Uni Bielefeld. (http://www.uni-bielefeld.de/psychologie/ae/AE05/Forschung/dfg_projekt.htm).

Böhm, Maika; Franz, Phillip; Dekker, Arne; Matthiesen, Silja: Desire and dilemma – gender differences in German students' consumption of pornography. Porn Studies, Vol. 2, 76 – 92, 2015. DOI:10.1080/23268743.2014.984923.

Bonino, S.; Ciairano, S.; Rabaglietti, E.; Cattelino, E.: Use of pornography and self-reported engagement in sexual violence among adolescents. European Journal of Developmental Psychology, 3(3), 265 – 288, 2006. doi:10.1080/17405620600562359.

Bonomi, Amy E.; Altenburger, Lauren E.; Walton, Nicole L.: »Double Crap!« Abuse and Harmed Identity in Fifty Shades of Grey Journal of Women's Health. 22(9): 733 – 744, September 2013. doi:10.1089/jwh.2013.4344.

Bonomi, Amy E.; Nemeth, Julianna M.; Altenburger, Lauren E.; Anderson, Melissa L.; Snyder, Anastasia; Dotto, Irma: Fiction or

Not? Fifty Shades is Associated with Health Risks in Adolescent and Young Adult Females. Journal of Women's Health. Vol. 23, No. 9: 720 – 728, September 2014.

Borkenhagen, Ada: Bild der Schönen Frau. Herbstakademie Hamburg 2014.

Bossong, Nina: Rotlicht. Rororo, Reinbek 2016.

Bourdieu, Pierre: Meditationen. Zur Kritik der scholastischen Vernunft. Suhrkamp, Frankfurt am Main 2001.

Bourdieu, Pierre: Die männliche Herrschaft. Suhrkamp, Frankfurt am Main 2005.

Braun von, Christa: Nicht ich. Lüge, Logos, Libido. Neue Kritik, Frankfurt am Main 1985.

Bremme, Bettina: Sexualität im Zerrspiegel. Die Debatte um Pornographie. Waxmann, Münster/New York 1990.

Brinker-Gabler, Gisela (Hg.): Zur Psychologie der Frau. Frankfurt am Main 1979.

Briquet: Traité clinique et thérapeutique de hystérie, zit. Nach Ellernberger 1985.

Brown, Theodore M.; Fee, Elizabeth: Alfred C. Kinsey: A Pioneer Of Sex Research. Am J Public Health. 2003 June; 93(6): 896 – 897, 2003.

Brown, Isaac Baker: On the Curability of Certain Forms of Insanity, Epilepsy, Catalepsy and Hysteria in Females. London: Robert Hardwicke 1866.

Brown, Isaac Baker: On some diseases of woman admitting surgical treatment. 1886. In: Jeffreys, Sheila (ed.) The Sexuality Debates. Routledge, London and New York 1987.

Brown, J. D.; L'Engle, K. L.: X-rated: Sexual attitudes and behaviors associated with U.S. early adolescents' exposure to sexually explicit media. Communication Research, 36(1), 129–151, 2009. doi:10.1177/0093650208326465.

Brückner, Margit; Oppenheimer, Christa: Lebenssituation Prostitution. Sicherheit, Gesundheit und soziale Hilfen. Königsstein, Taunus 2007.

Bundesministerium für Familie, Senioren, Frauen und Jugend (Hg.): »Lebenssituation, Sicherheit und Gesundheit von Frauen in Deutschland«, Berlin 2004. www.bmfsfj.de.

Burton, Robert: The Anatomy of Melancholy. dtv München, 1621/1991.

Buse, Uwe: Der perfekte Puff. Spiegel 23/2009.

Buse, Gunhild: Als hätte ich ein Schatzkästlein verloren. LIT Verlag, Münster 2003.

Butler, Heather: What do you call a lesbian with long fingers? The Development of Lesbian and Dyke Pornography. In: Williams, Linda (Hg.), porn studies. S. 167–197. Duke University Press, Durham/London 2004.

Caberta, Ursula: Schwarzbuch Feminismus. Gütersloher Verlagshaus, Gütersloh 2012.

Cadden, Joan: Meanings of sex difference in the Middle Ages. Cambridge University Press 1993.

Calhoun, L. G.; Tedeschi, R. G. (Eds.): The handbook of posttraumatic growth: Research and practice. Mahwah, NJ: Lawrence Erlbaum Associates Publishers 2006.

Carpenter, D.; Janssen, E.; Graham, C. A.; Vorst, H.; Wicherts, J.: Women's scores in the Sexual Inhibition/Sexual Excitation Scales (SIS/SES): Gender similarities and differences. The Journal of Sex Research, 45, 36–48, 2008.

Carroll, J. S.; Padilla-Walker, L. M.; Nelson, L. J.; Olson, C. D.; Barry, C. M.; Madsen, S. D.: (Generation XXX: Pornography acceptance and use among emerging adults. Journal of Adolescent Research, 23, 6–30, 2008. doi: 10.1177/0743558407306348.

Catuz, Patrick: Feminismus fickt. Perspektiven feministischer Pornografie. Lit Verlag Münster 2013.

Check JVP, Guloien TH: Reported Proclivity for Coercive Sex Following Exposure to Sexually Violent Pornography, Nonviolent Dehumanizing Pornography, and Erotica. In D. Zillman and J. Bryant (Eds.), Pornography: Research Advances and Policy Considerations. Hillsdale, NJ: Erlbaum 1989.

Chivers, M. L.; Seto, M. C.; Blanchard, R.: Gender and sexual orientation differences in sexual response tot he sexual activities versus the gender of actors in sexual films. Journal of Personality and Social Psychology, 93, 1108–1121, 2007.

Cho, Seo-Young; Dreher, Axel; Neumayer, Eric: Does Legalized Prostitution Increase Human Trafficking? World Development, Volume

41, 67–82, Januar 2013. http://dx.doi.org/10.1016/j.worlddev.2012.05.023.

Clark, R.; Hatfield, E.: Gender differences in receptivity to sexual offers, in: Journal of Psychology and Human Sexuality, 2. S. 39–55, 1989.

Constabel, Sabine: »Frauen sind keine Ware!«. Rede auf dem Prostitutions-Hearing im Bundestag 2, EMMAonline 25. 6. 2013.

Critelli, J. W.; Bivona, J. M.: Women's erotic rape fantasies: An evaluation of theory and research. Journal of Sex Research 45:57–70, 2008.

Dabhoiwala, Faramerz: Lust und Freiheit. Klett-Cotta, Stuttgart, 2014.

Degler, Carl N.: What Ought To Be and What Was: Women's Sexuality in the Nineteenth Century. The American Historical Review, Vol. 79, No. 5, pp. 1467–1490, 1974.

Didi-Hubermann, Georges: Erfindung der Hysterie. Die photographische Klinik des Jean-Martin Charcot. Wilhelm Fink Verlag München 1997.

Dijk van, Lutz: Die Geschichte von Liebe und Sex. Campus Verlag, Frankfurt am Main 2007.

Di Nicola, A. et al. (2009), Prostitution and Human Trafficking. Focus on Clients, Springer 2009.

Doblhofer, Georg: Vergewaltigung in der Antike. Vieweg + Teubner Verlag 1994.

Döring, Nicola: Erotischer Fotoaustausch unter Jugendlichen: Verbreitung, Funktionen und Folgen des Sexting. In: Zeitschrift für Sexualforschung, Heft 1, S. 4–25, 2012.

Dohm, Hedwig: Die Eigenschaften der Frau. 1876. In: Brinker-Gabler, Gisela (Hg.) Zur Psychologie der Frau. Frankfurt am Main, S. 27–44, 1979.

Dolto, Francoise: Weibliche Sexualität. Klett-Cotta, Stuttgart 2000.

Donnerstein, Edward; Linz, Daniel; Penrod, Steven: The question of pornography: Research findings and policy implications. New York, Free Press 1987.

dtv Atlas Sexualität 2005.

Duerr, Hans Peter: Die Tatsachen des Lebens. Der Mythos vom Zivilisationsprozeß. Suhrkamp Verlag Bd. 5. Frankfurt am Main 2002.

Eccles, Audrey: Obstetrics and Gynaecology in Tudor and Stuart Engand. Kent, Ohio: Kent State University Press 1982.

Eck, Angelika: Fantasien in der Therapie – Minus- und Plussymptome als Zugang zur erotischen Entwicklung. In: Der erotische Raum. Carl-Auer-Verlag, Heidelberg 2016.

Eder, Franz X.: Kultur der Begierde. Eine Geschichte der Sexualität. Beck'sche Reihe, München 2002.

Eder, Franz, X.: Die lange Geschichte der »Sexuellen Revolution« in Westdeutschland. In: Sexuelle Revolution? Zur Geschichte der Sexualität im deutschsprachigen Raum seit den 1960er-Jahren. Transcript Verlag Bielefeld 2015.

Eig, Jonathan: The birth of the pill. W.W Norton & Company, New York, London 2014. Vgl. Ellemers, N., Van den Heuvel, H., de Gilder, D., Maass, A. and Bonvini, A.: The underrepresentation of women in science: Differential commitment or the queen bee syndrome?. British Journal of Social Psychology, 43: 315–338, 2004. doi:10.1348/0144666042037999.

Ellernberger, Henry F.: Die Entdeckung des Unbewußten. Geschichte und Entwicklung der dynamischen Psychiatrie von den Anfängen bis zu Janet, Freud, Adler und Jung. Zürich 1985.

Engelfried, Constanze: Männlichkeiten. Weinheim und München: Juventa 1997.

Emcke, Carolin: Wie wir begehren. S. Fischer Verlag, Frankfurt am Main 2003.

Ensler, Eve: Vagina Monologe. Nautilus Verlag Hamburg 2000.

Ertel, Henner: Erotika und Pornographie: repräsentative Befragung und psychophysiologische Langzeitstudie zu Konsum und Wirkung. Psychologie Verlag, München 1990.

Estupinya, Pere: Sex. Die ganze Wahrheit. Riemann Verlag München 2014.

European Parliament's Committee on Women's Rights and Gender Equality: Sexual exploitation and prostitution and its impact on gender equality, 2014. Online: http://www.europarl.europa.eu/RegData/etudes/etudes/join/2014/493040/IPOL-FEMM_ET(2014)493040_EN.pdf.

Falck, Uta: VEB Bordell. Geschichte der Prositution in der DDR. Berlin, Christoph Links Verlag 1998.

Falck, Uta: Weibliche Sexarbeit im 21. Jahrhundert. In: Wright, M.T. (Hrsg.): Prostitution, Prävention und Gesundheitsförderung Teil 2, Band 45: Frauen. Aids-Forum, Berlin 2005.

Farley, Melissa; Barkan, Howard: Prostitution, Violence, and Post-Traumatic Stress Disorder. In: Women & Health 27 (3), S. 37–49, 1998.

Farley, Melissa (Hg.): Prostitution, trafficking and traumatic stress. Brighton, New York 2003.

Farley, Melissa; Kelly, Vanessa: Prostitution: a critical review of the medical and social sciences literature: In: Women & criminal Justice 11 (4), S. 29–64, 2000.

Farley, Melissa: Prostitution, Trafficking, and Cultural Amnesia: What We Must Not Know in Order to Keep the Business of Sexual Exploitation Running Smoothly. Yale Journal of Law and Feminism, 2006.

Farley, M.; Bindel, J.; Golding, J.: Men Who Buy Sex: Who They Buy and What They Know. Eaves, London, Prostitution Research & Education, 2009.

Faulstich, Werner: Die Kultur der Pornographie: Kleine Einführung in Geschichte, Medien, Ästhetik, Markt und Bedeutung. Wissenschaftler-Verlag 1994.

Feldmann, Klaus: Soziologie kompakt. Eine Einführung. Opladen: Westdeutscher Verlag 2000.

Fichte, 1796/1960, S. 305, Grundlagen des Naturrechtes, zit. nach Lüpsen, Susanne: Der neue Charme der sexuellen Unterwerfung 1987.

Filipp, S.-H.; Mayer, A.-K.: Bilder des Alters: Altersstereotype und die Beziehungen zwischen den Generationen. Kohlhammer, Stuttgart 1999.

Fine, Cordelia: Die Geschlechterlüge. Klett-Cotta, Stuttgart 2012.

Flaßpöhler, Svenja: Der Wille zur Lust. Campus Verlag Frankfurt/New York 2007.

Fredrickson, Barbara; Roberts, Tomi-Ann: Objectification Theory. Toward Understanding Women's Lived Experiences and Mental Health Risks. Psychology of Women Quarterly, 21 (1997) 173–206.

Freud, Sigmund: Zur Geschichte der psychoanalytischen Bewegung 1904.

Freud, Sigmund: Der Untergang des Ödipuskomplexes, GW, Bd. XIII, London 1950.

Freud, Sigmund: Einige psychische Folgen des anatomischen Geschlechtsunterschieds, Ges. Schr., Bd. XI (1925).

Freud, Sigmund: Über die weibliche Sexualität 1931.

Freud, Sigmund: Die infantile Genitalorganisation, 1923.

Freud, Sigmund: Die Weiblichkeit, 1933.

Freud, Sigmund: Studienausgabe, Band V: Sexualleben. Fischer Verlag, Frankfurt am Main 1972.

Friday, Nancy: My Secret Garden: Women's Sexual Fantasies. Simon & Schuster, New York 1973.

Friday, Nancy: Befreiung zur Lust. Frauen und ihre Fantasien. Goldmann, München 1992.

Fried, Erich: Herrschaftsfreiheit, in: Gedichte, Reclam Universal-Bibliothek, Stuttgart 1993.

Funk, Heide; Lenz, Karl: Sexualitäten, Juventa Verlag Weinheim, München 2005.

Zu Female Genital Mutilation: https://www.frauenrechte.de/online/images/downloads/fgm/EU-Studie-FGM.pdf.

Gagnon J. H.; Simon W.: Sexual conduct. The social sources of human sexuality. Chicago, Aldine, 1973.

Gagnon, J. H.: An interpretation of desire. Essays in the study of sexuality. Chicago, The University of Chicago Press 2004.

Galen, Margarete, Gräfin von: Rechtsfragen der Prostitution. Das ProstG und seine Auswirkungen. Beck Juristischer Verlag, München 2004.

Gaskill, Malcolm: Hexen und Hexenverfolgung, Reclam, Stuttgart 2013.

Gay, Roxanne: Bad Feminist. Essays. Harper Perennial, New York 2014.

Gerhard, Ute: Feminismen im 20. Jahrhundert. In: Lesarten der Geschichte. Kassel 2004.

Gerheim, Udo: Die Produktion des Freiers. Macht im Feld der Prostitution. Eine soziologische Studie. Transcript Verlag Bielefeld 2012.

Gerheim, Udo: Interview in der ZEIT am 29. 11. 2013, online: http://

www.zeit.de/gesellschaft/zeitgeschehen/2013-11/prostitution-freier-befragung.

Giese, Hans: Die Sexualität der Frau. Rowohlt Verlag, Reinbek 1968.

Glick, Peter; Fiske, Susan T.: The Ambivalent Sexism Inventory: Differentiating Hostile and Benevolent Sexism, in: Journal of Personality and Social Psychology, 70, S. 491–512, 1996.

Gollaher, David: Das verletzte Geschlecht. Aufbau Verlag, Berlin 2002.

Gräfenberg, Ernst: The Role of the Urethra in Female Orgasm. In: International Journal of Sexology. Band 3, 1950.

Grenz, Sabine: Überschneidungen von sexueller Freiheit und Konsum/Kommerz: Freier auf der Suche nach dem perfekten sexuellen Erlebnis. In: Kavemann, Barbara/ Rabe, Heike (Hg.). Das Prostitutionsgesetz. Aktuelle Forschungsergebnisse. Umsetzung und Weiterentwicklung. Opladen. S. 203–218, 2009.

Grenz, Sabine: Un-heimliche Lust. VS Verlag für Sozialwissenschaften, Wiesbaden 2007.

Grenz, Sabine: Das perfekte sexuelle Erlebnis. Freier auf der Suche. 13. Werkstatt-Gespräch: Zwangsprostitution, Menschenhandel und der Freier. Heinrich Böll Stiftung 2007.

Grimm, Petra: Die Bedeutung der Pornographie in der Lebenswelt von Jugendlichen. In: projugend. Fachzeitschrift der Aktion Jugendschutz Landesarbeitsstelle Bayern e. V., Heft 4/2010, S. 4–8, 2010.

Grimm, Petra: Zur Bedeutung Sexualisierter Web-Inhalte in der Lebenswelt von Jugendlichen, klicksafe-Dossier zum Safer Internet Day, Stuttgart 2011.

Grimm, Petra; Rhein, Stefanie; Müller, Michael: Porno im Web 2.0. Die Bedeutung sexualisierter Web-Inhalte in der Lebenswelt von Jugendlichen. Vistas, Berlin 2010. https://www.lmz-bw.de/fileadmin/user_upload/Medienbildung_MCO/fileadmin/bibliothek/grimm_porno_2.0/grimm_petra_porno_2.0.pdf.

Groneman, Carol: Nymphomanie, Campus Verlag, Frankfurt am Main 2001.

Grundrechte-Report 1998, hrsg. von Till Müller-Heidelberg, Ulrich Finckh, Wolf-Dieter Narr, Marei Pelzer; Redaktion: Paul Ciupke, Norbert Reichling, Jürgen Seifert, Stefan Soost und Eckart Spoo, Rowohlt Taschenbuch Verlag, Reinbek 1998.

Gugel, Rahel: Das Spannungsverhältnis zwischen Prostitutionsgesetz und Art. 3 III Grundgesetz – eine rechtspolitische Untersuchung. Dissertation Universität Bremen 2010. http://elib.suub.uni-bremen.de/edocs/00101114-1.pdf.

Hald, G. M.; Malamuth, N. M.; Yuen, C.: Pornography and attitudes supporting violence against women: Revisiting the relationship in nonexperimental studies, *Aggressive Behavior, 36*, 14–20, 2010.

Hammer, Wilhelm: Zehn Lebensläufe Berliner Kontrollmädchen und zehn Beiträge zur Behandlung der geschlechtlichen Frage. In: Ostwald, Hans (Hg.): Sittenspiegel der Großstadt. Gesammelte Großstadt-Dokumente, Bd 23, Berlin & Leipzig 1906. Zit. Nach Gerheim 2014.

Haslanger, Sally; Tuana, Nancy; O'Connor, Peg: Topics in Feminism, The Stanford Encyclopedia of Philosophy. Zalta, Edward N. (ed.), 2012.

Hayd, Jürgen: Die Hysterie und Nymphomanie dargestellt in Doktorarbeiten des 17. und 18. Jahrhunderts aus der Dr. Heinrich Laehr Sammlung. Dissertationsschrift München 1968.

Heiliger, Anita: Zur Realität in der Prostitution und ihre gesellschaftlichen Auswirkungen. 2015. Online: http://www.trauma-and-prostitution.eu/2015/01/23/zur-realitaet-in-der-prostitution-und-ihre-gesellschaftlichen-auswirkungen/.

Helfferich, Cornelia: Weibliche Körperkonzepte. Nebenergebnisse einer Studie zu Sexualität und Kontrazeption. In: Schmidt, Günther/Strauß, Bernhard (Hg.): Sexualität und Spätmoderne. Stuttgart: Enke, 71–86, 1998.

Herzog, Dagmar: Die Sexuelle Revolution in Westeuropa und ihre Ambivalenzen. In: Bänziger Peter-Paul; Beljan, Magdalena; Eder, Franz, X.; Eitler, Pascal (Hg.): Sexuelle Revolution? Zur Geschichte der Sexualität im deutschsprachigen Raum seit den 1960er-Jahren. Transcript Verlag, Bielefeld 2015.

Hester, Marianne; Westmorland, Nicole: Tackling Street Prostitution. Home Office Research Study 279, London 2004.

Hines, Terence: The G-spot: A modern gynecologic myth. American Journal of Obstetrics and Gynecology. 185 (2): 359–362, August 2001.

Hippokrates: Über die Erkrankung der Frauen. zit. nach Alfred Längle, S. 105.

Hoigard, Cecilie; Finstad, Liv: Backstreets, Prostitution, Money and Love. Cambridge 1992.

Honegger, Claudia: Die Ordnung der Geschlechter. Die Wissenschaften vom Menschen und das Weib. Frankfurt, New York 1996.

Holland, Jack: Misogynie. Zweitausendeins Verlag Frankfurt am Main 2007.

Horney, Karen: Die Psychologie der Frau. Fischer Verlag 1997.

Hosken, Fran: Genital Mutilation of Women in Africa. Munger Africana Library Notes 36 (1976): 3–21.

Hrdy, Sarah: Raising Darwin's consciousness. Human Nature 8:1, 1997.

Hulverscheidt, Marion: Weibliche Genitalverstümmelung. Mabuse Verlag Frankfurt am Main 2002.

Hulverscheidt, Marion: Medizingeschichte. Weibliche Genitalverstümmelung im Europa des 19. Jahrhunderts. In: Schnitt in die Seele. 2003, 253–268.

Hustvedt: Leben, Denken, Schauen, Rowohlt, Reinbek 2014.

Illouz, Eva: Warum Liebe weh tut. Suhrkamp Verlag, Berlin 2011.

Jeffreys, Sheila: Anticlimax. NYU Press 1991.

Jeffreys, Sheila: The idea of prostitution. Spinifex Press, Melbourne 1997.

Jeffreys, Sheila: Die industrialisierte Vagina. Die politische Ökonomie des globalen Sexhandels. Marta Press Verlag Jana Reich, Hamburg 2014.

Jong, Erica: Angst vorm Fliegen. Fischer Verlag, Frankfurt am Main 1975.

Joyal, C. C.; Cossette, A.; Lapierre, V.: What Exactly Is an Unusual Sexual Fantasy?. J Sex Med, 12: 328–340, 2015. doi:10.1111/jsm.12734.

Kaighobadi, F.; Shackelford, T. K.; Weekes-Shackelford, V. A.: Do women pretend orgasm to retain a mate? Archives of Sexual Behavior. 41, 1121–1125, 2012.

Kistler, S. I.: »Rapid Bloodless Circumcision« in: Journal of the American Medical Association 54, 1919.

Kellogg, John Harvey: Plain Facts for Old and Young. 1888.

Kinsey, Alfred: Das sexuelle Verhalten der Frau. G. B. Fischer Verlag, Berlin/Frankfurt am Main 1954.

Kinsey, Alfred: Das sexuelle Verhalten des Mannes. G. B. Fischer Verlag, Berlin/Frankfurt am Main 1955.

Kleiber, Dieter; Velten, Doris: Prostitutionskunden. Eine Untersuchung über soziale und psychologische Charakteristika von Besuchern weiblicher Prostituierter in Zeiten von Aids. Bonn: Bundesministerium für Gesundheit 1994.

Klenk, Florian: Nackte Gewalt, DIE ZEIT 28. 9. 2006 http://www.zeit.de/2006/40/Prostitution/komplettansicht.

Kolshorn, Maren; Brockhaus, Ulrike: Mythen über sexuelle Gewalt. In: Dirk Bange, Wilhelm Körner (Hrsg.): Handwörterbuch Sexueller Missbrauch. Göttingen 2002, S. 373 – 379.

Koss, M. P.; Gidycz, C. A.: The sexual experiences survey: Reliability and Validity. Journal of Consulting and Clinical Psychology, 53, 442 – 443, 1985.

Kraus, Ingeborg: Trauma as a Pre-condition and Consequence of Prostitution. 2016.

http://www.trauma-and-prostitution.eu/en/2016/11/05/trauma-as-the-pre-condition-and-consequence-of-prostitution/.

Kreuzer, Margot Domenika: Prostitution. Eine sozialgeschichtliche Untersuchung in Frankfurt am Main, Stuttgart 1989.

Kuckenberger, Verena Chiara: Der Frauenporno. Alternatives Begehren und emanzipierte Lust? Konzeption und Rezeption des Frauenpornos. Masterarbeit an der Karl-Franzens-Universität Graz 2010.

Kurz-Scherf, Ingrid et al.: Reader Feministische Politik & Wissenschaft, Ulrike Helmer-Verlag Taunus 2006.

Kvinnofronten: speaking of prostitution 2013. online: http://www.prostitutionresearch.com/Speaking-of-Prostitution%202013%20Sweden.pdf.

Laan, E.; van Lunsen, R. H. W.: Hormones and sexuality in postmenopausal women: A psychophysiological study. Journal of Psychosomatic Obstetrics and Gynaecology, 18, 126 – 133, 1997. zit. n. Sydow 2015.

Längle, Alfried: Hysterie. Facults Verlag Wien 2001.

Landers, Ann: Ann Landers talks to Teenagers about Sex. Prentice-Hall, 1963.

Landis C.; Landis A.; Bowles M.: Sex in Development. P. B. Hoeber Inc.; New York 1940.

Langhans, Daniel (1773): Von den Lasten, die sich an der Gesundheit der Menschen selbst rächen, Bern. Zit. nach Lorenz 2005.

Lantier, J.: La Cité magique en Afrique Noire 1972.

Laqeur, Thomas: Auf den Leib geschrieben. Die Inszenierung der Geschlechter von der Antike bis Freud. Campus Verlag Frankfurt/New York 1992.

Laskowski, Ruth Silke: Die Ausübung der Prostitution. Ein verfassungsrechtlich geschützter Beruf im Sinne von Art. 12 Abs. 1 GG, Frankfurt am Main/Berlin/Bern/New York/Paris/Wien 1997.

Laufer M.; Laufer, M. E.: Adoleszenz und Entwicklungskrise. Stuttgart, Klett-Cotta, 1989.

Lautmann, Rüdiger: Der Zwang zur Tugend. Die gesellschaftliche Kontrolle der Sexualitäten. Suhrkamp, Frankfurt am Main 1984.

Lautmann, Rüdiger: Soziologie der Sexualität. Erotische Körper, intimes Handeln und Sexualkultur. Grundlagentexte Soziologie, Juventa Weinheim und München 2002.

Lawrence, K.; Herold, E. S.: Women's attitudes toward and experience with sexually explicit materials. Journal of Sex Research, 24, 161–169, 1988. doi: 10.1080/00224498809551406.

LeMoncheck, Linda: Loose Women, Lecherous Men. Oxford University Press 1997.

Leopold, Beate: Evaluierung unterstützender Maßnahmen beim Ausstieg aus der Prostitution (EVA-Projekt), SPI-Forschung GmbH Berlin 1997.

Leopold, Beate: Wer arbeitet warum als Prostituierte? In: Elisabeth von Dücker/Museum der Arbeit Hamburg, Sexarbeit. Prostitution Lebenswelten und Mythen, Bremen 2005, S. 22.

Levy, Arielle: Female Chauvinist Pigs. Simon & Schuster, London 2005.

Lewandowski, Sven: Internetpornographie: Zeit Sex-Forschung (16) 4 Thieme 2003.

Liebhart, Wilhelm: Hexenwahn und Hexenverfolgung 1500–1800: https://www.hs-augsburg.de/medium/download/fkaw/allgemein/praesentation_hexenwahn.pdf.

Löw, Martina; Ruhne, Renate: Prostitution. Herstellungsweisen einer anderen Welt. Suhrkamp Verlag Berlin 2011.

Loges, Bernhard F.: Heiliger Wahnsinn auf der Bühne. Die Figur der Hysterika in der Belcanto Oper. Epodium Verlag München 2010.

Lorenz, Maren: »… da der anfängliche Schmerz in Liebeshitze übergehen kann …« Das Delikt der »Nothzucht« im gerichtsmedizinischen Diskurs des 18. Jahrhunderts. In: Goethezeitportal. 22.11.2005.

Lorenz, Maren: Kriminelle Körper – Gestörte Gemüter. Die Normierung des Individuums in Gerichtsmedizin und Psychiatrie der Aufklärung. Hamburger Edition HIS Verlag Hamburg 1999.

Lovett, Jo; Kelly, Liz: Different systems, similar outcomes? Tracking attrition in reported rape cases across Europe. 2009.

Lüpsen, Susanne: Von den Scheiterhaufen zum heutigen Scheitern der Frauen. In: Der neue Charme der sexuellen Unterwerfung, Eigenverlag des Vereins Sozialwissenschaftliche Forschung und Praxis für Frauen, Köln 1987.

Maddox, A.M.; Rhoades, G.K.; Markman, H.J.: Viewing sexually-explicit materials alone or together: Associations with relationship quality. Archives of Sexual Behavior, 40, 441–448, 2011. doi: 10.1007/s10508-009-9585-4.

Maines, Rachel: The technology of orgasm. Johns Hopkins Studies in the History of Technology; 2001.

Malamuth, N.M.; Briere, J.: Sexual Violence in the Media: Indirect Effects on Aggression Against Woman. In: Journal of Social Issues, 42(3), S. 75–92, 1986.

Mangold, R. (Hrsg.): Lehrbuch der Medienpsychologie, 2004.

Maltz, Wendy: The Porn Trap: The Essential Guide to Overcoming Problems Caused by Pornography. Harper Collins, 2008. http://www.therapytoday.net/article/show/1665/.

Masson, Jeffrey Moussaieff: Was hat man dir, du armes Kind, getan? Sigmund Freuds Unterdrückung der Verführungstheorie. Rowohlt, Reinbek 1984.

Martin A. Monto: Why men seek out prostitutes. In: Sex for Sale. Prostitution, Pornography and the sex industry. Weitzer, Ronald (Hg.): Routledge, London, New York 2000.

Matthiesen, S.; Martyniuk, U.; Dekker, A.: *What do girls do with porn?* Ergebnisse einer Interview-Studie, Teil 1. In: Zeitschrift für Sexualforschung, 4/2011/24, S. 326–352, 2011.

Matthiesen, S.: Jungen und Pornografie. In: BZgA Forum, Heft 1–2013, S. 31–35, 2013.

Matthiesen, S.: Mädchen und Pornografie. In: BZgA Forum, Heft 3–2012, S. 23–26, 2012.

McCall, K.; Meston, C.: Cues Resulting in Desire for Sexual Activity in Women. The Journal of Sexual Medicine, 3: 838–852, 2006. doi:10.1111/j.1743-6109.2006.00301.x.

Meana, M.; Nunnink, S. E.: Gender differences in the content of cognitive distraction during sex. Journal of Sex Research 43: 59–67, 2006.

Menzen, Karl-Heinz: Wege zur verirrten Seele – Die Geschichte der Psychiatrie, 13. August 2012, 14.05 Uhr, Ö1.

Méritt, Laura: PorYes! Feministische Pornos und die sex-positive Bewegung. In: Schuegraf, Martina, Tillmann, Angela (Hg.): Pornografisierung von Gesellschaft. UVK Verlagsgesellschaft mbH, Konstanz und München 2012.

Meston, Cindy; Buss, David: Why women have Sex. Bodley Head, London 2009.

Metzger, Johann Daniel: Kurzgefasstes System der gerichtlichen Arzneiwissenschaft, Königsberg und Leipzig, 1793.

Mika, Bascha: Mutprobe. Frauen und das höllische Spiel mit dem Älterwerden. C. Bertelsmann Verlag München 2014.

Millet, Kate: Das verkaufte Geschlecht. Kiepenheuer & Witsch, Köln 1981.

Mitchell, Juliet: Psychoanalyse und Feminismus, Freud, Reich, Laing und die Frauenbewegung, Frankfurt/Main 1985.

Mitrovic, Emilja: Arbeitsplatz Prostitution. Ein Beruf wie jeder andere? Münster 2007.

Möbius, O. J.: Ueber den physiologischen Schwachsinn des Weibes. Verlag von Carl Marhold, Halle a. d. S. 1907.

Money J.: Lovemaps. Clinical concepts of sexual/erotic health and pathology, paraphilia, and gender transposition of childhood, adolescence, and maturity. New York, Irvington 1986.

Moran, Caitlin: How to be a woman. Ullstein Verlag Berlin 2012.

Montherlant, de, Henry: Die Aussätzigen. dtv 1988.

Mottier, Veronique: Sexualität. Verlag Hans Huber, Bern 2015.

Muchembled, Robert: Die Verwandlung der Lust. Deutsche Verlags-Anstalt, München 2008.

Muehlenhard, Charlene L.: What sexual Scientists know ...: About Rape. University of Kansas, Society for the Scientific Study of Sexuality, 15. 2. 2007.

Müller, Johann Valentin: Entwurf der gerichtlichen Arzneywissenschaft, 1796. zit. nach Lorenz 1999.

Müller, U.; Schröttle, M.: Lebenssituation, Sicherheit und Gesundheit von Frauen in Deutschland. Eine repräsentative Untersuchung zu Gewalt gegen Frauen in Deutschland. Hauptstudie. Berlin: Bundesministerium für Familie, Senioren, Frauen und Jugend. 2004. zit. Nach von Sydow 2015, S. 66.

Nagoski, Emily: Komm, wie du willst. Das neue Frauen-Sex-Buch. Knaur Verlag München 2015.

Narjani, A.: Considerations sur les causes anatomiques de frigidité chez las femmes. In: Bruxelles Médical, 42(27), S. 768 – 778, 1924.

Nietzsche, Friedrich: Werke in 3 Bänden, Hg. Karl Schlechta, Band II, Die fröhliche Wissenschaft, Hanser München, 1956.

Nipperdey, Thomas: Deutsche Geschichte 1866 – 1918. Band 1 Arbeitswelt und Bürgergeist, München 1990.

Nolte, Karen: Gelebte Hysterie. Erfahrungen, Eigensinn und psychiatrische Diskurse im Anstaltsalltag um 1900. Campus Verlag Frankfurt, New York 2003.

Nolte, Karen: »Ich traute ihm nicht viel«. Gattenmord, Hysterie und Geschlechterverhältnisse um 1900. In: Lesarten der Geschichte. Kassel University Press 2004.

O'Connell Davidson, Julia: »Will the real sex slave please stand up?«, Hemmings, C. Gedalof, I and Bland, L, Sexual Moralities, Feminist Review 83, S. 5 – 22, 2006.

O'Connell Davidson, Julia: Prostitution, Power and Freedom. University of Michigan Press 1998.

Olmstead, S. B.; Negash, S.; Pasley, K.; Fincham, F. D.: Emerging adults' expectations for pornography use in the context of future committed romantic relationships: A qualitative study. Archives of Sexual Behavior, 42, 625–635, 2013. (pdf)

Oppenheimer, Christa: Gewalterfahrungen und Gesundheitssituation bei Prostituierten. In: Sozialextra. September Springer Verlag, S. 37, 2005.

Orenstein, Peggy: Girls and Sex. Harper Collins Publishers New York 2016.

Paré, Ambroise: zitiert nach Didi-Hubermann 1997, 82.

Pastötter, Jakob: Pornografie. In: Gudrun Ehlert, Heide Funk, Gerd Stecklina, ed., Wörterbuch Soziale Arbeit und Geschlecht. Weinheim: Juventa 320–323, 2011.

Pastötter, Jakob: Der David »Aufklärung« gegen den Goliath »Pornografie«. Interview mit Jakob Pastötter. klicksafe-Dossier zum Safer Internet Day 2011.

Pastötter, Jakob: Die Gurke ist zu lang. Interview von Violetta Simon, Süddeutsche Zeitung, 2. August 2013.

Paul, Christa: Zwangsprostitution. Staatlich errichtete Bordelle im Nationalsozialismus. Ed. Hentrich Verlag, Berlin 1994.

Paul, Christa; Sommer, Robert: SS-Bordelle und Oral History. Problematische Quellen und die Existenz von Bordellen für die SS in Konzentrationslagern. In: BIOS 19 (1), S. 124–142, 2006.

Paul, B.; Shim, J. W.: Gender, sexual affect, and motivations for Internet pornography use. International Journal of Sexual Health, 20, 187–199, 2008. doi: 10.1080/19317610802240154.

Paulus, Manfred: Menschenhandel, Verlag Klemm + Oelschläger 2014.

Penny, Laurie: Fleischmarkt. Weibliche Körper im Kapitalismus. Edition Nautilus, Hamburg 2012.

Penny, Laurie: Cybersexism. Sex, Gender and Power on the Internet. Bloomsbury Publishing, London 2013.

Penny, Laurie: Unsagbare Dinge. Sex, Lügen und Revolution. Edition Nautilus, Hamburg 2015.

Peter, Jochen; Valkenburg, Patti M.: Sex Roles.56: 381. 2007. doi:10.1007/s11199-006-9176-y.

Peter, Jochen; Valkenburg, Patti M.: Adolescents and Pornography: A Review of 20 Years of Research, The Journal of Sex Research, 2016. DOI: 10.1080/00224499.2016.1143441.

Petersen, Jennifer; Hyde, Janet: A meta-analytic review of research on gender differences in sexuality, 1993 – 2007. Psychological Bulletin, Vol 136(1), 21 – 38, Jan 2010.

Phoenix, Johanna: Prostitute Identities – Men, Money and Violence. British Journal of Criminology, 40, S. 37 – 55, 2000.

Pomeroy, Sarah B.: Goddesses, Whores, Wives, and Slaves. Women in Classical Antiquity. Schocken Books New York 1975.

Porter, R.: The Greatest Benefit to Mankind 1988, S. 364, zit. nach Gollaher 2002, S. 257.

Purkiss, Diane: The Witch in History. Early modern and twentieth-century representations. Routledge London 1996.

Rabe, Heike: Konvention gegen Gewalt gegen Frauen tritt am 1. August in Kraft – (gesetzlicher) Änderungsbedarf in Deutschland. Hg. v. Deutsches Institut für Menschenrechte 2014. Online verfügbar unter http://www.institut-fuer-menschenrechte.de/aktuell/news/meldung/article/konvention-gegen-gewalt-gegen-frauen-tritt-am-1-august-in-kraft-gesetzlicher-aenderungsbedarf/.

Raymond, G. Janice: Prostitution on Demand. Legalizing the Buyers as Sexual Consumers. In: Violence Against Women, 10 (10), S. 1156 – 1186, 2004.

Reißmann, Wolfgang; Schulz, Iren: Jugendliche, digitale Medien und der Umgang mit sexualisierten Inhalten. In: Schugraefe 2012.

Richter, Ursula: Einen jüngeren Mann lieben. Neue Beziehungschancen für Frauen. Kreuz Verlag, Stuttgart 1990.

Roach, Mary: Bonk! Fischer Verlag, Frankfurt am Main 2009.

Rogala, C.; Tyden, T.: Does pornography influence young women's sexual behavior? Women's Health Issues, 13, 39 – 43, 2003. doi: 10.1016/S1049–3867(02)00174–3.

Rothman, E. F.; Decker, M. R.; Miller, E. et al.: Multi-person Sex among a Sample of Adolescent Female Urban Health Clinic Patients J Urban Health, 89: 129, 2012. doi:10.1007/s11524-011-9630-1.

Rückert, Corinna: Die neue Lust der Frauen. Rowohlt Taschenbuch Verlag, Reinbek 2004.

Ryan, Christopher; Jetá, Cacilda: Sex at Dawn. Harper Perennial, New York 2011.

Sanyal, Mithu M.: Vulva. Die Enthüllung des unsichtbaren Geschlechts. Verlag Klaus Wagenbach Berlin 2009.

Sauer-Burghard, Brunhilde: Ficken und gefickt werden. In: Die neue Lust an der Unterwerfung 1987.

Schelsky, Helmut: Soziologie der Sexualität. Rowohlt Verlag Reinbek 1955.

Schenk, Wiltrud: Prostituion – ein Beruf wie jeder andere oder Folge von sexuellem Missbrauch? In: Hentschel, Gitti (Hg.): Skandal und Alltag. Sexueller Missbrauch und Gegenstrategien. Berlin 1996.

Schirach von, Ariadne: Der Tanz um die Lust. Goldmann, München 2007.

Schirrmacher, Christine; Schirrmacher, Thomas: Unterdrückte Frauen. SCM Hänssler im SCM-Verlag, Holzgerlingen 2013.

Schmackpfeffer, Petra: Frauenbewegung und Prostitution – Über das Verhältnis der alten und der neuen deutschen Frauenbewegung zur Prostitution. Oldenburg, Bibliotheks- und Informationssystem der Universität Oldenburg 1989.

Schmidbauer, Wolfgang: Der Mensch Sigmund Freud. Kreuz Verlag Stuttgart 2005.

Schmidt, Gunter: Das neue Der Die Das. Über die Modernisierung des Sexuellen. Gießen: Psychosozial-Verlag 2004.

Schmidt, Gunter; Matthiesen, Silja: What do boys do with porn? Ergebnisse einer Interviewstudie, Teil 2. In: Zeitschrift für Sexualforschung, 4/2011/24, S. 353–378, 2011.

Schmidt, Gunter; Matthiesen, Silja: Pornografiekonsum von Jugendlichen – Fakten und Fiktionen. In: M. Schuegraf & A. Tillmann (Hrsg.), a. a. O., S. 245–257, 2012.

Schmincke, Imke: Sexualität als »Angelpunkt der Frauenfrage«? Zum Verhältnis von sexueller Revolution und Frauenbewegung. In: Bänziger, Peter-Paul/Beljan, Magdalena/Eder, Franz X./Eitler, Pascal (Hg.): Sexuelle Revolution? Zur Geschichte der Sexualität im deutschsprachigen Raum seit den 1960er-Jahren. Bielefeld: transcript, S. 199–222. 2015.

Schneider, Peter: Sigmund Freud. dtv Portrait München 1999.

Schröttle & Müller: Gewalthandlungen und Gewaltbetroffenheit von Frauen und Männern. In: Bundesministerium für Familie, Senioren, Frauen und Jugend: Gender Datenreport, Kapitel 10, 651–652, 2004.

Schulte, Regina: Sperrbezirke. Tugendhaftigkeit und Prostitution in der bürgerlichen Welt. Europäische Verlagsanstalt Hamburg 1994.

Schultz-Zehden, B.: Sexuality in postmenopasual women. In P. Nijs & D. Richter (Eds.) Advanced research in psychosomatic obstetrics and gynaecology (pp. 65–89). Leuvn: Peeters Press 1998.

Schwarzer, Alice: Prostitution. Ein deutscher Skandal. Kiepenheuer & Witsch, Köln 2013.

Schwarzer, Alice: Der kleine Unterschied. Fischer Taschenbuch, Frankfurt am Main 1975.

Seifert, Ruth: Krieg und Vergewaltigung. Ansätze zu einer Analyse. Sozialwissenschaftliches Institut der Bundeswehr 1993.

Selg, Herbert: Pornographie. Psychologische Beiträge zur Wirkungsforschung. Verlag Hans Huber, Bern 1986.

Seto, Michael C.; Maric, Alexandra; Barbaree, Howard E.: The role of pornography in the etiology of sexual aggression. In: Aggression and Violent Behavior, Vol 6(1), Jan-Feb 2001, 35–53.

Sexuelle Realitäten älterer Frauen: Sexualaufklärung, Verhütung und Familienplanung. Informationsdienst Forum Online. Ausgabe 1, 2003.

Showalter, Elaine: Hystorien. Berlin Verlag, Berlin 1997.

Sieben, Anna: Geschlecht und Sexualität in klassischen psychologischen Theorien. Westdeutscher Universitätsverlag Bochum 2014.

Sigusch, Volkmar: Auf der Suche nach der sexuellen Freiheit. Campus Verlag, Frankfurt am Main 2011.

Simon, William; Gagnon, John: Sexual Conduct: The Social Sources of Human Sexuality, Chicago: Aldine Books 1973.

Simon, W.: Postmodern sexualities. London/New York, Routledge 1996.

Skovlund CW, Mørch LS, Kessing LV, Lidegaard Ø. Association of Hormonal Contraception With Depression. *JAMA Psychiatry.* 73(11): 1154–1162, 2016. doi:10.1001/jamapsychiatry.2016.2387.

Snyder, Kieran: The Abrasiveness Trap: High-achieving men and women are described differently in reviews. Fortune, 25. 8. 2014.

Sohn, Friederike: Pornographie. Anleitung zur Gewalt? Verlag Dr. Kovac, Hamburg 1995.

Solnit, Rebecca: Wenn Männer mir die Welt erklären. Hoffmann & Campe Verlag, Hamburg 2015.

Sontag, Susan: The Double Standard of Aging. The Saturday Review. September 23, 1972.

Starke, Kurt: Pornografie und Jugend – Jugend und Pornografie. Expertise. Pabst Science Publishers, Leipzig 2010.

Staupe, Gisela; Vieth, Lisa (Hg.): Unter anderen Umständen. Zur Geschichte der Abtreibung. Argon Verlag, Berlin 1993.

Steele, Claude M.: A threat in the air: How stereotypes shape intellectual identity and performance. In: *American Psychologist.* Band 52, Nr. 6, 1997, S. 613 – 629.

Steffen, Nicola: Porn Chic. Die Pornofizierung des Alltags. Deutscher Taschenbuch Verlag, München 2014.

Steinbacher, Sybille: Wie der Sex nach Deutschland kam. Siedler Verlag, München 2011.

Steinpreis, Rhea, E.; Anders, Katie, A.; Ritzke, Dawn: The Impact of Gender on the Review of the Curricula Vitae of Job Applicants and Tenure Candidates: A National Empirical Study. In: Sex Roles, Vol. 41, Nos. 7/8, 1999.

Stokowski, Margarete: Untenrum frei. Rowohlt Verlag Reinbek 2016.

Stoller Robert J.: Sexual excitement. Dynamics of erotic life. Pantheon, New York 1979.

Stoller Robert J.: Sweet dreams. Erotic plots. Karnac books, 2009.

Streeruwitz, M.: Liebe, Sex Krieg. In: Die ZEIT 27. Dezember 2012.

Stulhofer A.; Schmidt G.; Landripet, I.: Pornografiekonsum in Pubertät und Adoleszenz. Gibt es Auswirkungen auf sexuelle Skripte, sexuelle Zufriedenheit und Intimität im jungen Erwachsenenalter? Zeitschrift für Sexualforschung 22, 13 – 23, 2009.

Suchinsky, K. D.; Lalumiere, M. L.; Chivers, M. L.: Sex differences in patterns of genital sexual arousal. Measurement artifacts or true phenomena? Archives of Sexual Behavior, 38 (4), 559 – 73, 2009.

Sydow, Kirsten von; Reimer, C.: Psychosomatik der Menopause: Literaturüberblick 1988–1992. Psychotherapie, Psychosomatik und Medizinische Psychologie, 45(7), S. 225 – 235, 1995.

Sydow, Kirsten von: Die Sexualität älterer Frauen: Der Einfluss von Menopause, anderen körperlichen sowie gesellschaftlichen und partnerschaftlichen Faktoren. Zeitschrift für ärztliche Fortbildung und Qualitätssicherung, 94, S. 223 – 229, 2000.

Sydow, Kirsten von; Seiferth, Andrea: Sexualität in Paarbeziehungen. Hogrefe Verlag Göttingen 2015.

Sydow, Kirsten von: Female sexuality and historical time: A comparison of sexual biographies of German women born between 1895 and 1936. Archives of Sexual Behavior, 25(5), 473–493, 1996.

TAMPEP (European Network for HIV/STI Prevention and Health Promotion among Migrant Sex Workers): National Report on HIV and Sex Work Germany (TAMPEP VI I), Amsterdam 2007.

Tillner, Christiane: Gesellschaftliche und rechtliche Diskriminierung von P. und ihre Notwendigkeit rechtspolitischer Konsequenzen – aus feministischer Sicht. In: Evangelische Akademie Iserlohn (Hg.), Weibliche Sexualität als Dienstleistung. Iserlohn: 23–30, 1991.

Unger, Rhoda K.: Toward a redefinition of sex and gender. American Psychologist, Vol 34(11), 1085–1094, Nov 1979. http://dx.doi.org/10.1037/0003–066X.34.11.1085.

Valverde, Mariana: Sex, Macht und Lust. Fischer Taschenbuch Verlag, Frankfurt am Main 1994.

Vanja, Christina: Schwermütige Helden – schwindsüchtige Diven. In: Lesarten der Geschichte. University Press Kassel 2004.

Veith, Ilza: Hysteria. University Press Chicago 1965.

Verlinden, Karla: Sexualität und Beziehungen bei den »68«ern. Transcript Verlag 2015.

Vierkandt, Alfred: Sittlichkeit. In: A. Vierkandt: Handwörterbuch der Soziologie. Stuttgart: Enke, 1931.

Wahrig, Gerhard: Deutsches Wörterbuch. Bertelsmann, Gütersloh 1997.

Walker, Barbara: The Woman's Encyclopedia of Myths and Secrets. New Jersey 1996.

Wallen, Kim; Lloyd, Elizabeth: Female sexual arousal: Genital anatomy and orgasm in intercourse. In: Hormones and Behavior, 59(5), S. 780–792, 2011.

Walter, Johann Gottlieb: Betrachtungen über die Geburths-Theile des

weiblichen Geschlechts, vorgelesen in der Königlichen Akademie der Wissenschaften zu Berlin, Berlin 1776. (zit. nach Lorenz 1999).
Walter, Natasha: Living Dolls. S. Fischer Verlag Frankfurt am Main 2012.
Welser von, Maria: Wo Frauen nichts wert sind, Ludwig Verlag München, 2014.
Wettley, Annemarie; Leibbrand, W.: Von der »Psychopathia sexualis« zur Sexualwissenschaft. Ferdinand Enke Verlag, Stuttgart 1959.
Wiedermann, M. W.: Women's body image self-consciousness during physical intimacy with a partner. Journal of Sex Research 37:60–68, 2000.
Williams, Linda (Hg.): Porn studies. Duke University Press, Durham/London, 2004.
Williams, Linda: Hard Core. Macht, Lust und die Traditionen des pornografischen Films. Stroemfeld/Nexus, Basel/Frankfurt am Main 1995.
Wizorek, Anne: Weil ein #Aufschrei nicht reicht. Für einen Feminismus von Heute. S. Fischer Verlag, Frankfurt am Main 2014.
Wolf, Naomi: Vagina. Eine Geschichte der Weiblichkeit. Rowohlt Verlag, Reinbek 2014.
Wolf, Naomi: Der Mythos Schönheit. Rowohlt Verlag, Reinbek 1991.
Young-Eisendraht, Polly: Frauen und Verlangen. Orac, Wien 1999.
Wolff, Anna: Untersuchung zum Infektionsstatus von Prostituierten in Lübeck. Inauguraldissertation. Heidelberg S. 52–54, 2007.
Wosnitzer, R. J.; Bridges, A. J.: Aggression and sexual behavior in bestselling pornography: A content analysis update. Paper presented at the 57th Annual Meeting of the International Communication Association, San Francisco 2007.
Wrede, Brigitta: Was ist Sexualität? Sexualität als Natur, als Kultur und als Diskurprodukt. In: Sexuelle Szenen. Inszenierungen von Geschlecht und Sexualität in modernen Gesellschaften. Hg.: Schmerl, Christiane et al., Opladen: Leske + Budrich 2000, 25–43.
Wunnicke, Christine: Theatrum Hystericum. Der Siegeszug eines Nervenleidens. SWR 2 – Literatur: Feature am Sonntag. 01. 09. 2013.
Wuttke, Gisela: Vom Sextourismus zur Kinderpornographie. In: Aus Politik und Zeitgeschichte: Beilage zur Wochenzeitung Das Parlament 17/18:13–20, 2000.zit. Nach Funk, S. 291.

Zimmermann, Cathy et al.: Stolen Smiles: a Summary Report on the Physical and Psychological Health Consequences of Women and Adolescents Trafficked in Europe. London School of Hygiene and Tropical Medicine 2006.

Zimmermann, Johann Georg: »Warnung an Aeltern, Erzieher und Kinderfreunde wegen der Selbstbefleckung, zumal bey ganz jungen Mädchen«, in: Neues Magazin für Aerzte 1, 1779.

Zilbergeld, Bernie: Die neue Sexualität der Männer. Deutsche Gesellschaft für Verhaltenstherapie, Tübingen 2000.

Zillmann, Dolf: Pornografie. Aus: R. Mangold, P. Forderer, G. Bente (Hrsg.): Lehrbuch der Medienpsychologie. Hogrefe-Verlag für Psychologie, Göttingen 2004.

Zillman, D.: Influence of unrestrained access to erotica on adolescents' and young adults' disposition toward sexuality. Journal of Adolescent Health, 27S, 41–44, 2000. doi: 10.1016/s1054–139X(00)00137–3.

Zillman, D.; Bryant, J.: Pornography's impact on sexual satisfaction. Journal of Applied Social Psychology, 18, 438–453, 1988. doi:10.1111/j.1559–1816.1988.tb00027.x.

Zumbeck, Sybille: Die Prävalenz traumatischer Erfahrungen, Posttraumatische Belastungsstörung und Dissoziation bei Prostituierten. Hamburg 2011.